# 北京社会服务管理创新

Innovation of
Social Services and
Management in
Beijing

主编／冯晓英

副主编／高　勇

社会科学文献出版社

SOCIAL SCIENCES ACADEMIC PRESS (CHINA)

# 前　言

　　社会服务管理创新是 2010 年以来从中央到地方、从学界到市民都十分关注的"焦点"话题。社会服务管理在我国并不是一个新概念，它是人类社会必不可少的一项管理活动，之所以在今天引起全社会的广泛关注，是因为当前我国既处于发展的重要战略机遇期，又处于社会矛盾凸显期，现行的社会管理无论是从体制、还是机制上都难以应对社会转型时期出现的诸多社会矛盾。因此，以服务管理创新为突破口，本着"以人为本、服务优先；多方参与、共同治理；统筹兼顾、动态协调；既有秩序，又有活力；立足国情、改革创新"的原则，实现从以政府为单一主体、以单位管理为主要载体、以行政办法为主要手段、以管控为主要目的的传统模式，向政府行政管理与社会自我调节、居民自治管理良性互动，社区管理与单位管理有机结合，多种手段综合运用，管理与服务融合，有序与活力统一的多元治理、共建共享的新模式转变，构建起与发展社会主义市场经济、民主政治、先进文化以及构建和谐社会要求相适应的中国特色社会管理体制，已经成为当前我国社会建设的重中之重。

　　北京一直致力于社会服务管理创新工作，特别是在流动人口服务管理和"枢纽型"社会组织制度创新方面都走在全国前列。2010 年 7 月北京市委、市政府出台了旨在紧紧围绕保障和改善民生，加强社会服务和管理，形成二者之间互相衔接、有机结合的政策体系——《北京市社会服务管理创新行动方案》，明确提出在当前和今后一个时期，将按照"行动方案"的总体安排，重点围绕社会保障体系创新、各类社会群体服务管理创新、社区服务管理创新、社会组织服务管理创新、互联网等新媒体管理创新、社会领域党建工作创新等六个方面，开展 34 项重点工作，推出 90 项创新措施，加大工作力度，努力实现社会服务管理全覆盖。本书就是试图通过"城乡结合部社会管理体制创新"和"社会组织服务管理创新"两个主题的研究，总结北京社会服务管理创新的基本经验，对当前北京社会服务管理中的热点和难点问题进行深入的理论和实践探讨，以推动社会服务管理创新的深入发展。

《北京社会服务管理创新》一书由北京市社会科学院"北京社会管理研究中心"2010 年完成的北京市哲学社会科学"十一五"规划重点项目"北京市城乡结合部流动人口聚居区合作治理研究"、北京哲学社会科学规划一般项目"北京市民间组织国际交往研究"、北京市社会科学院重大项目"首都和谐稳定背景下的民生问题研究"、"首都社会建设的管理体制机制研究"等 4 项课题研究成果组成，具有数据翔实、案例丰富、点面结合、论证严谨的特点。

全书分为上下两编，上编为"城乡结合部社会管理体制创新"，下编为"社会组织服务管理创新"。

上编由"首都特色的流动人口聚居区合作治理研究"主报告和 6 篇分报告组成。研究成果在对我国内地和香港地区进行大量实地调查研究的基础上，紧密结合北京正在进行的"城乡结合部综合配套改革试验"，以三种"城中村"改造模式为主要研究对象，对城乡统筹背景下的北京市流动人口聚居区的治理模式做了深入研究和利弊探讨。在对北京"城中村"改造的作用给予积极评价的同时，指出"城中村"改造周边地区可能面临更深的发展困境，建议在"市区政府是主导、乡村组织是枢纽、社区成员是核心、社会团体和社会单位（企业）是支撑、专业 NGO 是助推器"的合作治理框架下，以生活设施改造和社会管理体制创新为突破口，统筹兼顾尚待城市化地区的协调发展。

下编由主报告"社会组织与民生建设——北京市基层社会组织参与民生建设的实证性研究"、"枢纽型社会组织的职责与作用"和"北京市民间组织国际交往现状、问题及对策研究"组成。

"社会组织与民生建设——北京市基层社会组织参与民生建设的实证性研究"由主报告和 11 个分报告组成。报告在对 10 个街道和社区层面具有组织服务功能的"枢纽型"社会组织和直接或者间接参与服务行动的公益性民间组织等三类基层社会组织实地考察和深入研究的基础上，指出北京基层社会中一个互补互联的社会服务组织网络已见雏形，应区别不同层级枢纽性社会组织在民生建设中的功能和作用，积极发挥公益性民间组织在民生建设中的助推角色，形成政府组织推动、社会组织积极参与、社会力量协同配合的民生建设新格局。

"枢纽型社会组织的职责与作用"报告分析了社会组织"双重管理体制"产生及延续的体制根源，指出北京市"枢纽型"社会组织管理体制的创新意义在于通过"存量脱钩"、"增量吸纳"、"协调引导"等多种手段和渠道来改变社会组织的治理主体，进而改进社会组织的治理方式。建议从"分级吸纳、强化问责、资源引导、价值构建、人才培养"入手，进一步创新"枢纽型"社会组织的治理手段。

"北京市民间组织国际交往现装、问题及对策研究"描述了北京市的各类社会组织现状以及开展对外交往的成果，并且根据对外交往能力和资金来源把他们分为管理型、拓展型、内生型和协助型四种基本类型。北京市民间组织对外交往是中国国家总体外交的一个有机组成部分，并且要为"人文北京、科技北京、绿色北京"建设和世界城市建设作出贡献。为此研究报告在领导管理机制、规划引导机制、法规保障机制、财政支持机制、税收优惠机制、协调沟通机制、社会参与机制七个方面提出了政策建议。

本书是北京市社会科学院"北京社会管理研究中心"科研人

员集体智慧和辛勤工作的结晶。作者以社会学所研究人员为主，吸收了院内外的部分学者。四个课题组的主持人和成员分别是：

"北京市城乡结合部流动人口聚居区合作治理研究"：课题主持人冯晓英；课题组成员有包路芳、江树革、袁振龙、张真理、袁蕾。

"首都和谐稳定背景下的民生问题研究"：课题主持人冯晓英；课题组成员有高勇、戴建中、包路芳、李伟东、王煜、曹婷婷、韩嘉玲、韩君。

"首都社会建设的管理体制机制研究"：课题主持人高勇；课题组成员有冯晓英、戴建中、包路芳、曹婷婷、李伟东、马丹。

"北京市民间组织国际交往研究"：课题主持人戴建中；课题组成员有冯晓英、王煜、高勇、包路芳、李伟东、马丹、龙彦、孙湛宁、韩君。

冯晓英<br>2011 年 3 月

目 录

## 上编　城乡结合部社会管理体制创新

1

# 下编　社会组织服务管理创新

上　编▶

城乡结合部社会管理体制创新

# 首都特色的流动人口聚居区
# 合作治理研究

冯晓英 *

北京作为国家首都，其流动人口政策取向有着风向标的作用，从而备受社会各界，特别是新闻媒体的关注。2009 年以来，伴随着北京"城中村"改造的大规模推进，以及与之相关的"蚁族"、"封村"、"一夜暴富"等社会现象的不断曝光，"城乡结合部"这个原本只与环境脏乱差相关的地区，一下子成为社会关注的"焦点"，引发了学界新一轮的研究高潮。

众所周知，城乡结合部是流动人口高度聚集之地，"城中村"改造对流动人口聚居区究竟会产生何种影响？面临搬迁的原有生活在流动人口聚居区的人们，以及仍然维持现状的流动人口聚居区应该如何应对政府主导下的这次乡村社会变革？这亟须社会科学研究工作者在深入调查研究的基础上，提出可供政府决策参考的对策思路。

城乡结合部一直是我们多年关注和研究的课题。自 2006 年 9 月本课题正式立项以来，课题组做了大量深入细致的调查研究工作。其间，随着城乡结合部社会环境的发展变化，课题组不断调

* 冯晓英，北京市社会科学院社会学所所长、北京社会管理研究中心常务副主任，研究员，"北京市城乡结合部流动人口聚居区合作治理研究"项目负责人。

整研究重点和思路，特别是自 2009 年以来，配合市政府的"城乡结合部综合配套改革试验点"工程，我们不仅对北坞村、大望京村两个试点模式做了深入调查，同时也对纳入 2010 年改造计划的唐家岭、肖家河，以及尚未进入改造名单的石景山区雍王府村、昌平区东小口镇兰各庄村等做了深入访谈，并与市有关职能部门和相关区、乡镇政府就"城中村"改造政策进行了多次交流。

我们的调查研究分六个层次进行：一是与北京市有关政府部门、研究机构座谈，包括北京市城乡结合部建设领导小组办公室、发改委、流管委、人口计生委、统计局、市政市容管委会，以及市委研究室、市政府研究室、北京大学社会学系、北京市农研中心、首都经贸大学城市学院等相关机构。二是深入有关区县召开座谈会和实地考察，其中包括海淀区委研究室、区流管委、四季青乡政府、西北旺镇政府、田村路街道办事处，朝阳区流管委、区农委、崔各庄乡政府、东风乡政府、将台乡政府、望京街道办事处、东八里庄街道办事处、高碑店街道办事处，丰台区政协、区流管委、区研究室、区农委、区市政管委、南苑乡政府、花乡乡政府、卢沟桥乡政府、南苑街道办事处、新村街道办事处，顺义区流管委、林河工业开发区、天竺空港经济开发区，大兴区旧宫镇、清源街道办事处，通州区政协、区拆迁办、区住房保障办公室。三是对基层社区、村进行实地考察、座谈和访谈，其中包括海淀区碧水云天社区、北坞村、肖家河社区、唐家岭村，朝阳区大望京村、崔各庄村、望京村，丰台区黄土岗村、草桥村、新发地村、看丹村、成寿寺村、南苑村、造甲村、将台村、樊家村、张仪村、大井村，石景山区雍王府村，昌平区东小口镇兰各庄村。四是与"社区参与行动"、"公益组织发展中心"、"流动人口教育与行动研究中心"、"打工妹之家"、"北京致诚农民工法律援助研究中心"、"同心希望家园文化发展中心"、"新居民之家"等非政府组织（NGO）座谈并进行实地考察。五是到上海、重庆、成都、武汉等地与相关政府部门、政府研究室以及当地社科院座谈，并考察了重庆市、成都市城乡统筹试验区和部分流动人口聚居区。六是到香港天水围、深水埗、重庆大厦等地进行实地考察，与香港元朗区民政署座谈，了解香港移民区状况。通过大量深入实地的调查研究，我们在掌握翔实、最新一手资料的基础上，逐渐厘清了研究思路和重点，形成了以下报告。

# 一 北京"城中村"改造与流动人口聚居区治理

"城中村"是城乡结合部的顽疾所在。通过旧村改造和新村建设的方式进行城市化改造，是彻底改变"城中村"生存环境日趋恶化的有效途径。2009 年初启动的北京市城乡结合部综合配套改革试验，是政府主导下的一次乡村社会变革。在城乡"二元"分治已经制度化，很难通过单一政策彻底治愈"城中村"顽疾的情况下，遵循"政府主导、农民主体、政策创新"的原则，北京市从 2009 年两个试验点起步，到 2010 年向 50 个重点村推进，如此有计划、分步骤、大规模的"城中村"改造，开了全国城乡结合部地区城乡统筹配套改革的先河，引起了国内外，特别是北京学界的高度关注。

## （一）北京"城中村"与城乡结合部流动人口聚居区的关系及特征

### 1. 城乡结合部、"城中村"、流动人口聚居区的概念界定

城乡结合部并不是一个我国独有的概念，作为一个区域概念，它在国外有"城市边缘区"（urban fringe）、"城市蔓延区"（the area of urban sprawl）等多种称谓。我国学者对国外的城乡边缘区等称谓更习惯以城乡结合部来替代。而不同学科背景的学者出于研究内容的不同，对城乡结合部的界定也各有侧重，形成了诸如空间说、定性说、形成说、综合说等多种定义。我们对城乡结合

部的界定立足于中国国情，侧重于地域概念，目的只是想说明它的区域范围，至于它的区域特征则是围绕我们的研究对象展开。据此，我们界定的城乡结合部泛指城市建成区与非建成区的接壤地带，是一个随着城市产业和住宅区不断向城外扩散，从而使原来以农村为主的市郊地带较快演变为兼有城乡特色的特殊空间。就北京而言，城乡结合部既包括中心城区与近郊区的接壤地带，也涵盖远郊区县的卫星城与其周边乡镇的接壤地带。目前关于北京市城乡结合部的区域范围有三种界定：一是指规划中心城区范围内现存的乡（镇）和行政村，包括朝阳、海淀、丰台、大兴、昌平五区 30 个乡（镇）的 301 个行政村，即本文所指的"城中村"；二是指城市中心区的边缘地带和 11 个新城所辖除城市中心区以外的农村地区，涉及 1178 个行政村；三是指朝阳、海淀、丰台、石景山四区与大兴、通州、顺义、昌平、房山、门头沟六区接壤地带，涉及 77 个街道乡镇，1673 个社区（村）。由于我们关注的重点是流动人口聚居区，而流动人口"外缘区"① 的迁移趋势，已经超出了前两种区域范围，因此，我们研究的范围是第三种区域。

　　"城中村"是具有中国特色的称谓，是中国城市化进程中出现的一种特有现象。广义的概念是指在城市高速发展的进程中，滞后于时代发展步伐、游离于现代城市管理之外、生活水平低下的居民生活区。狭义的概念是指在规划市区内仍然保留和实行农村集体所有制和农村经营体制的农村社区。北京市的"城中村"大体分为两类：第一类是指在建成区内环境脏乱的城市角落。这部

---

① 城乡结合部具有较为典型的圈层结构，内圈层倾向于城市形态，外圈层倾向于乡村形态。据此，城乡结合部可划分为外缘区（农业型边缘区）和内缘区（非农业型边缘区）两大类型。内缘区靠近城市中心区，绝大多数土地已用于或规划为城市建设用地。在北京，这个范围大体在五环路附近。外缘区是以农业土地利用为主要景观，但城市指向性因素渗透明显，紧靠内缘区且与城市影响区相接的地域，其位置大体在朝阳、海淀、丰台、石景山与大兴、通州、顺义、昌平和房山接壤的环城带地区。

分"城中村"经过奥运会前三年的集中整治，公共环境已经有了明显改观。第二类主要是指规划市区范围内的行政村。它们大多位于城乡结合部地区，具有流动人口高度聚居，公共设施严重不足，生活环境脏乱差等基本特征，是当前北京市在城乡统筹过程中重点关注和着手治理的地区。

流动人口聚居区在北京已有近20年的历史。最早进入学者研究视野的是位于丰台区南苑乡大红门地区的"浙江村"。据查，历史上的北京从来没有形成过"城中村"聚落；从20世纪80年代初以后，大批浙江商人涌入京城，聚居在一起，到1988年"浙江村"人口初具规模，成聚落状，才被北京当地人称作"浙江村"。① 此后，关于流动人口聚居区的提法多见于流动人口管理机构关于流动人口的工作报告或是学者的研究报告。事实上，聚居区只是表明流动人口的聚居程度，并无明确的规模界限。目前提出的万人规模流动人口聚居区只是流动人口管理机构衡量流动人口规模的一个尺度，并不标志着万人规模以下的流动人口住地就不是聚居区。本报告所研究的对象，主要是位于城乡结合部地区的流动人口聚居区，它既包括以街乡为单位的万人以上规模的流动人口聚居区，② 也包括流动人口规模一般超过户籍人口规模，以行政村或自然村为单位的流动人口集中居住地，但重点是研究后者。

### 2. "城中村"与流动人口聚居区的关系

北京的"城中村"与流动人口聚居区是一个密切相关，但又不完全等同的概念。二者虽然都地处城乡结合部地区，但由于

---

① 王春光：《社会流动和社会重构——京城"浙江村"研究》，浙江人民出版社，1995，第30页。

② 万人以上规模的流动人口聚居区在城区街道辖区数量很少，如宣武区大栅栏街道等，其他主要分布在城乡结合部原来归属农村乡镇区域，或因城市搬迁人口和就地农转非人口增多而新建的街道办事处辖区，如丰台区的大红门街道，或是实行"一乡两制"，在保留乡镇建制的同时，增设地区办事处的行政管辖区，如朝阳区的十八里店地区办事处等。

"城中村"属于规划市区范围，比城乡结合部的地域范围小，因此，"城中村"一般都是流动人口高度聚居之地，而流动人口聚居区并不都是"城中村"，即流动人口聚居区的地域范围要远大于"城中村"。基于这样一个从属关系，"城中村"改造的效果将直接影响到城乡结合部流动人口聚居区治理模式的选择。

**3. 流动人口聚居区的基本特征与"城中村"改造点的选择**

流动人口聚居于城乡结合部是国内大城市的普遍现象，但身为国家首都、区域经济高地和以第三产业为主导的产业结构等特殊市情，使得北京的城乡结合部流动人口聚居区特点突出。

一是万人以上规模的流动人口聚居的行政村（点）数量多、规模大，已经由前期的四环路附近逐渐外推至与八城区交界的环城带。二是流动人口与户籍人口数量倒挂现象十分普遍，流动人口数量超过本地人口几倍、十几倍的情况不在少数。三是靠近建筑工地、建材、家居、各类商品批发交易市场、科技园区的"城中村"流动人口规模庞大。四是以农民出租房屋为主的"城中村"和以乡村承包、租赁土地形式出现的流动人口聚居大院，在一定程度上形成了自我供给、自我服务的次生经济圈和低层次生活链。五是大规模、高密度的违章建筑屡拆屡建，生活基础设施严重不足，安全隐患突出。六是流动人口与当地组织和居民沟通较少，一旦出现问题就比较严重。

正是由于城乡结合部流动人口聚居区承载了过多难以承受的生存与发展压力，2009年初北京市委、市政府决定以"城乡结合部综合配套改革试验点"为突破口，探索北京率先实现城乡经济社会发展一体化新格局的有效途径。而"城中村"由于位于规划市区范围，既属于城市化改造地区，又因其问题在城乡结合部具有代表性和改造的紧迫性，被率先纳入试点范畴。如果说2009年选择北坞村和大望京村两个试点主要还是探索性的，意在找到可以复制、借鉴的路径，那么，2010年50个重点村的选择就考虑到地区分布和示范效应了。此次启动城市化改造工程的50个重点村，全部是矛盾最突出、问题最典型、社会影响最大的市级挂账整治督办重点村，涉及 9 个区县，其中有 38 个重点村位于中心城区的范围内，其他 12 个属于新城范围。这 9 个区县全部实行领导负责制，由区县的主要领导挂帅，一人联系一个挂账村，协调相关部门，集中力量对所联系的村庄进行综合整治。其工作力度之大前所未有。

## （二）北京"城中村"改造模式

与以往对"城中村"实施单一的环境改造不同，2009 年北京启动的城乡结合部"城中村"治理，采取了新村建设与经济发展、社会保障、制度创新相互配套的一揽子改革方案，体现了城乡统筹、整体推进的发展思路。

### 1. "北坞村模式"

作为北京首家"城乡结合部综合配套改革试点"，北坞村实施的是就地城市化改造模式，即按照"宅基地腾退上楼、地上物腾退补偿"方式，本着先建后拆原则，在村西侧，由四季青镇统一自主开发建设新北坞村。整个过程实施统一规划、统一建设、整体搬迁。

在新村建设的同时，北坞村模式的特点在于社会保障方面的制度创新。与大多数北京郊区实行村级核算不同，四季青镇实行乡级核算。因此，北坞村作为四季青的一个自然村，城市化改造后的社会保障由四季青镇统一调配和安排。

北坞村的社会保障制度创新主要体现在三方面：一是将开发就业岗位和安置农民就业相结合。二是在养老政策上的突破，即在企业工作的农民工，可以参加企业职工的各项社会保险，参保费用由企业和农民工按规定共同缴纳，农民工满足规定的缴费年限，可以享受与城镇职工一样的社会保险待遇。三是提供发展用地，解决农民后续发展问题。

### 2. "大望京村模式"

朝阳区崔各庄乡大望京村是 2009 年北京城乡结合部综合配套

改革试验的第二个试点村。与北坞村就地城市化改造不同，大望京村采取的是异地搬迁改造模式。

大望京村城乡一体化试点主要有四方面的内容：实施环境整治，优化区域环境；整体搬迁上楼，改善农民居住条件；提高产业发展水平，解决就业增收和社保问题；推进配套改革，创新体制机制。[①] 同时实施三项配套改革：一是按照《北京市撤制村队集体资产处置办法》（京政办发〔1999〕92 号）规定，妥善处置大望京村村级集体资产；二是建立乡级统筹的经济管理体制；三是按照城市管理要求，建立与城市化相适应的城市管理体制。

搬迁腾退后的土地进入政府土地储备中心进行交易是大望京村试点的核心内容。这是通过"土地储备贷款"进行融资，解决"城中村"改造资金严重不足的有效途径，即利用政府土地储备机构发放的贷款，解决因收购、储备、整理、出让土地等前期工作时产生的资金需求。

**3. "一村一策"的 50 个重点村改造工程**

2010 年启动的 50 个重点村改造工程在借鉴"北坞"模式和"大望京村模式"经验基础上，本着"政府主导、农民主体、政策创新"的原则，实行"一村一策"。

政府主导是指政府在"城中村"改造中承担制定规划、集成政策、建设基础设施等宏观指导和落实公共服务职责，从城乡规划、产业布局、基础设施建设、公共服务、劳动就业、社会管理等多角度，全方位推进城乡一体化进程。农民主体是指保护好农民对集体土地、集体资产方面的权益；引导农民根据区域功能定位，发展有助于发挥当地优势的产业；加强培训，提高农民的就业能力。政策创新是指在落实好已有政策的基础上，在使用宅基地、实现社会保障城乡一体和发展绿色产业等方面有所创新。"一村一策"则是在坚持上述原则基础上，根据各村的具体情况，制

---

① 谭少容：《北京朝阳区大望京村：试点城乡一体化，破解城乡结合部发展难题》，2009 年 7 月 7 日城市化网。

定好本村发展思路。

50 个重点村同步改造，在北京城市化进程中是首次尝试。为加强市区两级配合与沟通，北京市专门成立了由市领导牵头挂帅的城乡结合部改造工作领导小组。目前，50 个重点村规划实施方案的编制和审查已全部完成，并上报市政府批准。根据规划，50 个重点村回迁安置房建设将在 2011 年内全部启动，且全部安置在所在乡域，其中三分之二的村庄，是在原村域回迁。改造后的北京户籍农民全部实行农转非，并一律纳入社会保障体系。①

### （三）北京"城中村"改造效果评价

目前，"城中村"改造已成全国趋势，其改造之风愈演愈烈。政府认为是为民办好事，学界则是质疑多于赞赏，被改造的"城中村"农民在"利益博弈"中希望能够争得最后一块"大蛋糕"，不知安身何处的流动人口"茫然不知所措"……

尽管北京大规模的"城中村"改造尚处于规划、动员、拆迁阶段，还看不到改造后的实际成效，但是从我们实地跟踪考察的结果中，仍然可以得出一些基本判断。

**1. 正面效果值得肯定**

与以往对"城中村"实施单一的环境整治，意在修饰"城市脸面"不同，作为新时期北京城乡一体化建设战略部署下的一次持续性改造行动，此次"城中村"改造在推进城市化过程中更多的是关注百姓利益，其积极作用主要体现在以下几方面。

一是与世界城市发展相适应，通过"城中村"改造，加快推进北京城市化进程。如同举办奥运会使北京城市建设目标提前十年完成一样，在规划市区范围内，通过大规模"城中村"改造，加快城市化步伐，是把握发展机遇，推进世界城市建设的需要。以朝阳区为例，借鉴大望京村改造经验，朝阳区将规划市区范围

---

① 傅沙沙、马力：《北京年内将搬迁改造 50 个重点村　2/3 原村回迁》，2010 年 4 月 2 日《新京报》。

内8个乡20多个村的26.2平方公里农村土地纳入政府土地储备中心，不仅使祖辈生活在这里的农民"一步跨入"城市"大门"，也是实现朝阳区"三化四区"，即农村城市化、城市现代化、区域国际化，建设国际商务中心区、高新技术转化区、文化教育发达区与富裕文明新城区的需要。

二是从根本上改变了"脏乱差"的生存环境。众所周知，"城中村"是北京百姓生存环境最恶劣的地区。由于严重超载的基础设施和拥挤不堪的出租房屋，仅靠维持性的设施修补或者强化管理是无法使这里的生存环境得到根本性改观的。尽管低价的出租房屋无论是对流动人口还是出租房主都具有很大的诱惑力，但是保持二者之间的互惠互利关系并不完全需要以"城中村"方式维系，何况生活在"城中村"的人们也并不满意现实的生存环境。因此，在合理的规划引导下，通过旧村改造和新村建设的方式进行城市化改造，是彻底改变"城中村"生存环境日趋恶化的有效途径。

三是政策突破，体现了以人为本的精神。如果说这次"城中村"改造政策上有突破，主要是体现在执政为民、保障民权的两大政策上。首先将宅基地腾退置换、城乡社会保障衔接、后续产业安排、集体资产处置等涉及"城中村"农民切身利益的配套政策作为前置条件逐项落实，解决了农民市民化的后顾之忧；其次突破集体建设用地不能建设出租房屋的制度瓶颈，鼓励农村集体经济组织集资贷款利用集体土地建设公租房。尽管政策出台不久，具体实施办法尚在制定之中，但这项制度创新的意义已经远远超出了缓解流动人口住房难的界限，它表明北京已经走出了"以房控人"的路径依赖，在兼顾农民利益的同时，开始以海纳百川的胸怀接纳来自祖国各地与北京共谋发展的人们。

**2. 负面效应不容忽视**

虽然"城中村"改造是城市化进程中必须经历的过程，其"阵痛"难以避免，但是学界关注的问题应该引起政府的高度重视。

一是"城中村"改造周边地区可能面临更深的发展困境。"城中村"改造的直接影响是高度聚居的流动人口"外迁",即新的"漂泊"已经开始。由于"城中村"改造是一个过程,50个重点村的改造历时两年才能完成,因此,对于周边尚未纳入改造计划的村(点)而言,无论是成为接纳"搬迁村民"的临时居住地,还是成为"漂泊"一族的首选之地,都将承受人口激增引发的巨大社会压力。它突出表现在两个方面,即基础设施捉襟见肘,违章建筑可能再掀高潮,"人口分管"模式将使社会管理面临更大挑战。

"城中村"拆迁伴随社会问题的"复制、外推",是各地城市化改造过程中的一个普遍现象。当前北京大规模的"城中村"改造,涉及数百万人的切身利益,社会矛盾累积导致的冲突可能一触即发。如果继续维持现有的城乡"社会分治"、"人口分管"体制,即使领导重视,增加管理经费和管理人员,也很难处理波及面较大的连锁式"冲突事件"。

问题在于上述缺陷尚未得到政府的高度重视。根据北京市政府的总体部署,50个重点村的拆迁改造工程已经整体启动,并限期完成整治工作。如果在新一轮的"城中村"改造中不注意上述问题的解决,积聚已久的社会矛盾和冲突则很难避免。

二是"被城市化"使自然形成的流动人口社会关系网络瞬间"破裂"。与祖祖辈辈生活在"城中村"的户籍农民日后大多还将集中居住在新建小区不同,生活在"城中村"的许多流动人口,多年来以家族、同乡,或者群体(如"蚁族")方式自然形成的社会关系网络在搬迁后却难以为继。有学者曾以"北漂的'朝圣之旅'"[①]为题,将来到北京,在生活成本低廉的"城中村"聚集成群的"蚁族"形容为"朝圣者",发出"没有人说城乡结合部孕育了创造精神,也没有人说精彩人生是与这里的社会空间相互生成的。……如果没有这种视角,城市改造将只是一场打造空壳

---

① 朱晓阳:《北漂的"朝圣之旅"》,2010年4月28日《南方周末》。

巨人的城市恐龙化"的呐喊。

三是农民拆迁补偿后过度消费导致的心理失衡。客观说，这次"城中村"改造最大、最直接的受益群体是"试验点"的村民。无论是"就地改造"，还是"异地搬迁"，"试验点"的户籍农民的生活水平都会有一个显著提升。据丰台区有关部门测算，如果一个农户有200平方米的宅基地，按照拆迁地价4000元/平方米，地上建筑1000多元/平方米补偿标准，除了可以无偿获得1套90平方米左右两居室和1套45平方米左右一居室外，还可剩余100余万元现款，同时医疗、养老等社会保障水平也有明显提高。但一个不容忽视的现象出现了。有报道称：在北京一些城中村及农村的农民，因拆迁而一夜骤富。① 富裕来得太快和太容易，使许多转型农民的传统生活方式和社会价值观念受到了极大的冲击，少数人过起了游手好闲、斗富比奢的日子，而"冲动消费"潜伏着返贫危机，"坐吃山空"并不是危言耸听。这种过度消费导致的心理失衡甚至比贫困更可怕，因为后者可以通过努力而改变，而前者一旦形成事实就难以自拔。

## 二 北京流动人口聚居区合作治理 面临的机遇与挑战

合作治理是本课题用以研究、探讨，旨在寻求解决城乡结合部流动人口聚居区社会问题治理之道的理论框架。合作治理是指以行政伦理学为支撑，建立在信任基础上，各种社会主体以相对平等的身份，就国家和社会公共事务进行合作共治的社会治理模式。广义的合作概念包括"互助"、"协作"、"合作"三个层次：互助是感性的，是合作的初级形态；协作是工具性的，是合作中的较高形态。狭义的合作既是理性的，又是抛弃工具性的，它是

---

① 李松：《北京部分农民因拆迁成富人专家忧其挥霍后返贫》，2010年6月7日《瞭望》。

人类群体基于公共利益的一种共存、共在和共同行动的形式。[①] 那么，作为协作治理发展的一种高级形态，北京是否具备合作治理流动人口聚居区的条件，面临着什么样的机遇和挑战？

城乡结合部流动人口聚居区合作治理至少需要具备三个基本条件，除了信任、多元合作主体这两个基本条件外，国家和北京市关于流动人口管理服务的制度创新对合作治理起着举足轻重的作用。因为前者可适用于任何领域，而后者是流动人口聚居区的"专利"。概括而言，北京已经具备了实现流动人口聚居区合作治理的基本条件。

## （一）合作治理机不可失

### 1. 国家宏观政策和北京管理思路、管理体制的创新，是北京实现流动人口聚居区合作治理的制度保障

毋庸讳言，中国特殊国情下实行的流动人口管理体制和政策缺陷，是导致长期以来流动人口群体边缘化的直接原因。而这种局面伴随着国家城乡统筹战略的确立与实施有了质的变化。从2006 年出台《国务院关于解决农民工问题的若干意见》起至今，几乎每年国家都会有新的、旨在保障流动人口权益、为流动人口创造生存与发展条件的政策出台。特别是 2009 年 4 月发布的《医药卫生体制改革近期重点实施方案（2009～2011 年）》，明确提出要在 3 年内解决农民工等流动就业人员基本医疗保障关系跨制度、跨地区转移接续问题，[②] 以及 2010 年 6 月国家六部门联合印发的《关于做好住房保障规划编制的通知》，[③] 将"加快建设公共租赁住房、限价商品住房，着力解决新就业职工、进城务工人员等中等偏下收入家庭的住房困难"作为规划编制的重点之一，首次将

---

① 张康之：《论合作》，《南京大学学报》2007 年第 5 期。
② 周婷玉、刘铮：《我国今后三年将推行医保异地结算》，2009 年 4 月 7 日新华网。
③ 《六部门联合部署住房保障规划编制》，2010 年 6 月 18 日中国新闻网。

流动人口纳入住房保障范围。这些事关流动人口生存发展政策的陆续出台，标志着进城流动人口享受市民待遇已经逐渐从理想变成现实，得到了制度上的保障。

北京流动人口管理服务工作一直走在全国前列。早在2005年底北京市委、市政府联合下发的《关于进一步加强流动人口管理与服务工作的若干意见》（京发〔2005〕21号）中，就率先在全国提出了流动人口管理理念和管理模式的"五个转变"，即要逐步实现由社会控制为主的治安管理型向城市统筹规划、综合管理模式的转变；实现由重管理轻服务向服务管理并重、寓管理于服务之中模式的转变；实现由户籍人口与暂住人口双轨制管理向社会实有人口服务管理模式的转变；实现由职能部门管理为主向以完善社区服务管理体系为主的属地管理模式的转变；实现由政府管理为主向政府依法行政、社区依法自治、基层组织广泛参与的社会化服务管理模式的转变。

理念的转变带动了体制创新。2007年初，北京又在全国率先成立了首家由党委政府统一领导的市、区县、街乡专门管理机构——北京市流动人口和出租房屋管理委员会。经过3年多的实践，北京市流管委在强化党委政府领导、调动社会资源统筹流动人口管理服务方面成效显著，得到了中央政法委的高度评价。

如果说，北京市流管委的成立还仅是流动人口管理层面的一种制度创新，那么，2007年底率先在全国成立的首家社会建设工作机构——北京市委社会工作委员会和北京市社会建设工作办公室，在统筹全市社会发展的同时，打破户籍界限，将包括流动人口在内的全体北京市民作为社会建设主体，实现社会治理的协同共治就成为一种必然趋势。2010年北京市社工委已经明确提出将在外来流动人口集中的地方试点建设"新居民互助服务站"，并在城乡结合部地区进行推广。

国家宏观政策的保障与北京流动人口管理体制和思路创新的"合一"，成为北京优于其他城市开展流动人口聚居区合作治理的重要条件。

**2. 合作主体之间的彼此信任与支持，是北京实现流动人口聚居区合作治理的前提**

合作意味着主体的多样化。北京市流动人口聚居区合作治理的主体由政府、社会组织、社区成员和包括企业在内的社会单位组成，合作能否成功，取决于彼此间是否在目标一致下具有相互信任与合作的愿望。北京在这方面已经迈出了可喜的一步。

首先是政府对其他合作主体的信任。政府的公权力和公信力决定了它的社会调控能力，利用经济、社会、法律手段，实现利益再调整、权力再分配，是政府的责任和优势所在。从这个意义上讲，合作主体间的彼此信任与合作首先取决于政府的姿态。众所周知，社会组织发育缓慢是中国语境下合作治理的一大难题，而北京市政府不仅已经意识到社会组织在社会建设中的不可或缺作用，而且在促进社会组织发育成长方面作出了积极的努力。北京市社工委成立后一直致力于社会组织的制度创新，2008年提出以构建"社会公共服务体系、社区管理体系、社会组织管理体系、社会工作运行体系、社会领域党建工作体系"，作为未来3～5年北京市社会建设新格局的基本框架之后，相继出台了《关于加快推进社会组织改革与发展的意见》、《关于进一步加强和改进志愿者工作的意见》、《关于构建市级"枢纽型"社会组织工作体系的暂行办法》、《关于加强和改进市级社会组织设立工作的实施办法（试行）》等一系列支持、鼓励、培育社会组织的政策文件。2010年市（区）政府以购买公共服务为切入点，将一些可由社会承担的技术性、服务性、事务性、公益性工作，通过项目委托、项目补贴、项目奖励等多种形式转移给慈善公益类、生活服务类、社区管理类等社会组织，发挥行业协会和"枢纽型"社会组织在各自领域提供公共服务的组织优势，初步形成了政府、市场、社会互联互动的局面，且已初显成效。

政府的信任得到了其他合作主体的积极回应。除了实行多年的社会单位与社区共建活动日趋制度化外，社会组织的参与行动最为明显。在我们与包括草根类 NGO 在内的诸多社会组织接触中，深刻感触到他们与政府、其他社会组织合作的强烈愿望，许多致力于社区能力建设和流动人口服务的 NGO 已经开始付诸行动。在北京，就有"社区参与行动"在政府的支持下，通过专业培训和实践推动等途径，与大兴区清源街道、东城区交道口街道、和平里街道、南锣鼓巷社区、肖家河社区等建立了合作伙伴关系，致力于推动这些地区的社区能力建设，产生了良好的示范效应。"公益组织发展中心"（简称"NPI"）是在政府主管部门和国内外资助型机构支持下 2006 年在上海注册的支持型 NGO。它以"助力中国社会创新，培育公益创业人才"为己任，旨在为中小型民间公益组织初创提供关键性支持，积极探索在中国公益事业蓬勃发展的不同阶段 NPO 支持性组织的发展道路。公益组织孵化器是"NPI"的核心项目，以"社会力量兴办、政府政策支持、专业团队管理、社会公众监督、公益组织受益"的模式培育和扶持初创期民间公益组织发展。"NPI"2009 年在北京注册，6 月率先与西城区政府合作，接受 3 家孵化机构入壳，其后陆续在北京其他区又接受了 3 家孵化机构。经过 1 年的专业性培训、定向咨询、资源拓展和合作交流，6 家孵化机构均取得了不同程度的发展，已于 2010 年 6 月正式出壳。值得一提的是，NGO 的服务早已超出初期的环境保护、残障人扶助、教育培训等范畴，日趋增多的 NGO 已经将着力点转向流动人口服务的实践推动。目前不仅是"社区参与行动"和"NPI"等 NGO 在做相关项目，还有诸如"流动人口教育与行动研究中心"、"打工妹之家"、"北京致诚农民工法律援助研究中心"、"同心希望家园文化发展中心"等许多面向流动人口群体服务的 NGO 已经在实践推动上作出了很有价值的贡献。

**3. 多元主体各司其职、协同共治，是北京实现流动人口聚居区合作治理的关键**

社会治理模式中的多元主体作为具有特定功能定位的组织或

者群体，承担着各自的社会使命。就流动人口服务领域的机构和组织而言，在北京的政府层面，有专司流动人口和出租房屋管理职能的市区流管委、街乡流管办。在社区层面，有负责社区流动人口和出租房屋登记、检查和统计，发现、上报安全隐患，提供服务信息职能的社区（村）流管站。在社会组织层面，既有致力于提升流动人口社会参与能力的组织、为流动人口提供权益保护的组织，也有以研究带实践的组织；既有流动人口自组织，也有流动人口他组织（被组织）；既有专业性流动人口组织，也有非专业性流动人口组织。社会单位（企业）虽然为流动人口提供服务的形式林林总总，但流动人口集中的建筑和工业企业重点承担着流动人口权益保护责任。总体说，与流动人口相关的政府、社会组织在北京还是基本健全的，在各司其职的同时，一些政府机构和社会组织已经在相互信任的基础上建立起合作伙伴关系。例如："社区参与行动"已经与东城等区政府签订了合作协议，"NPI"得到了国家民政部、上海浦东区政府、北京市西城区政府的首肯和支持，"北京致诚农民工法律援助研究中心"已经成为我国 NGO 的国际代表，受到对外联络部、外交部、地方政府的高度认同和支持。

## （二）合作治理任重道远

尽管推进北京城乡结合部流动人口聚居区合作治理条件已经基本成熟，但是真正作为一项战略任务实施，仍然会遭遇严峻挑战。

### 1. 北京人口规模调控压力，抑制合作治理的进程

如前所述，政府在流动人口聚居区合作治理上承担着不可替代的主导角色，其政策的宽松程度直接影响着合作治理的效果。而北京城市人口规模调控与善待流动人口是把"双刃剑"，已经成为政府制定人口政策时的"两难抉择"。2009 年北京市常住人口已经达到 1795 万人，其中流动人口 509.2 万人，占常住人口的

28%。如果考虑到统计数据失真和来京半年以下的流动人口等因素，北京现有人口估计在 2200 万人。这对资源严重超载的北京而言，如何顺应国家日益宽松的流动人口政策环境，而又不至陷入"资源短缺"与"人口规模控而不住"的难堪境地，确实是对政府执政能力的严峻挑战。

**2. 传统的城乡分治、人口分管社会管理模式，制约社会资源的整合**

城乡分治、人口分管是目前仍在全国统一实行的社会管理模式。要想实现流动人口聚居区"一元化"管理，现有的途径就是"撤乡建街、撤村建居"。在社会资源占有、公共服务资源配置、社会管理经费人员配备等方面严格按照传统社会管理模式执行的情况下，社会资源的整合将十分困难，这对长期存在的城乡结合部流动人口聚居区推进合作治理进程无疑是一种桎梏。但就目前北京的政策和实践看，都没有准备突破的"迹象"。

**3. 对草根型 NGO"政治渗透"的担心，影响合作伙伴的发展**

与社团类社会组织一直有政府支持的背景不同，草根类 NGO 的生存多依赖于境外或者国际组织的资金支持。由于众所周知的原因，草根类 NGO 发展情况大多不在政府掌控范围，因此，担心具有境外资金支持的草根类 NGO 受控于"投资方"，担心"颜色革命"在所难免。然而，伴随着北京奥运会的成功举办，境外和国际组织开始认同中国的经济实力，据此缩小对中国 NGO 的资金支持已经成为国内草根类 NGO 的共识。在此情况下，如果政府不能及时给予现有的 NGO 认定和资金支持，资金链条的"断裂"将使致力于流动人口服务、在流动人口聚居区合作治理中扮演重要角色的草根类 NGO 难以为继。

# 三 流动人口聚居区合作治理需要
## 观念突破

流动人口聚居区合作治理是一项复杂的系统工程，除了应该具备上述三项基本条件外，传统理念的突破也至关重要。

**1. 我国流动人口聚居区的生成条件与国外贫民窟不尽相同，早期的综合治理可以避免贫民窟的形成或进一步恶化**

"城中村"改造之所以引起部分学者的质疑，与政府担心"贫民窟"形成的初衷有关。"拆除"还是"有机更新"？不同指导思想下会有不同的选择。那么，我国的流动人口聚居区是否已经或者可能沦为"贫民窟"呢？

一般而言，"贫民窟"的形成与城市化进程中，大量农村人口向城市集聚有直接关系，在这一点上我国流动人口聚居区与国外"贫民窟"有相似之处，但这只是"贫民窟"生成的重要条件，而不是充分条件。分析国外"贫民窟"的形成，除了低收入群体聚居之外，大体还要具备几个条件，包括农民丧失土地所有权、进城后的高失业率以及无固定居住场所等。而我国由于社会制度不同，流动人口素质构成不同，聚居区居住条件不同，以及政府宏观调控能力不同，如果开展早期的有效治理，流动人口聚居区应该不会演变成为类似拉美等国家那样的"贫民窟"。

首先，国外的土地私有化决定了无地农民一旦失去了在农村劳动的机会，就再无退身之路，只得蜗居城市，靠"贫民窟"维持生存；而我国，除了少数失地农民外，生活在流动人口聚居区内的农民工大多在家乡有农村集体土地和个人宅基地，在国家保持农民土地承包经营权"永远不变"①的前提下，农民有权选择在城乡间"双向"自由流动，从而可以降低"贫民窟"的发生频率。

其次，国外的农村移民多为老弱病残或依赖政府救济的人，

---

① 2006 年 3 月 14 日，国务院总理温家宝在北京人民大会堂与中外记者见面，在回答记者提问时说："中国的农民问题的核心是土地问题。中国的改革是从农村开始的，最重要的是实行了家庭承包经营。土地属于集体，但生产和经营权属于农民，这是一大特点，也是一大优势。我们说要给农民的土地经营权以长期的保障，15 年不变，30 年不变，就是说永远不变。"2006 年 3 月 15 日新华网。

由于在城市缺乏就业竞争力，进城后的生存困难，使他们难以自拔；我国的农民工多为农村的精英，在城市低端劳动力市场上具有很强竞争力，在满足就业的条件下，生存状况一般好于家乡，流动人口聚居区只是他们融入城市并转变成新市民的摇篮和跳板，一旦他们完成了原始积累，或搬迁到条件好的地区居住，或回到家乡投资置业，或回家颐养天年。在我们对北京流动人口聚居区的调查过程中就发现，一些早期进京的农民工已经完成了原始积累，搬离了最初聚居的流动人口聚居区，例如原来居住在"浙江村"及其周边流动人口聚居区，在永外城文化用品市场工作的商户，有10%的人在市场周边新建小区购置了房产；十里河家居建材城的一些老板们也已经居住在自己购置的商品房内，不再与聚居区"为伍"。更多的农民工虽然还处在原始资本积累的过程中，但许多人已经在筹划未来的发展，一些人明确表示攒够钱后回老家开个门店，在临近的小城镇买套房子，安居乐业。流动人口的活力，可以不断激发聚居区更新改造的动力，这与国外贫民窟的衰败趋势是不同的。

再次是国外贫民窟中的移民多以非法占用他人土地的方式，自己临时搭建简易棚屋，政府的清理使他们随时处于流离失所的状态；而在我国的流动人口聚居区，流动人口主要居住当地农民的出租房屋，自己在公地上私搭乱建的情况很少，相对稳定的居住场所显然比国外"贫民窟"的临时棚屋条件要好，这是避免"贫民窟"居住恶化的重要条件。

此外，我国政权组织具有很强的权威性、协调性和控制性，依靠政府整合社会资源，共同治理流动人口聚居区问题，其力度之大是一般国家政府难以达到的。

当然，以上分析并不是想证明我国流动人口聚居区不存在转化为贫民窟的可能，我们依然要面临贫民窟征兆的挑战，但只要我们认清形势，及时调整治理思路，就可能变被动为主动，变劣势为优势，使经过治理的流动人口聚居区真正成为一个农民市民化的成长摇篮。

**2. 流动人口聚居区治理是多目标的集合，其根本目的是通过改善生存环境、创造发展机会，提高参与能力，实现不同社会身份群体的和谐共荣**

生存环境恶劣、贫困群体聚集、社会资本薄弱是乡村型流动人口聚居区的典型特征，其中贫困群体聚集是关键。那种不分缘由，企图一律通过解体聚居区来达到治理聚居区的思路，或只关心户籍人口发展，忽视流动人口需求的做法是不可取的。因为以行政管理方式强行拆散流动人口聚居区，只不过是使贫困区域和贫困流动人口发生了区位转移，并没有从根本上消灭贫困，反而会因为失去原有的社交网络，增加通勤压力等，引起新的社会问题；而没有流动人口居住，当地居民也就失去了发展的依托。因此，流动人口聚居区的治理事关户籍人口和流动人口的双方利益，一荣俱荣，一损俱损。客观地说，作为一个有近千万流动人口的特大型城市，大量流动人口聚居城乡结合部是一个十分正常的现象，因为无论是从城市规划的角度，还是从居住需求的角度，可以纳入"城中村"改造的村点相对都是有限的。因此，对于大多数流动人口聚居区，特别是规划市区范围外的流动人口聚居区，更宜采取"有机更新"的方式，即在其居民自愿和自助的基础上采取小规模整治与逐步改造的方式实现"功能增强、适度调整"。这样做的好处不仅可以较快地改善居住环境，而且可以保留原有已经形成的社会网络，减少因搬迁社交网络"破裂"导致的"心理恐慌"。消除贫困是一个社会支持网络建设的过程，需要多元主体的积极合作，通过聚拢聚居区内外社会支持网络系统，提升弱势群体的生存和发展能力。而社会融合是一个更高层面的社会进步过程。流动人口聚居区是多元文化、不同社会群体的聚居之地，维系流动人口与户籍人口之间唇齿相依的关系，是社会融合的突破口。因此，通过体制机制创新，营造一种户籍人口和流动人口和谐相处，互惠互利的共荣局面，才是聚居区应有的治理之道。

**3. 提高流动人口组织化程度，是保护流动人口权益，化解社会风险的重要途径**

毋庸讳言，"城中村"往往因社会治安问题较多，容易"藏污纳垢"，成为"城中村"整体拆迁改造的动因。2010年进入城市化改造工程的50个重点村，全部是矛盾最突出、问题最典型、社会影响最大的市级挂账整治督办重点村就是例证。问题在于治安防范一直是流动人口管理的重中之重，其警方和群防群治动用的力量十分可观，统计数据也证明，流动人口犯罪嫌疑分子的数量在流动人口总量中不足1%。那么流动人口聚居区与"藏污纳垢"之间究竟是什么关系，是"聚居区"导致"藏污纳垢"，还是"藏污纳垢"污名化了"聚居区"？大量调查结果表明，流动人口聚居区产生的各种治安问题，无论是务工方式关联型、生活方式关联型、"衍生经济"关联型，还是"内聚性"关联型[①]，大多属于"边缘性"犯罪，真正的恶性案件如果不是累积性爆发，大多都在公安部门的可控视线内。分析流动人口聚居区案件高发的原因，除了公共服务不足、社会管理缺位之外，与流动人口群体边缘化导致的心理失衡有直接关系。我们常说要通过建立利益表达机制来化解社会矛盾和冲突，但是利益表达机制是需求组织化渠道才能得以体现的。而生活在"聚居区"内的流动人口尽管数量是户籍人口的数倍，但权益受损却没有正常的组织渠道可以"宣泄"，长此以往，怎么可能保证不发生激烈冲突？因此，预防社会风险，不仅需要改善生存环境和提供公共服务，更重要的是尊重流动人口的社区参与权，给他们提供进入包括工会组织、共青团组织、妇联、行业协会、社区组织、流动人口自组织等正式社会组织的渠道，通过组织实现维权，通过组织增强社会信任度。也许这比"人防、技防"更有效。

---

① 见本课题的分报告一《北京市流动人口聚居区合作治理方式建构》。

**4. 重视、支持服务型草根类 NGO，特别是流动人口自组织的发展，可以一举多得**

社会组织在流动人口聚居区合作治理中的作用不言而喻，特别是草根类流动人口自组织，因其社会身份的同质化，使得他们更加了解和懂得这个群体，帮助"漂泊的外乡人找到家的感觉"，[①]就是马小朵创办民间组织（草根类 NGO）"同心希望家园文化发展中心"的初衷。然而这个植根于城乡结合部流动人口聚居区，早已成为流动人口"心灵家园"的流动人口自组织，现在却因生存了 4 年的刘娘府——这个位于石景山区，聚拢了上万名打工者的"城中村"即将拆迁而忧心忡忡，因为经过近 1 年的找寻，时至今日这个自组织仍然没有找到"容身之地"。在我们与马小朵的多次交谈中，她一直强调希望在流动人口聚居区找到新的发展空间，她认为，离开了流动人口，他们的组织就没有了存在的必要。而伴随着"城中村"大面积的拆迁，找一个能够获得当地社区信任，有一定可供流动人口活动场所的流动人口聚居区作为他们的迁徙之地并不容易。因为我们也曾为"同心希望家园文化发展中心"的发展做过一些努力，但终因这个草根组织的境外资金支持背景无功而返。这种情况在我们调查的 NGO 中并不鲜见。事实上，在我们接触过的草根类 NGO 中，多以服务社会、服务民众为己任。对于这类服务型 NGO，政府通过购买公共服务给予资金扶持，既可以使他们不再依靠境外资金生存，避免"颜色革命"的发生，又可以弥补公共服务组织严重不足导致的服务缺陷，同时还可以促进服务型社会组织的健康发展，对流动人口自组织而言更有连接政府与流动人口纽带的作用，应该是一举多得。

**5. 统筹规划、建设与管理，走出人口规模控制与善待流动人口不能兼得的"怪圈"**

目前，社会上关于善待流动人口会导致流动人口规模进一步

---

① 林衍：《何处是家园》，2010 年 6 月 16 日《中国青年报·冰点特稿》。

扩张的依据，主要来源于趋同的市民待遇将诱使越来越多的流动人口涌入京城。事实上，看看我们周围的流动人口有多少是因为北京高水平的公共服务进京的？在北京户籍刚性限制，没有北京户籍就无法在失业时享受最低生活保障的情况下，高生活成本对应的是就业与收入预期，没有就业岗位和收入预期，仅靠相对优质的公共服务很难吸引流动人口，这是一个基本常识。因此，限制人口规模扩张主要与产业结构调整和城市功能扩散有关，期望通过非市民待遇控制流动人口规模，只能加剧社会不公导致的社会风险，于人口规模控制无补。客观说，北京人口规模越来越大是追求高经济增长目标的必然后果。9 个国民经济与社会发展"五年规划"的人口指标之所以"屡设屡破"，除了对社会发展阶段人口增长的规律性认识不足之外，与国民经济与社会发展规划、建设、管理相互脱节，各行其是有直接关系。因此，一方面要通过统筹规划、协调配置、产业升级、强化监督等途径，将流动人口规模尽可能控制在一个可接受的水平；另一方面，要创造条件改善流动人口的生存发展环境，通过逐渐提高市民待遇，化解社会歧视导致的社会风险，使流动人口能够身心愉快地在北京工作与生活，将人口流动产生的负面影响降到最低。这是北京作为和谐社会首善之区的应有之举。

## 四 北京流动人口聚居区合作治理的框架思路

### (一) 合作治理的目标

城乡结合部流动人口聚居区合作治理是一项艰巨而又复杂的系统工程，说它艰巨是因为在我国二元社会结构下，这样一个有别于纯城市社区和纯农村社区的过渡型社区，其治理过程不仅要与城乡分治的传统社会管理模式"博弈"，而且还要整合"社会身份不同，但同属社会弱势群体"的多元化社区成员，现实公共利益目标一致下的社会互动；说它复杂则在于其治理不仅是一个居住环境更新的过程，同时还包括发展环境的创新与社区功能的再造。

流动人口聚居区合作治理是一个国际趋势，只不过国外的流动人口聚居区治理往往与"贫民窟"治理连在一起。经过一个多世纪的探索，国外的一些国家和地区在对待城市新移民区的社会政策上发生了深刻的转变，已由过去的单纯拆除和驱逐逐步向更新改造和综合治理的方向转变。以始于 20 世纪 70 年代美国的"邻里复兴运动"为例，它以提供投资和工作机会为主要手段，强调社区的自发性与主动性更新，目标更为广泛，手段和内容也更加丰富，涉及经济、政治、社会、文化、政策、物质等诸多方面。其结果是既给衰败的邻里输入了活力，使之经济发展、生活改善，也避免了原有居民被迫外迁而产生的冲突，强化了社区结构的有机性，稳定了社区秩序，具有切实的邻里复苏效果。[1]

借鉴国际经验，结合国情市情，北京市流动人口聚居区合作治理是一个多目标的集合，概括起来是：以信任为基础，以聚居区为载体，以无边界社会支持网络为支撑，整合聚居区内外政府、社会组织、社区成员、社会单位（企业）等社会资源，优势互补，协同共治；通过创新管理体制，完善运行机制，全面改善流动人口聚居区的经济、社会、政治、文化环境，使其成为具有社会发展活力、生活设施完善、多元文化融合、居民和谐共进的新型示范社区。

### （二）合作主体的角色与功能定位

流动人口聚居区合作治理的核心是合作主体对社会公共事务的协同共治，不同合作主体角色与功能定位的准确与否直接关系

---

[1] 吴明伟、吴晓等《我国城市化背景下的流动人口聚居形态研究》，东南大学出版社，2005。

到社会治理的成败。

流动人口聚居区合作治理至少涉及五类主体，即市区政府、乡村组织、社区成员、社会团体和社会单位（企业），以及专业NGO。他们各自的社会功能不同，在流动人口聚居区合作治理过程中承担的角色也不相同。五类合作主体的角色可以概括为：市区政府是主导、乡村组织是枢纽、社区成员是核心、社会团体和社会单位（企业）是支撑、专业NGO是助推器。彼此相互依赖，协同共治。

**1. 市区政府是主导**

"经济发展主要靠市场，社会发展主要靠政府"，是我国积改革开放30多年的经验教训，做出的符合社会发展运行规律的战略选择。政府责任以及政府在社会调控上的公权力和公信力，决定了政府在流动人口聚居区合作治理方面具有独特的优势和不可推卸的责任。作为一项涉及面广、利益关系复杂、操作十分困难，但又事关城乡统筹、社会发展大局的社会变革，市区政府的主导角色主要体现在以下三方面。

一是与时俱进创新管理体制，出台配套政策。管理体制创新事关政治体制改革，需要市区政府审时度势，根据改革需要逐步推进。政策支持是推进改革进程的保障，根据流动人口聚居区社会结构特征和社会发展需要，统筹研究出台劳动就业、社会保障、产权制度、土地制度、公共资源配置等系列改革政策。

二是加快推进社会建设"五大体系"进程，完善相关政策，支持、鼓励、培育社会组织成长。

三是建立综合协调机制，组织政策研究、综合协调、监督指导。

由于市区政府权限和职能不同，市政府的功能重在制度创新，政策推动；区政府作为区域范围内城乡统筹的直接策划者和组织者，其功能重在统筹协调。

**2. 乡村组织是枢纽**

所谓"枢纽"是指事物之间联系的中心环节。城乡结合部的乡镇政府、村民委员会和农村集体经济组织是不同层级、不同属性的"枢纽性"组织。

乡镇政府是国家设在最低一级的国家行政机关。乡镇政府集地区政治、经济、社会管理于一体，上接受区政府领导，下指导村民委员会工作，横与辖区企事业单位、社会团体、社会组织合作。作为地区"总管"，乡镇政府在流动人口聚居区合作治理中主要承担整合地区社会资源、组织落实市区政策的功能。具体而言：一是组织辖区各类相关主体开展调查研究，找准问题根源，总结实践经验，探索符合地区特点的改革思路；二是熟悉基层情况，及时准确地把基层自身难以解决、需要上级政府统筹解决的问题反映到市区政府，做好上通下达工作；三是作为市区政府决策的执行者，做好落实工作。

村民委员会是流动人口聚居区内的基层群众性自治组织，承担着上与乡镇政府相接，下与社区百姓相通，横与社区组织相连的社区枢纽性组织角色。其功能主要是发挥组织优势，承担起整合社区资源、统筹地区发展、协调利益关系的职能。作为政府与百姓之间的桥梁与纽带，一方面，在合作治理过程中代表组织成员行使民主权利，为组织成员争取合法利益的最大化；另一方面，作为社会管理的末梢正式组织，当局部利益和整体利益发生矛盾时，要积极配合政府做好自管组织成员的工作，确保经过慎重研究出台的改革方案能够顺利落实。

农村集体经济组织是聚居区内的"企业组织"，是城乡结合部经济体制改革的组织者和实践者。无论是乡级还是村级核算的集体经济组织都承担着集体经济组织改制和再发展的重任。农村集体经济组织在合作治理中的角色是：一方面本着对村民负责的精神，组织开展集体资产处置和组织改制的全过程，确保经济体制改革程序规范、过程透明、依法推进；另一方面是在改制后组织社区成员发展经济，壮大集体经济实力，承担相应的社会责任。

**3. 社区成员是核心**

流动人口聚居区的社区成员作为社区更新的直接利益相关者，

在合作治理中居于核心地位。社区成员是指生活在聚居区内各种社会身份的"村民",既包括户籍农民和已经农转非的原村民,也包括流动人口。他们有权通过民主参与的方式选择聚居区的改造模式,有权维护自己在拆迁改造和自主更新时的合法利益,有权参与社区发展规划,享有管理社区公共事务的权利并分享社区服务的成果。考虑到户籍人口在合作治理时要面对集体资产处置和社区转制问题,因此,户籍农民和已经农转非的原村民作为村集体经济的成员,有权参与集体资产处置和组织改制的全过程,通过民主协商方式表达各自利益,保证改革方案的公正性和有效性;作为社区自治组织成员,在农村社区向城市社区转制过程中,有权参与转制方案的制订。

**4. 社会团体和社会单位(企业)是支撑**

社会团体和社会单位(企业)是打造无边界社会支持网络的支持性力量。所谓"无边界社区"是指没有明显的地理边界,通过组织网络保持较强社会联系的虚拟社区。城乡结合部流动人口聚居区既缺乏像城市社区那样可以依赖的驻区单位资源优势,也未形成有效的社会支持网络系统,是一个人力资本和社会资本明显处于弱势的边缘化社区。在完全依赖自身组织资源很难改善弱势困境的情况下,借助聚居区外部的无边界社会网络支持,获得职业帮助、社会援助和心理支持是一条重要途径。

流动人口的社会融入需要社会团体的支持和帮助。社会团体主要是指工会、共青团、妇联等准政府组织,它们具有透过单位,直达"无边界社区"的组织优势和专业优势。工会、共青团、妇联作为工人阶级、青少年、妇女的代表,其成员本身就涵盖全体流动人口,因此,在流动人口聚居区建立相应的工会、共青团、妇联的基层组织,承担组织、教育、服务、维权等功能,通过联系、凝聚与服务,使流动人口群体在接受专业技能培训、维护正当权益、丰富闲暇生活的过程中,感受亲情,分享快乐,并在履行义务中增加主人翁意识和对社区的归属认同。

在城市社区，社会单位（企业）通过社区共建承担社会责任和义务已经成为制度，将社会单位（企业）服务的触角延伸至城乡结合部流动人口聚居区，通过结对帮扶、对口支援城乡结合部农村社区，弥补农村社区社会单位资源贫乏、社会资本的短缺。

**5. 专业 NGO 是助推器**

专业 NGO 是指具有专业技能的社会化组织，其主要功能是发挥专业优势，通过能力建设、技术支持、实践推动等途径，提升流动人口聚居区社会治理的水平。

# 五　推进北京流动人口聚居区合作治理进程的对策建议

2011～2015 年是实施北京市国民经济和社会发展规划，落实《中共北京市委关于率先形成城乡经济社会发展一体化新格局的意见》，"城中村"改造从试点到全面铺开的关键时期。2010 年是"十二五"的规划年，将城乡结合部流动人口聚居区的协调发展纳入城市建设与社会建设"十二五"规划，以生活设施改造和社会管理体制创新为突破口，本着"规划是龙头，建设是基础，管理是手段"的思路，统筹兼顾尚待城市化地区的协调发展，机不可失。

## （一）将城乡结合部流动人口聚居区的生活设施改造纳入城市建设"十二五"规划

城乡结合部流动人口聚居区的生活设施改造是涉及城市化进程、城市功能布局、财政支持能力等一系列相关因素的复杂工程。尽管局部改造会面临许多困难，但无论是站在环境建设应与世界城市建设接轨的高度，还是从改善流动人口聚居区居民生存环境，将人的需求摆在首位的科学发展观角度，都应将其纳入规划之中。

**1. 加大对城乡结合部流动人口聚居区基础设施建设力度**

2010 年 6 月北京市规划委已经完成对 50 个挂账村规划方案的

编制，下一步应结合实际需求，在编制"十二五"城市建设规划时，将城乡结合部流动人口聚居区的基础设施建设方案纳入其中，做到规划引领建设，建设助推管理。城乡结合部流动人口聚居区大多位于绿化隔离带地区。建议在规划的基础上，督促落实发改委《关于进一步推进本市第一道绿化隔离带地区建设的意见》（京政发〔2008〕17号），将近期未纳入改造计划的流动人口聚居区的基础设施建设分期纳入财政预算，根据需求进行适度改造。

**2. 加大集体建设用地建设公租房的推动力度**

允许农村集体经济组织集资贷款利用集体土地建设公租房，是城乡结合部综合配套改革的一大亮点，它突破了长期以来集体建设用地不能建设出租房屋的制度瓶颈，使出租房屋建设走上了合法化、规范化、制度化轨道。应该说50个重点村规划的公租房面积远远不能满足流动人口住房需求。建议结合北京产业结构调整，摸清租房缺口需求，在符合城市规划和土地利用总体规划的前提下，将"十二五"期间未能纳入城市化改造的流动人口聚居区作为重点，探索在流动人口聚集的企业、大型集贸市场附近以及流动人口聚居区，由政府引导支持、市场运作，把当地居民组织起来入股经营，或由企业、个人投资，建设符合流动人口居住需求特点，满足基本生活需要，具有经济承受能力的住房供给形式。

**（二）将城乡社会管理一体化纳入社会建设"十二五"规划**

目前北京市社工委正在着手组织研究"十二五"社会建设规划，作为北京市第一部社会建设规划，社会管理体制创新是题中之意。建议将城乡结合部人口属地化管理作为社会管理体制创新的突破口，重点研究以下问题。

**1. 城乡结合部社会管理体制创新的基本思路和着眼点**

基本思路：打破"城乡分治"、"人口分管"的社会管理体制障碍，实现居住地实有人口的一体化管理，建立一种没有户籍身份限制，以政府依法行政、公民依法自治、其他社会组织参与的互动型社会治理模式。

着眼点：重点研究户籍人口与流动人口实施一体化管理的条件、途径和模式，可以通过试点方式，探索流动人口社会融合的渠道。

建议：改变城乡地域交叉局面，将城乡结合部地区的街道办事处和乡镇政府作为一个整体，本着街乡行政管理边界清晰，管理主体唯一，区域规模适中，有利于统一功能定位、综合利用资源等原则，重新调整街乡行政区划。赋予乡镇政府具有与街道办事处同样的统筹辖区发展，监督专业管理，组织公共服务、指导社区建设的社会管理职能。将目前独立于街乡政府行政管理体系之外的流动人口与出租房屋管理办公室纳入街乡行政管理体系。按照辖区实有人口调整行政编制和管理经费，对经济发展薄弱而人口规模庞大的街乡，行政管理费用应通过市、区财政转移支付加以解决。

改变目前以农业和非农业人口划分城乡社区的做法，将行政村或者自然村作为一个整体社区，按照城市社区组织的功能定位，重新组建社区党组织、社区自治组织、社区服务站以及社区各类社会组织。原有的村委会按照社企分离的原则，改造成为负有单一经济管理职能的经济组织，将原来的社会管理和服务功能让渡给新建的社区居民委员会。新建的社区党支部和居民委员会由户籍居民、户籍村民、流动人口选举的代表构成。经民主选举产生的社区居民委员会全面负责社区日常公共事务和公益事业管理，配合当地政府做好辖区社会治安综合治理工作。

**2. 创新公共服务体系，从"被服务"到助人自助，在服务中提高能力、分享快乐**

公共服务体系建设是缓解城乡结合部流动人口聚居区公共服务资源严重不足的有效途径。应结合"城中村"改造的周边地区、尚未纳入城市化改造地区、城乡结合部外缘地区等不同流动人口聚居区的特征和需求，研究公共服务体系建设的重点、组织途径、资金来源、提供方式和效果评估。

建议：根据国家政策规定，尽快研究落实北京城乡社会保障制度衔接、流动人口新农合、基本医疗保障关系跨制度、跨地区转移接续办法，以及农民工养老保险关系转移和权益累计等政策，逐步缩小不同社会身份居民之间享有公共服务的差距。

流动人口公共服务严重不足所引发的流动人口社会疏离，孕育着较大的社会风险。建议通过政策扶持，鼓励致力于流动人口管理和服务的 NGO，特别是流动人口自我服务性组织的发展，使流动人口在公共服务参与过程中，分享成果、承担义务，增进社会融合。

可以借鉴大兴区清源街道"参与式社区服务项目化管理"的经验，在社区服务体系中融入现代社会治理结构。"参与式社区服务项目化管理"是指以社区为基础，以公共服务需求为导向，以项目运作为纽带，发动社区成员全程参与，实施网络化管理的组织服务模式。"参与式社区服务"本质上是一种建立在邻里互助基础上的志愿服务，它所体现的正是"助人自助"的社会工作价值特征。从接受培训到项目申请，从参与决策到项目执行，社区志愿者在社会工作者的引导、启发和帮助下，不仅可以理解参与式的发展理念，而且可以掌握参与性的方法和工具，提高社区参与的能力和服务技能；从"被动接受培训"到"主动要求培训"，从"上面要求做"到"我们申请做"，以志愿者身份出现的"社区领袖"和"社区能人"在助人的过程中，可以分享"乐人乐己"的志愿情怀。

**3. 通过多种途径，提升社区弱势群体发展能力**

"城中村"改造使户籍农民暂时摆脱了经济"弱势"，但并未改变社会发展能力上的弱势，占聚居区人口绝大比重的流动人口在拆迁中成为利益的受损者。因此，提升流动人口聚居区社区成员的发展能力，仍需作出许多努力。

一是建立安全的社会保障机制。和谐社会是能够保护全体社会成员权益的社会。政府要运用公共权利来保护弱势群体的利益。政府应采取切实措施，帮助困难群体解决就业问题；健全社会保险、社会救助、社会福利和慈善事业相衔接的社会保障体系等，让弱势群体共享改革开放、社会发展带来的成果。

二是构筑社会支持网络，提升社区成员的生存与发展能力。以新建社区为平台，以社区需求为导向，集政府和社会力量，携手打造无边界社会网络支持系统，重点发挥"枢纽型"社会组织的作用，将社会资源引入社区，通过开展法律咨询与援助、技能培训、就业指导、民事纠纷调解、心理支持、扶贫济困等活动，帮助提高社区成员的整体生存和发展能力。

三是立足投资性福利服务，提升弱势群体改善发展困境的能力。推动城乡社会统筹发展，改善流动人口聚居区弱势群体的发展困境，提升他们的知识与技能是根本性出路。职业培训应走"公共服务民营化"的道路，政府作为供给方，可以资金支持一些专门致力于弱势群体能力建设、社区反贫困及教育推广的民间组织，透过他们的行动，构筑一张遍布全市的"提升弱势群体能力"大网，使弱势群体在学习中受到教育，在工作中得到提升，最终实现人的全面发展。

**4. 创造条件，为新一代农民工及其后代提供良好的教育和培训**

进城农民与城市居民形成强烈反差，一个重要原因是农村长期的教育落后和教育投资匮乏所致的"深度能力贫困"，使流动人口难以融入以知识和技术产业为标志的城市社会。应通过融入性教育的作用促进以代际传递为模式的城市融入进程。流动人口融入性教育可分为三个层次的核心内容：一是提升受教育者文化水平和职业技能素质；二是普及城市生活常识和融入性知识，引导其增强对城市文明的认同感和对城市生活的责任感；三是道德和法制观念教育。可以采取政府建立专项经费、企业资助、个人分担、社会捐赠的方式解决经费问题。同时，通过设立助学金或减免收费等方式予以资助。应整合各种有效的社会教育资源，健全社会系统化的教育经费保障机制，建立一个以政府为主导、以企事业单位为基础、以街道和社区为纽带，农民工自身积极参与的社会支持系统。

**5. 正确引导消费理念，避免"暴富"引发的潜在社会风险**

农民"市民化"不会一蹴而就，正确引导消费行为也是"市民化"教育的一部分。"城中村"改造中尽可能支付较多的拆迁补偿，解决户籍农民的后顾之忧，是政府执政为民的体现。针对部分农民"暴富"后的挥霍行为，应该因势利导，引导农民将多余的资金用于发展生产、学习技能和理性投资，避免"冲动消费"引发的社会问题。

# 北京市流动人口聚居区
# 合作治理方式建构

张真理*

一般而言，参与北京市流动人口聚居区治理的主体有政府、企业、非营利组织和社区居民。本报告以政府①、企业、非营利组织和社区居民在流动人口聚居区合作治理中的角色为研究对象。本报告首先说明北京市流动人口聚居区的问题成因是传统治理方式的失效，而合作治理则是解决北京市流动人口聚居区问题的重要途径。其次，指出合作治理方式解决北京市流动人口聚居问题的可能性。再次，根据合作治理的基本理论提出流动人口聚居区合作治理方式建构原则。最后，从公共服务体系的建设、社会治安秩序的维护、公共规范的形成四方面具体论述走向合作治理过程中各个主体所必须扮演的角色。

## 一 北京市流动人口聚居区问题成因：
## 传统治理方式的失效

北京市流动人口聚居区存在的主要问题表现在：违法建设普

---

* 张真理，北京市社会科学院首都社会治安综合治理研究所助理研究员、法学博士，研究方向为法律理论、法社会学。

① 需要指出的是此处的政府是广义的，指中国语境下的公共权力机关，包括城市的各级党组织、行政机关。

遍存在、安全隐患严重、环境脏乱差、市政基础设施不完善、治安秩序混乱等。

流动人口聚居区问题产生的根源在于农村社区治理方式的失效，即政府无法向该地区的居民提供有效的公共产品、平等的公共服务、和谐的社会秩序以及有效的公共规范。以"全能型"政权组织管制为特征的农村社区治理方式无法适应已经演变为"过渡社区"的流动人口聚居区的客观实际。

## （一）农村社区治理方式的基本特征和社会条件

### 1. 农村社区治理方式的基本特征

北京市农村地区的政治、经济、社会等方面的制度安排皆不同于城市。[①]

第一，以乡镇政府为代表的集政治、经济、社会管理三权于一身的农村政权负责管理本地农业户籍的村民。

第二，农村实行集体所有制。农民的生产和生活主要依托集体经济组织，公共产品和公共服务很大一部分由农民自己负担，集体所有的农村土地主要用于集体经济组织及其成员的生产和生活。

第三，村民委员会作为基层社会自治组织代表本村户籍农民，对本辖区的公共事务行使自治权利，高度负责于村民，即开展生产经营、管理集体资产、保障村民生活，提供社区服务和社区管理。

### 2. 农村社区治理方式所依赖的社会条件

这种治理方式之所以在中国广大的农村地区能够基本维持社会的运转，还与以下几个因素相关。

第一，对公共物品、公共服务和私人物品的需求增长缓慢。[②]

---

① 冯晓英、魏书华、陈孟平：《由城乡分治走向统筹共治——中国城乡结合部管理制度创新研究：以北京为例》，中国农业出版社，2007，第77～88页。

② 不同物品的区分参见〔美〕曼昆著《经济学原理》，梁小民译，北京大学出版社，2006。

农业生产以家庭联产承包制为主进行，生产收入较低，具有一定的自给自足性，这不仅导致了村民对公共物品和公共服务的需求增长缓慢，也制约了村民对私人物品需求的提高。

第二，建设与发展缓慢。农村地区土地资源相对丰富，人口较少，消费方式分散，产业单一，投入不足，生产方式难以转变，农村社区总体上发展缓慢。这种情况降低了整体规划的紧迫性，直接导致了村镇规划长期以来难以引起人们的重视。①

第三，乡土社会。村民之间相互熟悉，往往还有血缘、亲缘、邻里等密切关系，农村社会是典型的熟人社会。乡土社会的关系除了使用国家法律调整之外，绝大部分是依靠乡规民约、风俗习惯等社会规范来调整。

## （二）北京市流动人口聚居区是"过渡社区"

大量的流动人口进入城乡结合部居住，加上城市快速扩张导致了这些地区的外部经济社会条件发生了重大变化，传统的农村社区迅速转变为兼具城市社会和农村社会特征的过渡社区。这种特征体现在以下几方面。

### 1. 户籍居民和流动人口混居共处

在流动人口聚居区，大量流动人口的进入，与户籍居民共同居住生活，改变了社区居民的构成。在北京市流动人口聚居区，流动人口超过户籍居民的情况十分普遍。

### 2. 居民的职业构成发生变化

北京市流动人口聚居区的户籍居民原来主要以从事农业为主，现在主要依赖出租房屋获得收入。资产性收入成为户籍居民的主

---

① 直到 2007 年，北京市首批 79 个试点村庄才基本完成了从规划编制到实施的过程。目前，北京有近 4000 个行政村，短期内难以实现村庄规划的全面覆盖。而直到《城乡规划法》2008 年正式施行，城镇体系规划、城市规划、镇规划、乡规划和村庄规划才正式纳入统一的城乡规划体系，村镇规划得以提升到与城市规划同等的地位。参见王鹏、王健《〈城乡规划法〉背景下对北京农村规划的思考》，《北京规划建设》2008 年第 2 期。

要收入来源。而流动人口主要以从事第二产业和第三产业为主。居民的职业已经多样化。

### 3. 集体经济的变化

随着北京城市建成区的不断扩展，这些社区失去了全部或部分耕地，农业生产不再是集体经济的支柱，转而依赖建设用地或其他类型的集体土地出租来维持。社区内的产业结构由农业占主导，转变为第二、第三产业占主导。

## （三）农村社区治理方式的失效

在流动人口聚居区内，传统的治理方式迅速表现出不适应性。

### 1. 公共产品供应体系的不适应

村民不再以从事农业生产为主，而主要从事第三产业的生产经营活动，生活方式逐渐向城市靠近；流动人口主要是从事第二、第三产业的劳动力，其生活方式也逐渐城市化；村民向流动人口出租宅基地上的房屋，形成了初级的集约居住形式，进而形成了初步的资源和产品的集约消费方式。这些变化都意味着居民的公共产品需求已经逐步的城市化，而集体经济组织作为聚居区的主要公共产品提供者已经无法充分满足这种需求。此外，分散化的公共产品提供方式在消费方式已经集约化之后带来了严重的负外部性，如局部资源的过度采用、生活污染的加大。[①]

### 2. 社区内商业服务业配置与管理的不适应

村民生活的自给自足的特征逐渐消失，转而依赖市场获得私人物品；流动人口主要依靠市场获得私人物品及服务，但因其收入有限，消费水平较低。对私人物品的需求刺激了流动人口聚居区商业服务业的发展，尤其是针对低端群体的商业服务业的发展。

---

① 人口分散和集中对资源消费的影响参见周天勇：《托达罗模型的缺陷及其相反的政策含义——中国剩余劳动力转移和就业容量扩张的思路》，《经济研究》2001 年第 3 期。

社区商业服务业处于急剧扩张的状态。这种情况带来了两个重要的后果：社区内商业服务业的配置并未纳入原有治理方式的考虑范畴，由此在社区内发展的商业服务业多是个人经营的、小规模的低端经济。低端经济虽然适应了流动人口消费能力较低的实际情况，但是也带来了侵害消费者权益、短期行为盛行、容易滋生违法犯罪等负外部性。另一方面，这些地区商业服务业的行政管理方式仍然保留旧有的体制，行政管理权仍然集中在各职能部门手中，村民委员会并没有获得对这些商业服务业的行政管理权，旧有的管理模式无法应对低端经济迅速扩张的态势，因此，这些地区的商业服务业处于无序发展状态。

**3. 流动人口社区参与渠道的缺乏**

流动人口聚居区内的流动人口已经成为居民的重要构成部分，但是流动人口参与公共事务却没有一个正式的制度渠道。集政治、经济、社会管理权力于一身的村民委员会无论从政治责任上，还是从国家法律上，都对本集体经济组织成员高度负责，而这种保障的成本和理由来自于集体所有制。流动人口虽然是居住在辖区内，并且其消费支出已经成为村民乃至整个集体经济的主要收入来源，但是流动人口不是集体经济组织成员，难以进入村民自治的体系内。虽然在政治权利上，国家和北京市都有相关的规定，但是流动人口要真正实现这种政治权利仍然受到各种因素的制约。① 至于

---

① 《北京市区、县、乡、民族乡、镇人民代表大会代表选举实施细则》规定："户口在外省市现居住在本市的人员，一般应当在户口所在地参加选举；不能回户口所在地参加选举的，由本人提供户口所在地出具的选民资格证明，也可以在现居住地进行登记。"据此规定，在北京市居住而没有北京户口的居民是可以参加北京市区、县、乡、民族乡、镇人民代表大会代表的选举。2006 年，北京市为了做好区、县、乡、民族乡、镇人民代表大会代表选举工作，制定了具体的非本市户口选民的登记办法，其中明确规定："户口在外省市现居住在本市的人员及其他外来京人员，各类企业事业单位中从业的外地来京人员，一般应当回户口所在地参加选举；在京居住一年以上，如本人要求参加选举，由本人提供户口所在地原选区选举机构或是县级人大常委会办事机构出具的选民资格证明，持本人身份证和本市暂住证，可以在现工作单位或居住地进行登记。"参见熊光清：《中国流动人口选举权保障问题探析》，《江苏行政学院学报》2008 年第 4 期。

流动人口聚居区的日常公共事务处理，由于往往涉及权利、利益等在村民和流动人口之间的分配以及集体资产的经营，流动人口更是缺乏话语权。

**4. 流动人口聚居区内公共规范的失效**

任何的社会治理必须依靠某种形式的公共规范。在农村社区，这种公共规范除了国家法之外，还有很大一部分是风俗习惯、乡规民约等社会规范。当流动人口的大量进入改变了农村社区"熟人社会"的性质后，风俗习惯、乡规民约等社会规范所依赖的社会环境大大弱化，其实效也不断下降。由于出现了大量违背农村土地产权安排的行为，以及大量的、无序的商业经营行为，国家法在流动人口聚居区的实效也开始下降。这意味着这些地区社会治理所依赖的公共规范的权威丧失，迫切需要形成新的公共规范，以解决行为失范问题。

**5. 社区规划的缺乏**

产业结构的日益复杂性、居住方式的初步集约化，迫切需要村镇规划的引导。而无论是村镇规划编制与实施的政治机制，还是村镇规划编制与实施的群众参与机制，还处于摸索起步阶段。从某种意义上说，社区规划的缺乏也是一种公共规范的缺乏。

**6. 其他社会主体参与的不足**

企业、非营利组织等其他社会主体对于社区治理的参与不足。在北京市流动人口聚居区出现了一些为流动人口提供服务的公益性组织，但是这些组织仍然处于起步阶段，法律地位尚不明确，没有和政府之间建立相互合作、互相支持的关系，也没有获得社区自治组织的有力支持。至于企业参与对北京市流动人口聚居区社区治理则更为少见。

## 二 合作治理方式解决北京市流动人口
## 聚居区问题的可能性

### （一）合作治理解决北京市流动人口聚居区问题符合中国改革的经验

治理变革是中国改革开放的重要方面，也是推动中国经济社会发展的动力来源之一。社区治理的变革是中国治理变革的重要组成部分，而社区治理的变革也表现为从一元到多元、从集权到分权、从人治到法治、从管制到服务等特征。① 流动人口聚居区实际上是一种特殊的社区，以合作治理的途径解决北京市流动人口聚居区的问题，也是社区治理变革的一种形式，符合中国治理变革的基本发展趋势，也符合中国改革开放的基本经验。

### （二）很多国家外来人口涌入引起的某些问题通过合作治理获得了缓解或解决

如劳动力移民的住房问题从 19 世纪起一直是英国社会的重要议题。英国的住房协会作为非官非民的公民合作机构，从真正的住房需求出发建设和供应住房，有效覆盖了营利性市场供应和对象性政府供应所无法涉及的住房供应领域，解决了部分无力在市场上获得住房和无机会从政府获得住房家庭的住房问题。② 在美国，为避免大量新增人口的涌入带来的一系列问题，位于华盛顿特区东北部的 Greenbelt 市以合作型自治的方式处理各种社区发展事务，有效地遏制了地产开发商的趋利冲动，维护了田园城市的

① 俞可平：《走向善治：30 年来中国的治理变迁及其未来趋势》，俞可平主编《中国治理变迁 30 年（1978～2008）》，社会科学文献出版社，2008，第 3～5 页。
② 李晶：《英国劳动力移民的住房问题》，《城市问题》2009 年第 9 期。

发展道路。① 在发展中国家的城市中合作治理也取得了初步的成功。巴基斯坦卡拉奇有一个大约居住了 100 万人口的贫困社区,没有公共卫生系统。一个名为"奥兰吉饮水工程"的当地组织帮助社区建成了基本的公共卫生设施,其资金主要来自于居民的筹款。在该工程实施 8 年后,居民建造了大约 69000 个公共厕所,并铺设了 4500 根排水管道。②

### (三) 社区合作治理直接应对农村社区治理方式的种种不适应问题

合作治理强调公共产品供给责任明确、多方主体参与、多种机制并存,以提高公共产品的供给能力,这就有利于"解决公共产品供应体系不适应"的问题。合作治理强调社区私人产品的供给不仅要考虑市场机制,也要考虑社区商业服务业某种程度上的公益性;强调社区管理权限的下放,以解决单一行政管理方式的不足,这就有利于解决"社区商业服务业配置与管理不适应"的问题。合作治理强调社区公共事务的多方参与,尤其是社区居民的广泛参与;强调社区公共规范制定的民主性,以提高公共规范的认可度,这就有利于解决"流动人口聚居区内公共规范的失效"及"社区规划的缺乏"的问题。

因此,合作治理是解决北京市流动人口聚居区问题的可行途径。

## 三 合作治理方式的建构原则

北京市流动人口聚居区内合作治理的主体可以概括为政府是

---

① 孙英翔、刘朱胜:《美国地方社区自治实证研究——以 Greenbelt 市为例》,陈幽泓主编《社会治理的多元视角:理论与实践》,北京大学出版社,2009,第 249~258 页。
② 〔美〕保罗·诺克斯、琳达·迈克卡西:《城市化》,顾朝林等译,科学出版社,2009,第 268~282 页。

主导（把握方向、政策支持和资金扶持），社区自治组织是中介（沟通政府与居民）和平台（聚合民意、自我管理），居民是参与者（民主自治）与需求者（服务的对象），企业和非营利组织是助推器（提供专业化的服务和产品）。其治理方式的建构应该把握几个基本原则。

### （一）以居民的需求为导向

合作治理的基本目的是为了实现公共利益的最大化。在流动人口聚居区的合作治理中，公共利益的最大化则表现为以恰当的方式满足居民对于公共产品或公共秩序的需要。社区居民是需求者，是接受服务的主体，其他主体的一切活动要围绕更好地满足居民的公共产品或公共秩序的需要展开。"居民"不仅包括作为集体经济组织成员的村民，还包括在此居住的流动人口。流动人口聚居区合作治理的根本目的就在于保障、维护和发展包括村民和流动人口在内的居民的合法利益。

在流动人口聚居区的村民，面临最大的问题有四方面，一是土地补偿能否合理；二是集体资产处置能否合理；三是劳动就业问题的解决；四是如何获得完善的社会保障。在这些问题的处理过程中，合作治理的方式是必不可少的。只有采用合作治理的方式，才能让村民充分发表自己的意见，说明自己的实际状况与现实需求，才能让整个资产处置和运营过程都处于可控状态，才能让制定的政策更加贴合实际，也才能最大限度地降低纠纷，最大限度地实现利益均衡。大兴旧宫镇旧宫村地区拆迁工作之所以能迅速完成，而且并未引发上访，其根本原因在于按照"健全党委领导、政府负责、社会协同、公众参与的社会管理格局"的指导思想，在社会合作基础上建设一种合理的社会治理结构：党委统一领导把握方向，作为拆迁人的政府和被拆迁人为协作的双方主体，专业的评估公司为相对独立第三人，审计部门为完全独立第三方。这种方式避免了开发商和被拆迁人之间陷入的"对抗式博弈关系"，建立起了一种规范的、合作的、商谈式的和谐关系，为整个拆迁工作的平稳运行奠定了坚实基础。而朝阳大望京地区的拆迁开发工作之所以能顺利进行，也是由于采用了一种商谈式的工作方式。

北京市流动人口聚居区内流动人口面临的最大问题则是无法与户籍居民一样，获得政府提供的公共产品和公共服务，拥有参与社区公共事务处理的权利。让流动人口逐步获得市民化待遇，是合作治理的基本理念之一。流动人口虽然不是本地集体经济组织的成员，但是流动人口以自己的劳动为北京市经济社会发展做出了重要贡献，以自己的消费为流动人口聚居区的集体经济组织和村民提供着主要的收入来源。流动人口的利益实际上与北京市整体经济社会的发展，特别是集体经济组织和村民的利益息息相关。将流动人口与村民平等对待，不仅符合合作治理的基本理念和国家的大政方针，而且有利于解决城市发展中很多非常棘手的问题，如劳动力供给的周期性波动、熟练劳动力缺乏、流动人口聚居区内低端经济蔓生等。仅以流动人口聚居区内低端经济蔓生为例，低端经济蔓生的根本原因在于流动人口的消费能力不足。流动人口的消费能力不足，一方面与流动人口无法通过政府获得某些公共产品和公共服务有关；另一方面则与流动人口的就业主要在次级劳动力市场，收入较低有关。而这种就业分布又与流动人口待遇非市民化有着极大的关系。平等地对待流动人口，将有利于提高其消费能力，缩小低端经济的市场。

## （二）以相对清晰的治理责任为基础

虽然合作治理倡导各个主体合作，共同实现目标，但是这并不妨碍国家法中对某些公共管理主体的责任和义务的界定，也不妨碍一个社会主流价值观或道德感中确定某一人群的道德责任。合作治理的特征之一就是责任性，即"管理人员及管理机构由于其承担的职务而必须履行一定的职能和义务。没有履行或不恰当地履行他或它应当履行的职能和任务，就是失职，或者说缺乏责任性。"①

一般说来，确定社区治理中各个主体的责任，标准主要是两个，一是根据排他性和竞争性，可以将社区公共产品分为三类：收费产品（具有排他性但无竞争性，如社区有线电视）、共用资源（无排他性但有竞争性，如社区的环境）和集体产品（既无排他性也无竞争性，如社区的治安）。② 二是根据不同组织的功能定位，政府的目的是为社区的居民提供公共物品，企业主要是为社区居民提供私人物品，社区公益性组织主要是为社区居民提供社区公共物品。③ 同时各种组织在公共物品提供过程中所发挥的作用不同，有些负责公共物品的安排分配，有些负责公共物品的生产。

针对流动人口聚居区的实际情况，还有两个问题必须考虑。

第一，各级行政机关及其职能部门和社区自治组织之间的关系。这一关系又主要包括两种关系，一是社区建筑物规划、社区环境管理、计划生育、治安与消防管理、医疗卫生管理、社区商业等社区行政管理事务上，两者之间的关系；二是公共教育、医疗保健、公共交通等社区公共服务事务上，两者之间的关系。在前一种关系上，除了那些专业性极强的行政管理事务，实际上都可以授权社区自治组织来完成。其原因在于，按照原有行政机关的力量配置无法较好地处理大量日常性的社区行政管理事务，降低了管理的实效和效率；村民委员会实际上已经承担了大量的行政管理事项，只不过未经过正式的授权程序；社区自治组织可能以"私法"的方式实现公法（行政管理）的目的，有利于提高管理的实效。在后一种关系上，应当主要由市区财政来支付社区公共服务的成本，社区自治组织主要负责组织、执行、协调。其原因

---

① 俞可平：《引论：治理与善治》，俞可平主编《治理与善治》，社会科学文献出版社，2000，第 10 页。

② 〔美〕曼昆：《经济学原理》，梁小民译，北京大学出版社，2006，第 220 页。

③ 卢爱国、曾凡丽：《社区公共事务的分类与治理机制》，《城市问题》2009 年第 11 期。

在于，享受流动人口聚居区公共服务的主体已经不限于村民，包括已经成为城市共同体成员的流动人口，此时要求依靠集体资产获得收入的集体经济组织来负担全体居民的公共服务成本显然不公平；另一方面，流动人口聚居区的消费方式已经逐步城市化，只有将其纳入城市公共服务体系才能初步解决原有供给方式的负外部性问题。

第二，流动人口聚居区内的社区自治组织的建设问题。流动人口聚居区内社区自治组织的建设的目的就是要真正实现"居民自治"，而非"村民自治"，这就需要搭建一个覆盖流动人口和村民的自治平台。这一自治平台的搭建可以根据不同的情况灵活处理。比如，在某些条件下，可以在合理地处置了集体资产之后，将村民转为居民，建立居委会，处理社区自治事务。再比如，如果村民转居民存在较大困难，可以尝试组建带有参政议事职能的流动人口的自组织，在社区党组织的领导下开展活动，增加流动人口的话语权。而一旦社区自治组织能够引导流动人口参与社区自治，就意味着社区自治组织的"聚集民意"的基础增强，进而有利于社区自治组织在政府和社区居民之间更好地发挥中介的功能。

流动人口聚居区内的社区公共事务的责任划分见表1所示。

表1 流动人口聚居区内的社区公共事务的责任划分

| 事务分类 | 内 容 | 责任者 | 具体操作者 | 运行机制 |
|---|---|---|---|---|
| 社区行政事务 | 专业性行政管理事务 | 行政机关及其职能部门 | 行政机关及其职能部门 | 行政机制 |
| | 可授权性行政管理事务 | 社区自治组织 | 社区自治组织 | 行政机制 |
| 社区公共服务 | 市政服务 | 市区政府 | 事业单位或市政企业 | 准市场机制 |
| | 特定人群服务 | 行政机关及其职能部门 | 非营利组织或企业 | 准市场机制 |
| 社区自治事务 | 社区自治组织法定事务 | 社区自治组织 | 社区自治组织 | 自治机制 |
| | 邻里互助事务 | 非营利性组织 | 非营利组织 | 自治机制 |

另外，北京市流动人口聚居区内的商业服务业目前主要是以市场机制为主。流动人口聚居区的社区居民，尤其是流动人口，收入较低，无力从市场上购买到足够的服务和商品以满足个人及家庭的需要。这种状况不仅不利于流动人口自身的生存和发展以及流动人口聚居区的和谐与安定，而且也给北京市的经济社会发展带来一定负面影响。因此，借鉴很多国家在社区发展公益性、微利型商业服务业的经验，在流动人口聚居区内，针对流动人口所需要的产品和服务，运用准市场机制或引导非营利组织提供这些产品和服务，以降低流动人口的生活成本。需要强调的是，无论哪种社区商业服务业，都应当按照法定的程序和步骤尽量授权给社区自治组织进行管理，以发挥社区自治组织的地缘和人脉优势，降低管理的成本。

### （三）重视企业、非营利组织和社区居民的参与

合作治理包含的社会合作可以贯穿于各个主体履行各自责任的过程中，即在某一主体根据法定或约定条款履行某种责任时，可以允许其他主体的参与，其他主体也可以积极地参与某种事务处理过程。当前尤其要加强在社区行政管理和社区公共服务中社会组织和居民的参与。

在行政管理事务的处理上，虽然主要是在行政机制的框架下，但仍然应当强调社区内其他主体的参与。在行政管理事务的安排过程中，企业、非营利组织和居民的参与不仅能够提高管理的科学性和民主性，提高行政管理的效率，节省行政成本，而且有利于提高行政管理的效果，增强居民的归属感，避免纠纷的出现。如维持治安时，社会组织和居民的参与就明显体现了这一点。

社区公共产品的提供主要是准市场机制，但是这种准市场机制实际上应当在"政府、专家、公众协商"[1]中产生，其生产过程

---

[1] 彭正波：《城市公共产品供给决策中的公众参与》，《城市问题》2009 年第 12 期。

和供应过程也应当置于社会监督之下，根据社会各方的反映不断地调整。

社区内企业、非营利性组织、居民的参与是社区自治机制的基础。社区自治事务实际上就是有关社区内企业、非营利性组织、居民等各个主体的公共事务，因此要以社区自治机制来处理社区自治事务，就必然要求社区内各个主体的积极参与。

## 四　合作治理视野下的流动人口聚居区内社会治安秩序维护

### （一）流动人口聚居区内社会治安秩序合作治理的初步实践

虽然很多北京市流动人口聚居区被确认是发案数较多的社区，但是考虑到北京市流动人口聚居区远远高出一般社区的人口基数，发案数较多并不能说明流动人口聚居区社会治安秩序恶化。从多次实地调研的情况来看，流动人口聚居区的社会治安秩序比较稳定。在警察力量配置没有太大变化的情况下，流动人口聚居区社会秩序没有随着人口的快速增长而迅速恶化，与社区各个主体之间在社会治安秩序维护上初步形成的合作机制密不可分。

第一，政府和社区自治组织之间的互相合作。虽然北京市流动人口聚居区的警力配置仍然是以户籍人口为基准，但是乡镇政府都配备有治安巡逻队，村集体都配备有护村队等安保队伍，这在相当程度上缓解了正式治安力量配备不足的问题。公安机关、乡镇治安队伍和村集体安保队伍之间往往有着良好的沟通机制，在多次的互相配合过程中也逐渐形成了分工协作的惯例，如村集体安保队伍看防、乡镇治安队伍支援、公安机关执法等。

第二，居民自发地参与社会治安的维护。村民在新建和扩建楼房时自觉注重安防设施的配备，包括：安装门禁，要求进门刷卡；公共区域内安装探头，配有专门的监控室；楼道走廊使用透明玻璃材料，不仅解决了楼房内的采光问题，而且有利于观察整个楼内公共区域的整体情况。很多村民在出租房屋时会对租房者的情况进行询问，以防备不法分子。有的地区成立流动人口自管协会，参与社区治安管理。很多出租房屋大院组织流动人口志愿者巡逻护院，在门头沟区东辛房街道西山社区甚至有一支由来自10多个省的20名"外来妹"组成的巡逻队。

第三，政府和居民之间的治安合作。在北京市流动人口聚居区内通常有较为畅通的治安信息通报机制，居民可以通过这样的机制及时向有关部门报告可疑情况，而社区内最新的治安状况也能由此通报给居民。政府部门会对居民安装的安防设备进行一定的指导，根据季节变化和治安状况的特点，对居民个人的安全防范进行有效宣传。

流动人口聚居区在社会治安维护方面之所以已经初步建立起了合作治理的机制，原因在于：第一，随着社区人口的日益增多，专业治安力量的不足已经非常紧迫，乡镇政府和村委会不得不因地制宜地引入其他资源来解决这一问题。第二，首都社会治安综合治理在北京已经有了二十余年的实践，深入人心。社会治安综合治理实际就是一种社会合作的理念和机制，北京市流动人口聚居区的社会治安合作治理机制是首都社会治安综合治理基层实践的成果之一。

**（二）完善流动人口聚居区社会治安秩序合作治理的途径**

尽管北京市流动人口聚居区在社会治安维护方面的做法可圈可点，但是，聚居区内社会治安秩序仍然存在两个突出问题，一是流动人口违法犯罪占这些社区违法犯罪的比重较高，二是流动人口是社区内违法犯罪的主要侵害对象。因此，要进一步稳定社区内社会治安秩序，就必须着眼于流动人口聚居区内社会治安问题的特点，进一步完善社会合作治理。

**1. 流动人口聚居区内社会治安问题的特点分析**

据调查，在北京市流动人口聚居区内发生的治安问题可以分为如下类型。①

第一，务工方式关联型。包括以拾荒、捡垃圾为业的流动人口易发生偷盗类违法犯罪行为；从事个体生意的流动人口多发诈骗侵财案件；一些具有网络知识的青少年流动人口进行网络诈骗活动，对流动人口中先富起来的群体的犯罪。

第二，生活方式关联型。主要是指流动人口与当地居民生活方式差异、心理距离感强引发的治安纠纷和违法犯罪。

第三，"衍生经济"关联型。主要是指没有合法经营资质的小诊所、小饭馆、小浴室等低端经济引发的治安问题和违法犯罪。

第四，"内聚性"关联型。主要是指流动人口以亲缘或地缘形成牢固的社会网络，滋生了团伙性违法犯罪的土壤。

### 2. 完善社会治安合作治理的途径

流动人口聚居区内的治安问题并非单纯的治安防控与刑事政策所能解决的，良好的社会政策、有效的治理方式才是解决流动人口聚居区内治安问题的根本出路。"务工方式关联型"涉及流动人口就业和子女教育问题；"生活方式关联型"涉及村民和流动人口之间的互相沟通、互相融合的问题；"'衍生经济'关联性"涉及社区服务体系建设以及社区商业服务业管理模式问题；"'内聚性'关联型"涉及正式组织对流动人口群体介入和流动人口的城市化问题。因此，从合作治理的角度，可以采取如下的途径。

第一，不同层级的政府之间、不同职能的政府部门之间加强协作。针对治安问题，原有的协作仅仅是限于社会治安部门之间的合作，而治安问题的根源埋藏于各种互相关联的社会因素之中，因此，政府内部的协作必须进一步扩展和加强。比如：规划部门、建设部门、乡镇政府和村委会可以联合起来研究在集体土地上建

---

① 首都社会安全研究基地：《北京市流动人口聚居区治安问题及治理对策研究》，北京市哲学社会科学规划办公室、北京市教育委员会、北京市哲学社会科学研究基地主编《北京市哲学社会科学研究基地成果选编 2009》，同心出版社，2009，第 341～352 页。

设流动人口公寓的可能性。居住条件的改善不仅有利于提高安全防范的水平，更有利于提高流动人口居住的稳定性。

第二，完善的流动人口社会保障，进一步改革户籍制度，推动流动人口由"关系依赖"向"制度依赖"转变。社会保障和居民身份的确认，有助于消除流动人口的相对剥夺感，减少流动人口对地缘、血缘等乡土关系的依赖，推动流动人口的社会融入，化解社会隔离，进而减少违法犯罪。

第三，社区参与平台的搭建是推动村民与流动人口融合的基本途径。社区参与平台主要用于处理社区公共事务，而这样的平台实际上提供了村民和流动人口互相表达需求、观点、愿望的渠道。不同类型的居民之间的互动和融合，有利于形成流动人口的社区归属感。而社区支持网络的形成，也有利于解决流动人口的就业、子女教育等实际困难，减少流动人口的"内聚性"。

第四，社区要重视流动人口的就业问题。首先，社区内要建立流动人口就业的中介平台，减少流动人口和企业相互寻找的成本，保障流动人口的劳动权益，避免出现"裁员"和"用工荒"交替出现的怪圈。其次，有条件的社区可以借助企业、非营利组织等社会主体的力量为流动人口开展就业培训，增加流动人口中技术工人和熟练工人的比例，增加流动人口在正式劳动市场中就业的比例。

第五，社区内商业服务业的管理要采用"权力下放、社区自治"的模式。对发展社区内的商业服务业，政府要提供资金支持和政策支持，鼓励社区内发展微利、福利性质的商业服务业，不仅照顾到流动人口的实际消费能力，而且也为解决社区就业提供渠道；社区内商业服务业的具体管理和日常监督，尽量通过法定授权的方式下放给社区自治组织，由社区自治组织自行监管，以解决社区商业服务业管理失效、容易产生违法犯罪的问题；日常监管权下放后，政府可以通过第三方组织介入、社区居民评议等方式对社区自治组织的权力行使进行监督，确保社区自治组织职权行使的有效、合法和公开。

# 北京市流动人口社会融合研究

包路芳[*]

　　一般来说，流动人口的社会融合（social inclusion）是指流动人口作为一个社会群体，在居住、就业、价值观念和生活方式等各个方面融入城市社会、向城市居民转变的过程。融合的过程也就是他们与城市社会、与市民双向互动和接受的过程。当前，社会融合不仅为学术界所关注，也为政策制定者所重视，许多国家和地区将社会融合作为人类生活质量的主要指标，较高的社会融合水平已经成为人类社会发展所追求目标之一。

　　改革开放以后，流动人口成为北京人口增长的主要因素，并且成为北京总人口的重要组成部分，60%以上的外来人口生活在城乡结合部的流动人口聚居区，即"城中村"。北京的流动人口从1978年的22万人增加到2009年的900多万人，与户籍人口的比例接近1:1，而且还处于不断增长的阶段。2008年北京市GDP突破1万亿元人民币，人均GDP突破9000美元大关，按照国际发展经验，北京正式步入了中上等国家和地区水平，经济发展将进入一个新阶段，这意味着城市化和农民市民化也正处在加速发展的阶段。如何引导和促进以农民工为主体的流动人口与城市社会融

---

　　* 包路芳，北京市社会科学院社会学所副研究员、社会学博士，研究方向为城乡社会学。

合已成为一个受到广泛关注的问题。

新生代农民工是当前流动人口的主体，与第一代农民工相比有许多新的特点。第一代农民工是深深扎根在农村的。他们的根仍然在农村，其最终的归宿也是农村。新生代农民工的情况则明显不同，他们大都受过初中以上教育，许多人尚未婚配，没有或较少有家庭负担，其中大多数人基本没有务农经历，有的甚至连基本的农业劳动常识和技能都缺乏。而且他们外出的动机和对未来的预期也明显不同于上一代打工者，他们不但希望在城市中谋生，更希望在这种经历中得到历练，甚至找到新的归宿。由城乡流动向城市融合转变，由谋求生存向追求平等转变。"流动人口不流动"，长期留居京城的趋势不可逆转。新一代农民工的社会融合问题已经是我国城市化过程必须要面对和解决的一个重要问题。

世界上的发展中国家都普遍存在城市化加快，农村人口转移及其引发的问题。我国计划到 2020 年实现全面小康时，城市化率达到 55%。而南美的巴西城市化率已经达到 82%，墨西哥达到 80%，但这些国家在城市化过程中存在的突出问题是仍存在严重的贫富分化、城郊形成大型贫民窟，引发农民战争和社会动乱。可见，城市化并非能自动解决农民问题。"拉美化"、"拉美陷阱"、"拉美病"现象正日益引起各国学者的关注。北京市流动人口的增长和变化关系到首都人口、经济和社会的可持续发展问题，如何使那些生活在流动人口聚居区的外来人口更好地融合于城市已经成为建设和谐社会的一个重要命题。

## 一 流动人口社会融合的理论分析

社会融合理论源自西方国家。作为外来人口的移民群体，进入城市后如何实现与城市生活相融合，一直是城市研究的经典命题。西方对外来移民与主流社会关系问题的理论探讨有众多流派，其中"同化论"（assimilation）、"多元文化论"（pluralismor multiculturalism）、"区隔融合论"（segmented assimilation）影响较大，它们均用来理解和解释移民在西方社会的经济成就、行为适应、文化融合、身份认同的过程和结果。虽然，中国的实际情况与国外存在差异，以农民工为主体的流动人口与国际移民自身的社会经济背景和流入地的客观环境也不一样，但他们在流入地均属于弱势群体，面临许多类似的问题，故西方的理论对中国的情况无疑具有很重要的借鉴作用。

## （一）同化论（assimilation）

早在 19 世纪 90 年代，以美国社会学家帕克为代表的芝加哥学派，就开始研究从欧洲来到美国的新移民如何进入和适应新的环境。"同化论"的学者强调外来人员对当地主流文化的认同，对原有的社会文化传统和习惯的抛弃。认为跨境移民在接受国一般要经历定居、适应和同化三个阶段。移民进入接受国时，由于大多不懂、或不能熟练掌握当地语言，缺乏进入主流社会的渠道，因此只能先在边缘地区设法立足，以廉价出卖自己的劳动力求生。由于存在与主流社会的隔阂，移民靠群体内部的互助互帮克服困难，由此可能进而形成移民小社区。在定居、适应的过程中，有的移民可能较先获得"成功"而得以提升自己在移入国的社会地位。于是，越来越多的移民将接受主流社会的文化，认同于主流族群，进而实现完全同化。

## （二）多元文化论（pluralismor multiculturalism）

与认为移民终将放弃自己的传统文化以适应主流社会的融合论不同，多元文化论用来形容多民族、多文化、多语言的社会。该理论源于 20 世纪 40 ~ 50 年代的美国，并逐渐在美国、加拿大、澳大利亚等以英语移民及其后裔构成主体民族的国家广泛传播。它"强调不同种族或社会集团之间享有保持'差别'的权利。认为移民将其不同文化背景、不同社会经历和价值观念重新塑造其生活的地点，并有助于建构多元化的社会和经济秩序"。60 年代欧美民权运动兴起，关于"文化多元"的争论迅速走出书斋，成为引人注目的政治问题。1971 年，"多元文化"作为解决国内种族、民族矛盾的理论基础，率先在加拿大被纳入国策，随后又相继被瑞典、澳大利亚等多个西方国家正式采纳。在 70 年代因经济高涨而引入了大量外籍劳工的西欧国家进入 80 年代普遍面临如何缓解"外劳"与本国人矛盾的问题。由此，英、法、荷、比、丹等国相继在不同程度上实施允许外来移民保持其文化的"多元文化政策"。提倡"多元文化论"者主要从以下三方面论证其积极的社会意义：首先，支持者普遍认为，在实施多元文化政策的国家，反映不同民族特色的文化活动丰富多彩，展示了该政策最普遍、最显著的社会效果；其次，推行"多元文化政策"，有助于形成宽容、理解"异"文化的社会氛围，有利于不同民族和睦相处；最后，推行"多元文化政策"有利于缓和错综复杂的宗教矛盾。

然而，进入 20 世纪 90 年代之后，对于"多元文化论"的批评明显上升，而且各种意见针锋相对。总之，百年来西方理论界对于外来移民的社会文化适应问题，仍然在"同化"与"多元"之间徘徊。两极冷战格局终结后民族矛盾的提升，使外来移民族群的社会适应问题更加尖锐，但经得起社会实践检验的济世良方仍然千呼万唤出不来。①

### （三）区隔融合论（segmented assimilation）

区隔融合理论是对传统融合理论（同化论）的补充和发展，用来解释早期融合理论所无法解释的现象。该理论考虑到不同少数族裔在流入地所处社会经济背景的差异。它认为，移民的人文资本（比如教育、技能、文化）及他们在流入地最早遭遇的对待与融合模式之间存在互动。流入地公共政策和社会成员表现出来

---

① 李明欢：《20 世纪西方国际移民理论》，《厦门大学学报》2000 年第 4 期。

的敌意、漠不关心或诚心接纳对融合的过程及结果产生至关重要
的作用。研究表明，由于与成人所处的角色、入城的目的、生活
经历不同，子女在目的地的文化融合、行为适应、身份认同的路
径和机制都与父辈有很大差别，他们的社会融合问题难以完全从
父母的融合经验中找到答案。通过对美国第二代移民的研究，流
动人口子女可能呈现出"区隔融合"模式：来自于许多地区的第
二代移民只是在某些方面融合到美国的主流社会中。该理论比传
统的线性融合更复杂，旨在解释新移民或第二代移民（尤其是后
者）怎样和为什么走了一条不同于先辈融合于美国社会的路径。
区隔融合理论认为，传统的线性融合理论不再适合揭示当代移民
的融合趋势和路径。相反，当代移民群体中和群体间将会产生不
同的融合结果，主要表现为三种不同的模式。其一，融合于主流
社会。某些移民群体拥有较高的人力资本，受到当地文化的青睐，
故而可能较快地融合到主流社会经济和文化中，并可为子女提供
更好的教育机会，加速子女的社会融合过程。其二，融合于城市
贫困文化。一些群体拥有的资源较少，难以找到稳定的工作、获
得像样的收入，难以为子女提供更好的教育机会。因而，子女向
主流社会的流动也受到限制。相反，第二代移民或许被暴露于城
市少年文化环境及市内质量低劣的学校，从而失去学习的乐趣和
追求向上层社会流动的动力。其三，选择性融合。一些群体的父
母有意识地选择对子女进行更好的教育，但限制子女对美国青少
年社会文化的认同，鼓励他们坚守自己祖先的传统文化观念与
价值。[①]

上面三种理论各有所长，相互补充。它们源于不同的宏观历
史情景，较好地解释了各自时代移民的融合现状、过程及结果。
传统融合理论（同化论）起源于 20 世纪初期，是较早关于移民在
流入地的适应过程的理论框架，对此后的理论发展和实证研究起

---

① 杨菊华：《从隔离、选择融入到融合：流动人口社会融入问题的理论思考》，
《人口研究》2009 年第 1 期。

到巨大的指导作用。区隔融合论适应新的社会背景，强调个体人文和社会资本与宏观场景的互动，提出多种融合路径和模式，是对传统融合理论的补充和发展。保存自己的文化并不意味着不愿融合到主流社会，相反，融合于城市贫困文化是一种无奈的选择。需要强调的是，传统融合理论强调融合的途径、过程、机制，是从流动者的动机和目的来考察的，且强调文化之间的相互交融和渗透，本身并不直接涉及文化的优劣问题。该理论后来被曲解、利用，成为在以白人为中心的种族优越论的指导下，对少数民族实行同化政策、进行种族歧视、排斥、拒绝和否认的工具，但这并不是理论本身的错。多元文化论源于政治主张，对实证研究工作的指导作用低于融合理论。

一直以来，国内学者将注意力放在了流动人口城乡迁移的过程。随着城市化的加速，流动人口如何融入城市社会，已经日益引起国内学者的广泛重视。国内研究注重将西方理论本土化的同时，与国外学者进行对话。

## 二　北京市流动人口社会融合的现状

北京市流动人口社会融合的现状总体可概括为：基本融合开始启动，深度融合任重道远。在城市化进程不断加速的北京，进城流动人口与城市社会的融合显现出"区隔融合"模式的部分特征，即流动人口只是在经济等某些方面初步融合到城市社会中，但在社会、文化、心理等许多深层次方面还没有实现融合，融合于城市贫困文化更是一种无奈的选择。

流动人口进入城市就业、适应城市生活的过程，实际上是再社会化过程，制度层面的融合是前提。此外必须具备三方面的基本条件：首先，在城市找到相对稳定的职业；其次，这种职业带来的经济收入及社会地位能够形成一种与当地人接近的生活方式，从而使其具备与当地人发生社会交往，并参与当地社会生活的条件；最后，由于这种生活方式的影响和与当地社会的接触，使其可能接受并形成新的、与当地人相同的价值观。因此，流动人口社会融合包括三个层面：经济、社会、心理或文化。① 而且这三个不同层面是依次递进的，经济层面的适应是立足城市的基础；社会层面是城市生活的进一步要求，反映的是融入城市生活的广度；心理层面的适应是属于精神上的，反映的是参与城市生活的深度，只有心理和文化的适应，才说明流动人口完全地融入于城市社会。②

## （一）基本融合开始启动

### 1. 制度层面的融合是流动人口立足北京的前提

总体来看，北京市流动人口管理的理念正从管理为主转向管理和服务并重，管理制度正由烦琐转向简化，管理方式正在趋向规范。

从迄今为止颁布过的北京市流动人口管理相关政策法规的内容上看，户籍管理、居住管理、计划生育管理和就业管理是政策法规的重点。其中户籍管理法规和计划生育管理法规的演变较为单纯；居住管理法规从最初的针对私有房屋租赁管理的规定，到1995年增加了一项房屋租赁治安管理规定，目前关于房屋租赁的管理规定已经废止，仅房屋租赁治安管理规定在起作用；就业管理的法规演变最为戏剧性，由简而繁，到2005年之后该领域的主要法规均已废止。可见，制度层面对流动人口的管理已经松动并有所进展。

北京市流动人口管理相关政策法规的演变，一方面展示了社会的进步，另一方面反映了北京市地方政府在流动人口管理方面的两难困境。北京市人口的增长主要来源于流动人口，如何对流动人口的发展趋势进行客观的判断，对于北京市流动人口的管理

---

① 田凯：《关于农民工的城市适应性的调查分析与思考》，《社会科学研究》1995年第5期。

② 朱力：《论农民工阶层的城市适应》，《江海学刊》2002年第6期。

方针进行恰当的定位，将直接关系到流动人口与城市的深度融合实现问题。目前，北京市流动人口管理相关政策法规废多立少的局面正是这一两难处境的体现，新的法规体系如何建立需要进一步摸索，从而为制度层面融合打下坚实基础。

**2. 北京市外来流动人口与城市的基本融合已经开始启动**

这主要表现在经济层面，而经济层面的适应正是流动人口立足城市的基础。

（1）流动人口已经渗透到北京市经济生活的各个领域。

城乡二元结构的就业、社会保障、住房等相关制度框架，成为流动人口在京低门槛就业的前提。北京的流动人口已经形成了一个庞大的、相对稳定的中低端就业群体。

据中国人民大学人口与发展研究中心 2006 年 1‰流动人口调查显示，北京市流动劳动力的职业构成以商业服务业人员和生产运输设备操作人员为主。在全部流动劳动力中，二者所占比例分别高达 55.3% 和 31.2%，地位较高的专业技术人员等所占比例很低（见表 1）。调查显示，流动劳动力的就业身份以雇员为主，占全部流动劳动力的 57.6%；其次是自营劳动者，占 35.2%；雇主和家庭帮工所占比例很小，分别只占 6.4% 和 0.9%。

从北京新区建设到新功能的运行，都使流动人口成为新的劳动力资源，融入了城市产业大军。一是建设中吸纳了大量建筑工人和为其服务的服务人员；二是建成后的物业管理对外来劳动力产生了需求；三是由商务聚集而带动的商业和服务业，特别是餐饮服务业和办公服务业吸纳了大量新增外来人口；四是建成后成为城市经济发展的核心地区，以及总部经济的基地，吸引了大量的国际、国内高层次人才；五是新建小区带来了服务业规模扩大和质量升级，吸引了大量外来物业服务人员。可见，流动使绝大多数人实现了职业身份的"非农化"，从社会地位最低、经济条件最差的农民阶层流向了地位相对较高的其他阶层，流动人口成为城市发展的重要人力资源。

表 1　北京市流动人口的职业构成变化

单位：%

| 职　　业 | 职业构成百分比 | | |
| --- | --- | --- | --- |
| | 老家 | 第一次流动 | 目前 |
| 无　　业 | 2.6 | 0.7 | 1.0 |
| 专业技术人员 | 1.2 | 2.8 | 3.1 |
| 办事人员 | 1.4 | 6.1 | 6.2 |
| 商业服务业人员 | 8.7 | 49.3 | 55.3 |
| 农业劳动者 | 50.4 | 0.4 | 0.2 |
| 生产运输设备操作人员 | 7.8 | 36.1 | 31.2 |
| 其他职业 | 0.8 | 2.0 | 1.4 |
| 上　　学 | 26.9 | 1.6 | 0.3 |
| 家　　务 | 0.2 | 1.0 | 1.2 |
| 退　　休 | 0.1 | 0.0 | 0.0 |
| 合　　计 | 100 | 100 | 100 |

（2）90%左右的流动劳动力能够按时领取工资。

虽然仍存在着少数被拖欠工资的情况，但北京市在解决流动劳动力的工资拖欠问题方面是很有成效的。北京市 2006 年 1‰流动人口调查显示，偶尔被拖欠工资的流动劳动力占 6.3%，经常被拖欠和一直被拖欠的比例分别占 2.2% 和 1.3%。建筑工人、装修工人被拖欠工资的比例相对较高，分别有 80% 和 9.7% 的建筑工人和装修工人的工资被经常拖欠甚至被一直拖欠。

北京市流动劳动力的平均月收入达到 1452 元，月收入的中位数为 1000 元。但不同就业身份流动人口之间的收入差异较大（见表 2）。为了保证被雇佣者的合法权益，2006 年北京市规定了全市最低工资标准为每月不低于 640 元。在京流动劳动力中尚有 14.9% 的雇员月收入低于这一标准。

流动人口要融合城市，首先他们的收入要能维持全家在城市的最低生活标准。尽管流动人口在京务工的收入与北京市居民相比较低，但这仍高于他们在老家务农的收入，这也是吸引大量人口选择外出流动的重要原因。43.3%的流动劳动力在调查前一年给家里寄过钱。在寄钱回家的流动人口中,平均每人给家里寄钱4565元。收入高低直接决定了流动劳动力向家里寄钱的数量。从不同就业身份流动劳动力寄钱回家的数目来看,就业身份为雇主者寄钱回家的数目最多,超过5000元;其次是自营劳动者和雇员,寄回的数量为4500元左右;家庭帮工的收入水平在各种就业身份人群中是最低的,因此他们寄回家的数目也很少,仅为1500元左右。经济上的自立并略有盈余为流动人口融入城市奠定了物质基础。

表2 不同就业身份流动人口的月收入

单位:元

| 就业身份 | 平均月收入 | 中位月收入 |
| --- | --- | --- |
| 雇　　主 | 1990 | 1500 |
| 自营劳动者 | 1575 | 1000 |
| 雇　　员 | 1326 | 1000 |
| 家庭帮工 | 817 | 600 |
| 平　　均 | 1452 | 1000 |

(3)40%以上的流动人口聚居在城乡结合部。

流动人口通过在城乡结合部流动人口聚居区("城中村")租住,落脚北京,开始走向城市融合的第一步。据北京市流管委提供的2009年数据,占全市流动人口总量40.8%的流动人口聚居在城乡结合部地区,形成了上千个流动人口聚居区。

流动人口聚居区,即"城中村"伴随着城市化的扩大将长期存在于城乡之间,在某种意义上已成为城乡差距的弥合地。北京市"城中村"失地农民的生计转型,几乎无一例外都是走向"瓦片经济",通过出租房屋谋利;另一方面,大量流动人口进入城市谋生必然将"城中村"作为最理想的居住地,需求和供应的契合,就导致"城中村"的大量出现,呈现出芝加哥学派所指出的"共生"的生态秩序。在这一过程中,流动人口和城市居民已结成

"利益共同体"。大量流动人口在"城中村"聚居，固然增加了管理的成本，但为村民带来了财富，减轻了当地农民社会转型的阵痛，也为北京快速城市化提供了便宜的劳动力。"城中村"已经成为流动人口低成本进入城市的桥头堡。

**3. 社会层面的融合是城市生活的进一步要求，反映的是融入城市生活的广度**

（1）流动人口在京时间长，家庭化趋势明显，城市适应能力增强。

夫妻二人同时在京流动务工或夫妇携子女在京长期流动务工的家庭化趋势明显，已成为当前北京市流动人口的主要特点。这也在一定程度上表明流动人口与城市的融合能力不断提高，适应性增强。同时，也表明城市对以妇女和儿童为代表的弱势群体的包容性比以往增强。

根据 2006 年 1‰流动人口调查，流动人口在京滞留时间较长，平均在京居住 4.8 年；在京时间超过 5 年者达到 38.8%，很多流动人口已经成为事实上的"北京人"。在已婚流动人口中，75.3%的流动人口与配偶同时在京长期流动，家庭户的生活和工作稳定性很高。流动人口举家迁移比例高达 41.2%，家庭户发展迅速，纯外来人口家庭户已接近北京市家庭总户数的 1/5。

过去十多年来，流动人口中未婚者所占比例迅速下降。1994年，北京市流动人口中未婚者所占比例为 34.1%；1997 年为 42.1%；2006 年则大幅度降至 22%。流动人口家庭化趋势增强和流动女性数量增多，表明越来越多的女性人口开始融入城市，增强了流动家庭融入城市的稳定性。

（2）流动儿童规模迅速增长，义务教育状况得到改善。

伴随流动女性数量的增加，以及流动人口的家庭化趋势，流动儿童数量也大幅度增加。过去 10 年内，北京市流动儿童规模由 15 万人迅速增加到 50 万人。根据 2006 年 1‰流动人口调查显示，北京市 34.82%的流动儿童出生在北京，63.95%的流动儿童在户籍所在地出生后跟随父母来到北京；还有 1.22% 的流动儿童出生在北京及户籍所在地以外的其他地方，之后才跟随父母流动到北京。流动儿童中生在北京、长在北京的"土生土长的老北京人"比例不断提高，越来越多流动儿童是事实上的"北京人"。北京市流动儿童数量变化趋势见表 3。

表 3　北京市流动儿童数量变化趋势

单位：万人，%

| 年　份 | 流动人口数量 | 流动儿童占流动人口的百分比 | 流动儿童数量 |
|---|---|---|---|
| 1997 | 229.94 | 6.74 | 15.5 |
| 2000 | 221.29 | 8.77 | 19.4 |
| 2006 | 357.3 | 14.1 | 50.4 |

　　调查显示，北京市流动儿童义务教育阶段在校比例达 95.53%；从未上学的只占 3.89%；中途辍学的仅占 0.58%，也就是说只有 4.47% 的流动儿童未按要求入学。这一结果反映了北京市流动儿童受教育状况在最近 10 年内得到了较大幅度改善，其中在公办学校就读的比例占到 53%。流动儿童数量持续增长、受教育状况明显改善，在一定程度上表明北京越来越接纳流动人口及其后代，尤其是在流动儿童的教育方面不断出台新政策，争取更好的条件。流动儿童的父母对子女抱有较高的教育期望，对孩子的教育投入高，提高了子女今后的城市适应能力，加速了子女的社会融合过程。

### 4. 文化或心理层面

　　流动人口在心理层面对城市社区的认同和适应是属于精神范畴的，反映的是参与城市生活的深度，只有心理和文化的适应，才说明流动人口完全地融入城市社会。[①] 根据 2006 年 1‰流动人口调查，北京市流动人口的受教育程度以初中为主，平均受教育年

---

　　① 朱力：《论农民工阶层的城市适应》，《江海学刊》2002 年第 6 期。

限达到 9.1 年，高于全国人口的平均水平（8 年），更高于全国农村人口的平均水平 7 年。接受过大专及以上教育者接近 6%。我们不能再简单地以低素质来形容他们。尤其是新生代农民工常年在外打工的生活经历，使他们无法再认同乡村的社会和生活，更倾向于在城市生活，一旦客观条件允许，大多数农民工就选择在城市定居。与离土不离乡的第一代农民工不同，新生代农民工普遍认为自己有改变农民身份的能力与权利，既要离土，又要离乡，对融入城市具有强烈的期盼与诉求。

在情感融合方面，比起以往在农村的生活，尽管与城市人口还有很大差距，但流动人口的城市生活满意度较高。根据我们课题组长期在城乡结合部的观察发现，流动人口与城市社区的"二元关系"正在发生变化，即从相互隔离、排斥和对立转向一种理性、兼容、合作的"新二元关系"。根据北京社会科学院 2006 年的调查，37.1% 的流动人口认为与居住地居民关系很好；认为能和平共处，关系"一般"的占 52.8%；认为"不太好"或"不好，很紧张"的合计占 6.9%。

从流动人口与市民彼此的态度看，双方大都能对对方有较为理性、客观的评价，以及对融合的期望。从进城流动人口的角度看，大多数人对进城后的生活感到满意，也已经表现出一定的适应度，同时他们也有着融入北京的强烈愿望。流动人口外出的目的性和在流入地居留的稳定性增加，开始形成主动参与城市经济社会生活的意识和行动；从城市居民的角度看，对流动人口的理解多于歧视，大部分市民认为他们吃苦耐劳，老实本分，在为城市建设与城市人生活的改善作出巨大贡献，应该制定政策保护他们的利益不受侵害。城市居民虽然在理智上倾向于接纳流动人口，但在现实中也存在着一定比例的市民并不愿真正地与其交往。当前，双方已经形成稳定的"利益共同体"，正尝试建立一种相互包容、相互合作的正向互动关系，为下一步的深度融合打下必要的社会和心理基础。

目前北京市流动人口的社会融合状况总体有所改善，基本融合已经开始启动，但融合度不高，距离深度融合还有很大差距。在以户籍制度为主要内容的国家正式制度的弹性逐步扩大的背景下，依据社区、市场和市民文化等资源，流动人口与城市社会的融合正在自下而上悄悄地开始启动。文化碰撞也在促使流动人口与城市居民双方更加理性地相互对待，社区背景中的融合正在开展。这种变化源于市场导向的经济社会改革和户籍制度弹性的缓慢增加，尽管它们还难以根除城乡分割及地区分治带来的居民权益差别，但毕竟为流动人口的城市生活提供了初步的合法性基础和政策支持。二元结构中的双方出于各自的需要都在尝试建立一种更为融洽的互动关系，这可能成为未来正式制度发生改变的基础。

### （二）深度融合任重道远

按区隔融合理论，某些移民群体拥有较高的人力资本，受到当地文化的青睐，故而可能较快地融合到主流社会经济和文化中，并可为子女提供更好的教育机会，加速子女的社会融合过程。但融合于主流社会的流动人口只占少数，更多人只能融合于城市贫困文化，成为一种无奈的选择，这种状况更符合当前北京市大量的中低端流动人口的实际情况。大多数流动人口拥有的资源较少，难以找到稳定的工作和获得像样的收入，难以为子女提供更好的教育机会。部分流动人口采取选择性融合，有意识地选择让子女接受较好教育，以便下一代能更好地融入主流社会。

流动人口城市融合度不高的一个根本原因是随着农村人口由农村流入城市，城乡之间的二元性矛盾引入了城市内部。二元户籍制度被认为是一种"社会屏蔽"制度，它将社会上一部分人屏蔽在分享城市的社会资源之外，直接的后果是造成城市农民工身份与职业、角色的背离。[①] 流动人口虽在城里工作、生活，但并没

---

① 李强：《户籍分层和农民工的社会地位》，《中国党政干部论坛》2002年第8期。

有真正属于自己的城市居住点，无稳定的家，具有流动的、寄居的心态和担当背离城市人口的角色。尤其是二元社会结构的模式下，他们的各种社会关系依然隶属于农村。他们为城市作出了重要的贡献，但他们的医疗、失业、养老、住房等各类最低保障制度依然从属于原籍农村的管理范畴。

在短时间内，流动人口很容易完成经济层面上的适应，然而社会层面、心理层面上的适应，却不是短时间内可以完成的，需要一个长期复杂的过程。当前，生活在流动人口聚居区的广大外来人口无法扎根城市，也难以参与社区政治及文化生活，最终导致他们无法与城市社会深度融合。这不仅表现在贫富差异、职业差异、文化差异上，也表现在社会生活的各个方面。

**1. 仍存在对流动人口在经济层面的排斥**

在经济融合方面，流动人口对生活、工作环境和个人收入的满意度在提高，其居住条件在稳步改善，但与城市居民相比，总体上还有很大差距。经济层面的社会排斥表现为劳动力市场排斥，市场排斥表现为失业率高，就业机会有限，进入到劳动力市场的非正式信息网络薄弱。从流动人口求职、择业等情况看，他们来北京找工作，最主要的求职渠道是通过亲友介绍或推荐。这充分体现流动人口作为一个群体在城市中社会资本或社会网络上的匮乏。他们的社会支持网规模较小，日常生活起作用的仍然是以血缘和地缘为纽带的初级关系网络，要完全融入城市社会还有待于建立更多的弱关系。从劳动保护和社会福利上看，流动人口总体参与度有待提高，有相当比例的用工单位不与其签订劳动合同，劳动权益缺乏必要的保护。根据 2006 年 1‰流动人口调查显示，只有 30%的流动劳动力与雇主签订了劳动合同，大多数（67.1%）未与雇主签订任何形式的劳动合同。84.5%的流动人口没有参加过任何形式的社会保险，大部分流动人口仍然被排除在"社会保障"安全网之外。大多数（70.1%）流动劳动力没有接受过任何培训。

流动人口进入到城市社区，由于自身较低的人力资本和我国目前劳动用工和保护制度法规的相对缺失，使得他们的就业面狭窄，合法权益得不到有效保护。职业不稳定，收入更低，没有任何社会保障，成了城市中事实上的"流民阶层"。这种非正规就业的状态，使他们在心理上很难融入城市，与城市居民平等地交往，这也常常是他们受到城市居民歧视和排斥的重要原因。职业的差异也使城市居民很难对从事非正规职业为生的流动人口产生心理认同感。与就业直接相关的是流动人口的收入待遇低，生活艰辛，因贫困导致限制性消费或被迫性消费模式。

按照芝加哥学派的观点，移民进入接受国时，由于大多不懂、或不能熟练掌握当地语言，缺乏进入主流社会的渠道，因此只能先在边缘地区设法落脚立足，以廉价出卖自己的劳动力求生。由于存在与主流社会的隔阂，移民靠群体内部的互助互帮克服困难，由此可能进而形成移民小社区。北京市流动人口大多数是聚居在城中村，只有很少一部分人有经济实力自购住房。因乡土文化的封闭性和内倾性，使得有相似经历的流动群体以血缘或地缘为中心自发聚集起来，形成了他们唯一的满足情感需求和社会交流的空间。于是除原有的城乡二元结构外，又出现了新的城市二元体系。流动人口聚集和居住的地方称为城市中的农村社区，他们是被排斥在主流的消费市场之外的群体，在就业、居住、社会保障、子女教育、社会地位等各方面存在明显的差别。

**2. 流动人口对城市社区建设的主体性缺位**

社区是流动人口城市融合的社会化组织载体，流动人口的日常社区参与和融入对于其全面社会融合来说是量的积累过程。从流动人口社区参与情况看，其社区融入程度较低。北京社会科学院 2006 年的调查表明，只有 7% 的流动人口经常使用居住地附近的文化体育设施，有 46% 的被调查者从没有利用过。在问及"居住社区是否为流动人口设立'流动人口之家'或类似场所或组织时"，回答"没有"的占 55%；回答"不知道"的占 37%。这一方面反映政府服务项目缺失以及在引导和鼓励流动人口社区参与的制度安排还不够健全，另一方面也反映流动人口充分利用社区设施这一融入社区生活载体的意识不强。社区文化活动的有限参与和社区内贫乏的社会交往意味着新移民社会网络的薄弱，导致了流动人口与社区居民之间的生疏感和距离感。

流动人口对社区建设普遍不关心。由于是外来人口，不能通过选举进入社区的管理层，在社区建设中没有表达权、参与权和话语权，所以对社区的各项工作很少关心，各类活动参与少。而关于参与社区政治活动的情况，由于流动人口没有正式户口和城市身份，所在单位成立工会和流动人口参加工会的比重都较低。从参加党团组织情况看，流动人口大部分未参加党团组织，更谈不上在此基础上对党和国家政治生活的参与，几乎集体性地成为"政治边缘人"。

与以往的城乡二元社会结构相对应，随着流动人口大量涌入城市，在城市内部出现了新的二元结构。这种"新的二元社会结构"表现为已经进城就业的"农民工（乡下人）"与"城里人"的明显差别，导致流动人口对于城市社区建设的主体性缺位。虽然在职业上这些农民工都成了城市产业工人，但由于"农民工"没有改变其农民的身份，使得他们在分配（工资）、再分配（社会保障）等各方面仍遭受严重的不公平待遇，成了城市中最缺乏保障的弱势群体和非城非乡的"边缘人"。进入到新的城市社区后，原来的部分社会关系解体，有限的社会参与和社会交往使他们的社会网络仍依赖于以血缘和地缘为基础的初级社会关系，社区参与度和融入感很低。其中一个重要方面就是社区服务的缺失、社区管理者及当地居民的冷漠，使流动人口很难对社区产生归属感。流动人口对原有农村社区的认同感逐步减弱的同时，在城市社区又没有获得相应的社会身份和地位，被排斥在城市主流生活之外。同时，流动人口也会主动地与主流社会自我排斥。

**3. 流动人口心理融合度最差**

城市社区居民和流动人口虽已在经济层面形成利益共同体，

但双方的彼此信任度还比较有限。没有社区交往与社区内的社会关系，城市居民和流动人口之间很难形成共同的社区情感。客观上，也使社区发展失去一个重要前提，即以共同的社区情感为纽带而形成的社区凝聚力和社区精神。城市社区更多的是通过收费、发证等形式维护秩序，对流动人口进行防范式的管制。当他们出现困难，如失业、伤病、子女上学、生活困难等情况时，无法享受社区服务，唯有把希望寄予同质的弱势群体，甚至遥远的家乡。

新的城市二元社会结构的存在，拉开了流动人口与城市的心理距离，削弱了流动人口对城市社区参与和融入的积极性和主动性。流动人口与城市社区呈现出隔离状态，无法感受到社区发展与自身的相关性。基于户籍制度所衍生出的复杂的城乡利益差异，虽对流动人口争取相关平等权益表示一定的支持和理解，但使政府和城市居民对流动人口的真正融入城市有矛盾心态。

由于认同目标与实现可能之间的矛盾，使得大量流动人口在城市里处于非城非乡尴尬境地，处于一种"双重边缘人"的状态，导致他们自身的身份认同混乱。"允许农民进城务工经商、提供服务，但不许进城农民享有城里人待遇"的局面，这种严重的不公平、不公正的现象，第一代进城农民还是能够忍受的，因为这境遇毕竟比他们继续待在农村要好，而且离开家乡进城谋生又是他们自己的选择，怨不得任何人。但作为他们后代的第二代、第三代移民，对此可能就不能够忍受了。体制性边缘化、观念差异与心理冲突等，严重影响了新生代农民工对所在城市的关心与认同，加大了新生代农民工与城市居民的心理隔阂，制约着新生代农民工对城市社会的融入。

## 三 流动人口社会融合的途径

按人口城镇化率每年增加一个百分点来测算，到 2020 年前还将从农村转移出 3 亿左右的人口。我国现阶段的基本国情和人口发展趋势决定了在今后相当长一段时期内，以农民工为主体的人口流动现象将长期存在。费孝通先生的"江村经济"已经进行过类似的研究，在长期的农业社会里，外来人要真正融进当地社区，必须通过买地、置产和通婚三种手段。那么，在今天中国步入前所未有的快速城市化阶段，生活在流动人口聚居区的外来人应如何进入当地社区，真正融入城市社会呢？

有学者在上海的社区调查时，提出了新移民与城市社会融合可能依次经历三个阶段的构想，分别是"二元社区"、"敦睦他者"和"同质认同"。而我们认为，在北京，"二元社区"和"敦睦他者"正处于并行阶段。"敦睦他者"是新移民与城市社会融合的关键阶段，在此期间需要政府、社区和新移民共同做出努力，以期达到"同质认同"，即深度融合阶段。

## （一）政府加大对外来人口服务和管理的财政投入比例，有效地保障外来人口权益

制度改革的目标首先是加强制度融合。流动人口进入城市如何实现与城市生活方式与文化价值观念的相互融合，受个人社会资本、人力资本等因素的影响，但更为重要的制约因素是政府制定的相关制度和政策。在加强制度融合的同时，城市政府应依托社区这个载体，采取一系列促进流动人口社会融合的对策，同时自上而下地逐步将各种机会、待遇、保障同城市本地户籍相剥离。

北京市在流动人口的城市融合方面采取了很多有力措施，在全国处于前列。随着新一代农民工已经成为事实上的北京人，应该把流动人口的管理和服务纳入城市的常规管理体系。北京市政府要加大对外来人口服务和管理的财政投入比例，从以收费为主转向以财政补贴为主，来促进外来人口的服务和管理工作。减轻外来人口负担，为规范相关部门的服务和管理提供经费保障，更加有效地保障外来人口权益。

在把流动人口纳入社区发展与社区服务框架的同时，城市政

府还有必要考虑总结以往的经验，继续增强正式制度安排的弹性。一方面，继续提高流动人口享有的社会保障权利，促进其与城市居民的福利向统一的方向发展。如实施统一的最低工资标准，为其缴纳养老、医疗、工伤保险和住房公积金等。另一方面，继续弱化在就业、购房、公共服务和子女入学等方面对流动人口的限制，逐步赋予他们享受政府服务和城市公共资源的权利。逐步"抽空"附着在户籍身份中的具体利益，为户籍制度的根本变革准备条件。

完善外来人口管理与服务组织结构的体系化建设，加强不同职能部门的工作协调。进一步在市、区（县）、镇（街道）、社区（村、企事业单位）强化流动人口管理工作领导小组、流动人口管理办公室、流动人口登记站或外来流动人口综合服务站的职能，加强对这个职能部门在人力和财力上的支持力度；建立和强化定期的联席会议制度，加强对不同相关职能部门的协调。

流动人口底层化和居住的边缘化加剧了社会结构的失衡，使他们最终难以融入城市人口和劳动力的主流。流动人口的涌入是我国城市化进程的必然现象，也是城市自身发展的需要，作为城市管理者的各级政府有义务为外来人口提供具备起码生活条件的住房，而不是对其巨大的住房需求视而不见。通过改进房屋租售政策和社区管理制度，鼓励外来人口进入设施和管理比较健全的城市社区租房、购房和定居。应以"城中村"改造为突破口，制定和实施包括外来人口在内的城市规划，同时把外来人口纳入社会保障制度，推行积极的劳动力市场政策，使首都的发展和人口发展有机结合，真正起到促进外来人口接受城市文明、融入城市的作用。

## （二）促进流动人口与城市居民结成"社区共同体"

流动人口与城市社会的融合涉及社会、文化方面的深层问题，并非正式制度完全能够解决。这意味着光靠政府决策者的努力是不够的，政府有必要提前动员社会力量的参与，社会各方也有必要同时提供帮助。加强外来人口与本地人口的交流和沟通，最终实现二者的共生共融。在流动人口聚居区，社区建设和社区发展是建设新的社会关系网络、消除社会群体间排斥、促进社会融合的重要手段，融入社区是流动人口最终融入整个城市的前提。社区管理与服务在流动人口日常生活方方面面的渗透，就是一种可被直接感受到的新的支持力量。① 因此，以社区为切入点解决流动人口的城市融合问题是消除社会排斥的一种重要手段。

**1. 将流动人口纳入城市社区服务的发展规划**

《国务院关于解决农民工若干问题的指导意见》明确指出，要"发挥社区管理服务的重要作用"，"鼓励农民工参与社区自治，增强作为社区成员的意识"，要"完善社区公共服务和文化设施，城市公共文化设施要向农民工开放，丰富农民工的精神生活。"可以说这是国家对农民工融入社区有效性的最好注解。

流动人口虽然生活于城市社区，但并没有形成认同感和归属感，而社区认同感和归属感是进城农民工社区融入的关键。流动人口在城市社区生存的困难与问题只有他们自己最清楚，能否真正体现城市身份，关键是在制度上给予流动人口参与社区服务与管理的权利。为此，社区可将符合条件的流动人口补充到社区管理与服务岗位，赋予流动人口管理参与权、决策权，提高流动人口的管理地位，增强流动人口的社区责任感和对城市社会的认同感。

将流动人口列入社区服务的对象范围，向其开放既有的社区服务体系，如就业、医疗、文体、救助等，并增加有针对性的服务项目，为流动人口增强居住稳定性提供便利，鼓励其参与社区公共活动。通过鼓励他们参与社区活动增进其与本地居民的交往和沟通，增加社区对流动人口的亲和力。提倡社区居民自主、自

---

① 时立荣：《透过社区看农民工的城市融入问题》，《新视野》2005 年第 4 期。

助、互助地解决社区问题，增加社区全体成员的凝聚力，发展和谐的社会人际关系。

充分发挥城市社区的服务功能，代替或者只是部分代替农村社区给予流动人口以保护与支持，对他们产生城市社区认同感和归属感有很大的意义。当前，在流动人口聚居区的"城中村"改造过程中，社会各界把更多的注意力放在京籍村民上，忽略了外来人口的利益，甚至把"城中村"存在的矛盾全部归结为外来人口，有的干脆采取一律轰走的粗暴态度。城市化进程中必然要伴随大批外来人口进入，而"食租"本身也是失地农民在城市化过程中的新型谋生选择。重要的是本着权利和义务相统一的原则，进一步明确出租房主的责任，加大对违章建筑的处理力度，有效保障公众利益和公共安全。加强对外来人口的服务，将所有常住人口都纳入基层社区的管理范围，从简单的防范性管理转变为以人为本的服务性管理，保障外来人口的权益，实现社区层面的融合。

**2. 培养社区互助精神，增强社区凝聚力**

社区作为城市的基础单元和联系社会与家庭的关键环节应大有可为，且应义不容辞地承担其应尽的责任。社区工作的主要内容不仅仅包括对社区正式成员的服务与管理，而且也包括对以流动人口为主的社区非正式成员的服务与管理，以此来培养社区互助精神，增强社区凝聚力。可以预言，随着中国改革的不断深入与中国经济的发展，在不久的将来，对城市非正式人口的管理将会成为城市社区的一项经常性的日常工作。目前社区服务正处于方兴未艾之际，新兴的社区生活社会化服务体系，如家政服务、医疗服务、消费服务、文化服务、老年服务、教育服务等，其服务对象为生活在本社区内的全体居民，既包括正式居民，也包括非正式居民。因此，在社区生活中加强城乡互动，促进流动人口与市民的情感交流，培养其与市民之间的感情，是推动社会融合的重要手段。

流动人口作为社区参与的一部分，参与到社区政治、经济、文化、社会生活中来。只有在社区参与和社会交往中，社会关系主体才能通过"互构共变"[1]，最终达到社区发展的目标。通过广泛参与，逐步把外来人口纳入城市社区管理的范畴之内，在使本社区正式成员拥有更多的公共服务、社会福利和闲暇时间的同时，逐步增强包括外来人口在内的社区居民的主体意识、协作意识、法纪意识和文化意识，把自强、自助和互助、互爱的社区服务精神渗透到日常生活中去。在培养一种高尚的社区服务精神的同时，也可大大缩短外来人口从农民到市民的转化过程。同时，城市社区为外来人口提供服务，也可为城市居民开辟新的就业途径，在一定程度上也缓解了城市的就业压力。

**3. 依托流动人口聚居区内的民间组织服务融合流动人口**

社区是流动人口融入城市的社会化组织载体，社区参与和组织参与的情况是反映流动人口融入社区、融入城市的一个重要指标。以海淀区某流动人口聚居村为例，只有3.3%的流动人口参加过社区居委会组织的活动，只有5.3%的流动人口参加过社区内两个民间组织"打工者文化教育协会"和"烦忧热线"的相关活动。该居委会的工作内容主要是为当地居民服务，即使是流动人口管理站也只办理暂住证、登记信息、收取卫生费等，没有真正为流动人口服务的项目。而这种状况在北京城乡结合部的流动人口聚居区非常普遍。社区服务的欠缺不仅增加了流动人口在城市中生存和发展的成本，同时也因其所内含的不平等因素使得流动人口融入城市社会的难度加大。

没有城市户口的流动人口因职业的临时性和非稳定性，既无单位组织也无社区的认同，组织生活处于真空状态。可以根据外来人口居住较为集中的特点，发挥外来人口中的血缘、地缘组织和精英人物的作用，在中国共产党、工会、共青团、妇联等组织

---

① 郑杭生：《中国特色社会学理论的探索》，中国人民大学出版社，2005。

的领导下提高外来人口自组织化程度，提高其自我管理、自我服务的程度。鼓励和引导流动人口成立同乡会、同业会等各种形式的社会组织，加强流动人口的自我服务管理和所在社区的协调能力。条件成熟的地区和单位尽快成立流动人口的党、团及工会组织，并纳入本地区、本单位党团及工会组织体系。组建流动人口志愿者队伍，充实服务管理队伍。通过社区民间组织提高新移民的城市生存能力，引导他们融入城市。通过培养流动人口的自组织能力增进其自我管理，形成共建共享的共识，积极推进"新北京人"组织融合，将外来人员的服务与管理融入到社区建设之中。

社区建设的各类社会团体作为一个服务性组织，它具有志愿性，其基本宗旨是满足社区居民需求，为社区居民服务。社区居委会除了让流动人口享受相关服务外，也应提供机会，让他们以自身的价值取向、兴趣爱好为依据，积极加入各种中介组织，为社区尽一些力所能及的义务，并在履行义务中增加个人的主人翁意识和对社区的归属认同。通过建立社区中介组织，完善社区居民文化活动设施和场所，让流动人口参与进来，丰富其闲暇生活，发展其身心健康，体现社区的主人翁意识，并从中更新文化结构，塑造新的价值观念。增强双方的理解、接纳，形成融洽的社区人文环境。

### （三）让新一代农民工及其后代接受更好的教育和培训

进城农民与城市居民形成强烈反差，一个重要原因是长期农村教育的落后和教育投资匮乏所致的"深度能力贫困"，使流动人口难以融入以知识和技术产业为标志的城市社会。可以设想一种以流动人口子女教育为突破口的制度设计，通过融入性教育的作用促进以代际传递为模式的城市融入进程。流动人口也应从自我做起，增强融入城市的自觉性，主动增加融入城市的知识和本领。

应根据流动人口有自身教育素质和能力素质提高的愿望，进行融入性教育的补偿。随着经济发展水平的提高和市场竞争加剧，企业对农民工素质要求越来越高，农民工由"体力型"向"技能型"需求转变。流动人口融入性教育可分为三个层次的核心内容：一是提升受教育者文化水平和职业技能素质；二是普及城市生活常识和融入性知识，引导其增强对城市文明的认同感和对城市生活的责任感；三是道德和法制观念教育。可以采取政府建立专项经费、企业资助、个人分担、社会捐赠的方式解决经费问题。同时，可以通过设立助学金或减免收费等方式予以资助。应整合各种有效的社会教育资源，健全社会系统化的教育经费保障机制，建立一个以政府为主导，以企事业单位为基础，以街道和社区为纽带，农民工自身积极参与的社会支持系统。建议北京市总工会成立农民工学校，为政府编制部门正式批准的工会农民工学校。学校将通过送教上门等多种形式，开展农民工素质教育和技能培训、农村劳动力转移培训等工作；学校还将为部分表现优秀的农民工提供免费的学历教育和职业技能培训机会；学员学习结束后可获中等教育学历，纳入政府整体教育规划。

借鉴广州的做法，农民工教育采取行业包干，谁使用谁培训。广州市建委规定，市区内工程造价超过3000万元、县级市范围内工程造价超过1500万元的在建项目，必须建立农民工学校；达不到规模的工地，可在总校集中培训。在以北京为代表的各大城市，人员需求量大、工作强度高、准入门槛低为特点的建筑业往往是许多农民工进入城市的第一选择。建筑行业兴办农民工学校，让农民工在建设中与城市一起成长。这既解决了经费问题，也解决了企业职工劳动技能提高问题。这样，北京市建筑业的农民工在拥有工会、党组织后，又拥有属于自己的学校。

城市的生态园从来就是一个利益相关的生态圈，在"共生"的基础上，才能探讨如何"共荣"，最后才能希冀建立起"共识"的和谐社区。目前，我国的城市化水平还低于世界上中等收入国家。中国的现代化必须加快城市化步伐，这在很大程度上取决于农民工为主体的流动人口的城市化，看他们能否最终融入城市生活，并在城市中确立合适的社会地位，最大限度地从城市化的积聚效应中获益。流动人口融入城市社会，是逐步破解我国城乡二元结构难题的根本对策，也是实现流动人口全面发展、推进城乡协调发展、建设和谐社会的根本道路。

# 北京"城中村"治理的调查与思考

冯晓英[*]

　　"城中村"是具有中国特色的称谓，是中国城市化进程中出现的一种特有现象。广义的概念是指在城市高速发展的进程中，滞后于时代发展步伐、游离于现代城市管理之外、生活水平低下的居民生活区。狭义的概念是指在规划市区内仍然保留和实行农村集体所有制和农村经营体制的农村社区。北京市的"城中村"大体分为两类：第一类是指在建成区内环境脏乱的城市角落。这部分"城中村"经过北京奥运会前 3 年的集中整治，公共环境已经有了明显改观。第二类"城中村"主要是指规划市区范围内的行政村。它们大多位于城乡结合部地区，具有人口高度密集，公共设施严重不足，生活环境脏乱差等基本特征，是当前北京市在城乡统筹过程中重点关注和着手治理的地区。

　　"城中村"是城乡结合部的顽疾所在。通过旧村改造和新村建设的方式进行城市化改造，是彻底改变"城中村"生存环境日趋恶化的有效途径。2009 年启动的北京市城乡结合部综合配套改革试验，是政府主导下的一次乡村社会变革。在城乡"二元"分治

---

　　* 冯晓英，北京市社会科学院社会学所所长、研究员，研究方向为社会管理、流动人口管理制度变迁。

已经制度化，很难通过单一政策彻底治愈"城中村"顽疾的情况下，遵循"政府主导、农民主体、政策创新"的原则，北京市从2009年两个试验点起步，到2010年向50个重点村的推进，如此有计划、分步骤、大规模的"城中村"改造，开了全国城乡结合部地区城乡统筹配套改革的先河，引起了国内外特别是北京学界的高度关注。

## 一 北京"城中村"的基本特征

北京"城中村"的情况变化与流动人口数量变动呈现正相关关系。总的说，是数量不断增多，规模不断扩大，问题日趋严重。

2008年，奥运会前夕，在京登记的非北京户籍的流动人口855万人。其中规划市区范围内的城市功能拓展区（朝阳、海淀、丰台、石景山四区）流动人口高度密集，其数量占全市流动人口总量的60%。特别是处于四环与五环之间的城乡结合部地区流动人口高度聚居，77个街道乡镇中流动人口万人以上的就有71个。相对于街道而言，农村乡镇的密度更高。据有关部门统计，目前，仅朝阳、海淀、丰台、石景山四个区，包括规划城区外的地区就有"城中村"300余处，流动人口与户籍人口数量倒挂现象十分普遍，流动人口数量超过本地人口几倍、十几倍的情况不在少数。北京的"城中村"有以下几个特点。

一是万人以上规模的流动人口聚居的行政村（点）数量多、规模大，已经由前期的四环路附近逐渐外推至与八城区交界的环城带。据2009年北京市流管委调查数据显示，城乡结合部地区流动人口数量超过户籍人口的社区（村）有667个，其中万人以上流动人口规模的社区（村）达到81个，比2007年的55个净增26个，增幅达47.2%。随着五环内行政村城市化改造进程加快，流动人口开始向外扩散，"城中村"外移现象明显，已经由朝阳、海淀、丰台、石景山四个近郊区向与之接壤的大兴、通州、顺义、昌平和房山的环城带地区推进。

二是靠近建筑工地、建材、家居、各类商品批发交易市场、科技园区的"城中村"流动人口规模庞大。例如：昌平区东小口镇紧邻北京最大住宅区之一的天通苑，镇属东小口自然村，户籍人口不足 2000 人，但高峰时的流动人口数量达 2 万人之多。朝阳区南磨房乡情况也类似，位于东南三环路交界处的朝阳区十八里店乡十八里店村，因建有远近闻名的建材一条街吸引了众多商户，流动人口高达 2 万多人，而全村的村民也只有 1500 余人。需要指出的是，在北京"城中村"居住的并不都是低收入的农民工群体，具有大专以上学历的"校漂族"、"北漂族"，也是"城中村"的常客。近期不断被媒体曝光的海淀区唐家岭就是一个流动人口高度聚集的"城中村"。它因毗邻上地信息产业基地、中关村软件园、永丰产业基地、中关村生命科学园等高科技园区和中国软件大学，村内吸引了数以万计的"校漂族"、"北漂族"。目前村内住有近 5 万流动人口，是户籍人口的近 20 倍。

三是以农民出租房屋为主的"城中村"和以乡村承包、租赁土地形式出现的流动人口聚居大院，在一定程度上形成了自我供给、自我服务的次生经济圈和低层次生活链。一些规模较大的流动人口聚居村点已经初步形成了一个相对独立、功能齐全、自我供给、自我服务的小社会。

四是大规模、高密度的违章建筑屡拆屡建，生活基础设施严重不足，安全隐患突出。伴随着流动人口向"城中村"的聚集，仅靠农民自有房屋已经远远不能满足流动人口居住需求，于是在原有宅基地上加高或者翻盖扩大租房面积，成为"城中村"农民的自然选择。出于造价低廉、快速增利的考虑，不少出租房屋达不到安全居住要求，私搭乱建的简易、简陋房屋严重影响着租房者的居住安全。北京郊区原有的村镇建设是按照户籍村民的需求设计的，现有"城中村"人口的剧增，使水、电、道路、公厕、垃圾处理等公共基础设施严重短缺。目前城乡结合部多数地区农村居民吃的还是井水，由于市政污水处理设施及其地下管网与农村污水排放系统不匹配，难以衔接，生活污水主要靠明沟、明渠和渗井排放，严重污染了"城中村"的生活环境。此外，由于人口居住密度过大，道路狭窄，蕴含着较大的消防隐患，而公共服务设施的供不应求，也导致非法行医、无照经营屡禁不止。

五是流动人口与当地组织和居民沟通较少，一旦出现问题就比较严重。目前，村级组织对流动人口的管理与服务主要体现在：通过流动人口协管员办理暂住登记，开展预防煤气中毒等宣传教育，通过计划生育组织提供计划生育咨询服务等有限方面。由于流动人口与户籍人口比例严重倒挂，加上人员流动较为频繁，村级组织对流动人口的情况不甚明了。而村民出租房屋，一般只是要求承租人出示身份证，对入住人员的其他情况基本不明，如果不住同院，平时也很少接触。通常流动人口发生矛盾或冲突，都是自己解决，难以调和时就会找老乡帮忙，冲突激烈就会升级，甚至发生命案。

## 二 北京"城中村"治理模式

北京的"城中村"大多位于规划市区范围内，通过旧村改造和新村建设的方式实施城市化改造，是彻底改变"城中村"日趋恶化生存环境的有效途径。与以往对"城中村"实施单一的环境改造不同，2009 年初启动的城乡结合部"城中村"治理，采取了新村建设与经济发展、社会保障、制度创新相互配套的一揽子改革方案，体现了城乡统筹、整体推进的发展思路。

### （一）"北坞模式"

北坞村位于海淀区四季青镇北部，东临颐和园，北靠玉泉山，南至南水北调调节池，属于皇家园林控制区和市政府确定的第一道绿化隔离地区，是 2009 年北京城乡结合部综合配套改革试验的第一个试点村。北坞村是一个典型的"城中村"，最多时一千多户的小村流动人口达到 2.1 万人。"瓦片经济"在给村民带来经济效益的同时，也给村内的基础设施、公共服务带来沉重的压力，并产生了许多社会问题。

北坞村实施的是就地城市化改造模式，即按照"宅基地腾退上楼、地上物腾退补偿"方式，本着先建后拆原则，在村西侧，由四季青镇统一自主开发建设由 43 栋住宅楼组成的新北坞村——北坞嘉园。整个过程实施统一规划、统一建设、整体搬迁。

在新村建设的同时，北坞村模式的特点在于社会保障方面的制度创新。与大多数北京郊区实行村级核算不同，四季青镇实行乡级核算。因此，北坞村作为四季青的一个自然村，城市化改造后的社会保障由四季青镇统一调配和安排。

北坞村的社会保障制度创新主要体现在三个方面：一是开发就业岗位和安置农民就业相结合。四季青镇政府对城乡一体化发展过程中开发出来的社区保洁、种绿养绿、社区保安、公共设施维护等公共服务岗位实施集中管理、统一使用，并将通过成立劳务派遣组织、定岗技能培训、提供创业帮扶等方式帮助农民实现就业。二是养老政策上的突破，即在企业工作的农民工，可以参加企业职工的各项社会保险，参保费用由企业和农民工按规定共同缴纳，农民工满足规定的缴费年限，可以享受与城镇职工一样的社会保险待遇。按正常缴费，退休时达不到规定缴费年限的农民，在个人自愿的前提下，可以参照城镇职工延期缴费的办法，继续缴纳社会保险费，确保农民享受到社会保障待遇。三是提供发展用地，解决农民后续发展问题。包括：利用玉泉地区新增产业用地中的 10 公顷土地，用于村集体产业项目；利用规划产业用地中的 1.5 公顷土地，建设一座 2 万平方米的外来人口出租公寓；在茶棚路西侧、闵庄路北侧，预留约 10 公顷的集体产业项目用地，重点发展与本地区经济结构和业态相符合的产业。① 目前，北坞村

---

① 《北京四季青镇北坞村启动城乡一体化改革试点》，2009 年 9 月 10 日《北京晚报》。

试点工作进展顺利。截至 2010 年 2 月,北坞村 43 栋 6 层板楼绝大部分已实现结构封顶,2010 年 5 月入住。

总结北坞村的试点经验,海淀区委、区政府明确提出要谋划好未来发展,努力争当北京城乡一体化发展的试验区。重点推进城乡发展规划、基础设施、产业发展、社会事业、环境建设、社会管理、公共服务、就业和社会保障等八个方面的城乡一体化。特别是要在基础设施同步、收入差距缩小、公共服务均等、社会保障对接等方面优先考虑,抓出成效。[①]

### (二)"大望京村模式"

朝阳区崔各庄乡大望京村是 2009 年北京城乡结合部综合配套改革试验的第二个试点村。与北坞村就地城市化改造不同,大望京村采取的是异地搬迁改造模式。

大望京村定向安置房规划在南皋组团。南皋组团位于崔各庄乡东营村村南,北小河畔,紧邻中国电影博物馆、中国铁道博物馆、中国民航博物馆、蟹岛度假村和大环文化产业园,总用面积 78.8 公顷,建筑面积达 120 万平方米,经北京市规划委员会批准,是乡域安居工程集居区,计划分 3～4 期实施,预计 2015 年完成。该项目完成后,将形成一个布局合理、功能齐备,商业、教育、医院和社区服务设施配套的园区。园区内楼间有大面积的完整园林绿化,每个区间均设置集中的公共绿化和休闲健身公共活动场地。园区周边的机场辅路、机场高速路、京密路、五环路和北皋路构成立体交通网络,居民出行十分便利。

大望京村城乡一体化试点主要有四方面的内容:实施环境整治,优化区域环境;整体搬迁上楼,改善农民居住条件;提高产业发展水平,解决就业增收和社保问题;推进配套改革,创新体

---

① 谭维克(中共海淀区委书记):《做好北坞村试点·探索城乡一体化新路》,《前线》2009 年第 8 期。

制机制。[①]

环境整治主要有两项任务:一是对该村实施搬迁腾退,需拆迁住宅建筑面积24万平方米,企业建筑面积23.4万平方米。二是按照规划对腾退后的土地实施政府储备及绿化美化。依据现行土地政策,将大望京村经营性土地和规划绿地纳入政府土地储备,由市土地储备中心朝阳分中心作为主体,负责筹集资金及办理相关手续。腾退工作完成后,经营性土地按照规定公开入市交易,用于统一平衡资金;规划绿地按照城市景观要求,高水平建设、高标准管理,全面实施绿化美化。绿化建设及养护费用按照城市绿地建设、养护标准,纳入公共财政范畴。

搬迁上楼的具体方案是:在崔各庄乡东营村规划的建设用地范围内建设农民安置房,占地面积约14.33公顷(合215亩),建筑面积21万平方米,用于定向安置大望京村2998名农(居)民和安置房所在地地块内1671名农(居)民。农民安置房建设由崔各庄乡政府全额出资的六合置业房地产开发公司负责建设。

发展产业有三条途径:一是实物补偿还建产业。大望京村集体土地全部纳入土地储备,征地补偿采取货币补偿与房屋安置相结合的方式进行,除给予集体经济组织适当的货币补偿外,同时在大望京村规划建设用地范围内给予5万平方米商业建筑作为实物补偿,按照城市功能定位和地区业态特征发展集体经济,确保农民获得长久稳定的收益。二是以集体经济组织为主体,参照绿化隔离地区产业用地相关政策,启动崔各庄乡东营村内约10.67公顷(合160亩)规划产业用地建设,统筹解决农民就业安置问题。建筑面积依据所需安置的劳动力数量,按人均50平方米标准进行安排。产业用地采取自征自用方式,由集体经济组织发展具有区域特色的文化创意产业。三是将大望京村农民全部转居转工,解决农民的后顾之忧。其中,898名劳动力补缴趸缴社保费用后进入城

<hr>

① 谭少容:《北京朝阳区大望京村:试点城乡一体化,破解城乡结合部发展难题》,2009年7月7日城市化网。

镇保障体系，223 名超转人员缴纳社保费用后进入民政系统管理。

三项配套改革：一是按照《北京市撤制村队集体资产处置办法》（京政办发〔1999〕92 号）规定，妥善处置大望京村村级集体资产。二是建立乡级统筹的经济管理体制。尽管大望京村是村级核算单位，但是为了保证全乡农民在规划实施中的利益平衡，大望京村改造工作在乡域内统筹解决。按照"资产变股权，农民当股东"的方式，将崔各庄乡各村经济合作社改制为股份经济合作社。同时组建土地股份合作公司，各村作为公司股东，出资比例依据各村集体土地占全乡集体土地面积的比例确定。三是按照城市管理要求，建立与城市化相适应的城市管理体制。

搬迁腾退后的土地进入政府土地储备中心进行交易是大望京村试点的核心内容。据估计，大望京村全部拆迁成本在 60 亿元以上。[①] 通过北京土地储备中心将大望京村内用于建设用地的 41.6 公顷土地在一级开发完成后进行交易，是平衡政府拆迁成本的唯一途径。总结大望京村拆迁经验，朝阳区政府已经明确表示，将启动 26.2 平方公里农村地区的土地储备，涉及 8 个乡，20 多个村。10 万人的大规模拆迁行动即将启动。

## 三　对北京"城中村"治理的
## 基本评价与反思

### （一）基本评价

2009 年启动的北京"城中村"治理是政府主导下的一次乡村社会变革。在城乡"二元"分治已经制度化且很难通过单一政策彻底改变"城中村"状况的情况下，依靠政府力量推动"城中村"

---

① 贾海峰：《北京"储地"推广"大望京村模式"》，2009 年 7 月 24 日《21 世纪经济报道》。

治理有其重要意义。

与以往政府工作都被冠以"领导重视"不同，这次北京的城乡结合部地区综合配套改革试验，是一次上至市委书记、市长，下至乡村干部亲力亲为的直接行动。为寻求城乡一体破解之道，新年伊始，市委书记刘淇带队在一个多月的时间内，四下北坞村，召开了三次专题调研座谈会。市委、市政府有关部门组成政策、规划、人口产业经济发展三个研究小组，就城市规划、房屋土地、人口结构、产业格局、就业形式、治安环境等各方面的利益关系以及相关政策对北坞村试点进行专题调研。试点工作正式启动后，市领导多次到两个试验点调研，部署协调解决实施过程中遇到的各种难题，其重视程度以往少见。

这次试点工作有几个特点。

**1. 思路清晰，方向明确**

在分析"城中村"不同利益主体各自利益诉求的基础上，刘淇书记明确提出要统筹处理好三个方面的利益关系。一是要统筹近期利益和远期利益的关系，在维护远期利益的前提下探索促进近期利益诉求的思路和办法。二是统筹整体与局部、个人的利益。重要的是寻找三个利益的结合点，把共同的利益优先解决好。同时对弱势群众的利益诉求要给予特别照顾，使弱势群众能够有起码的生存发展条件和机会。三是统筹需要和可能之间的关系，把能够使用的财力、物力与解决不同群体诉求统筹起来，力所能及、分步分批地解决这些利益诉求。在"三个统筹"思路下对"城中村"问题的分解，使"城中村"治理从开始就抓住了"核心"，起到纲举目张的作用。

**2. 主动探索，积极创新**

与以往对"城中村"实施单一的环境改造不同，作为新时期北京城乡一体化建设战略部署下的一次持续性改造"行动"，此次"城中村"改造在政策上有两大突破：一是将宅基地腾退置换、城乡社会保障衔接、后续产业安排、集体资产处置等涉及"城中村"

农民切身利益的配套政策作为前置条件逐项落实，解决了农民市民化的后顾之忧。二是突破集体建设用地不能建设出租房屋的制度瓶颈，鼓励农村集体经济组织集资贷款利用集体土地建设公租房。尽管政策出台不久，具体实施办法尚在制定之中，但这项制度创新的意义已经远远超出了缓解流动人口住房难的界限，它表明北京已经走出了"以房控人"的路径依赖，在兼顾农民利益的同时，开始以海纳百川的胸怀接纳来自祖国各地与北京共谋发展的人们。

**3. 落实职责，协调联动**

强调政府在城乡结合部地区建设中的公共服务责任，是这次改革试点的一大特色。通过调研，政府已经意识到城乡结合部出现的问题，相当一部分是由于政府在投入、规划、建设、管理等方面工作不到位造成的。解决这个问题，关键是要加大公共财政对农村的支持力度，着力解决好城乡结合部农村地区基础设施、公共服务设施落后的现象，尽快让这一地区的群众享有城乡一体化的社会保障体系，让农民有条件通过发展产业，解决就业，增加收入。为此，市政府协调市发改委、规划委、国土局、住房和城乡建设委员会、财政局、农委等部门，开辟"绿色通道"，给予政策资金倾斜等方面的大力支持。区、镇、村三级指挥机构加强工作协调和人员调度，区相关职能部门各负其责，形成了强大合力。

**4. 尊重主体，问计于民**

农村发展的主体是农民，因此，问政于民，问需于民，问计于民是做好试点工作的前提。这次政府的决策，不是坐在办公室听汇报做出的。从方案设计到试点推动，市领导和职能部门多次下到试验点，直接听取村民、村干部的意见，使改革方案更贴近百姓的愿望和需要。

**（二）对"城中村"治理政策的反思**

尽管这次"城中村"治理试点经验可圈可点，但是通过实地调查，我们发现仍然存在两个明显缺陷。

**1. 户籍农民就业仍是未来社会发展的一道难题**

客观地说，北京这次"城中村"改造的直接受益群体是"试验点"的村民。无论是"就地改造"，还是"异地搬迁"，"试验点"的户籍农民的生活水平都会有一个显著提升。据丰台区有关部门测算，如果一个农户有 200 平方米的宅基地，按照拆迁地价 4000 元/平方米，地上建筑 1000 多元/平方米补偿标准，除了可以无偿获得 90 平方米/套左右两居室和 45 平方米/套左右一居室外，还可剩余 100 余万现款，同时医疗、养老等社会保障水平也有明显提高，但不容忽视的是再就业会出现较大困难。

尽管"城中村"改造试验点的亮点之一是通过预留产业用地，为村民再就业提供发展空间。但是多年的实践证明，北京郊区农民的就业渠道十分有限。这固然有对岗位"挑肥拣瘦"的因素，但是一个不可回避的事实是：户籍农民缺少市场竞争下的再就业能力。

京郊农民再就业面临着"三难"境地：一是自谋职业能力低。北京郊区以集体经济闻名，即使在 20 世纪 80 年代初期全国农村实行家庭联产承包责任制之时，也一直坚持农村集体经济组织形式。由此，农民的生产、生活与集体经济的发展形成密不可分的关系。从某种意义上讲，这种关系削弱了农民个体主动进军市场的能力，也失去了较早进入市场的机会。二是根据首都城市功能定位，"城中村"改造后的新的经济增长点主要是现代服务业，而目前留守农民大多缺乏与现代服务业相匹配的职业能力，其能力的提高也不是一蹴而就的事。三是城市劳动力市场基本处于饱和状态，农民进城再就业明显缺乏竞争优势。

从我们调查的情况看，未来"城中村"改造后的村民再就业主要集中于社区保洁、种绿养绿、社区保安、公共设施维护等公共服务岗位，而这些岗位并不是村民所青睐的，目前大都由流动人口承担。多年前市政府就想通过"腾笼换鸟"的方式，将流动人口所从事的低端产业通过政策支持由户籍人口替代，但实施情况很不理想。因此，在解决了村民的医疗、养老等社会保障，特别是有了拆迁补偿之后，寄希望村民以从事上述公共服务岗位为生，可能并不现实。

**2."城中村"改造周边地区可能面临更深的发展困境**

城乡结合部治理的最大困难在于流动人口的高度聚居。实地调查结果表明，"城中村"改造对于居住在这些"城中村"的流动人口而言，意味着新的"漂泊"即将开始。由于"城中村"改造是一个过程，50个重点村的改造历时两年才能完成，因此，对于周边尚未纳入改造计划的村（点）而言，无论是成为接纳"搬迁村民"的临时居住，还是成为"北漂"一族的首选之地，都将承受人口激增引发的巨大社会压力。

（1）基础设施捉襟见肘，违章建筑可能再掀高潮。

城乡结合部户籍人口与流动人口数量倒挂是一个普遍现象，50个重点村（点）仅是667个人口倒挂村（点）的缩影。据统计，667个人口倒挂村（点）中，流动人口高达320万人，是户籍人口的3.4倍，人口资源环境的压力已经很大，如果再接纳50个改造村"搬迁"而来的近百万人口，实在难以承受。由于受各种条件制约，在50个村（点）的两年改造期间，周边地区再进行大规模拆迁改造的可能性不大，而新建社区为流动人口提供的公租房建设也不可能一蹴而就，因此，住房需求的供不应求，将使新一轮违章建筑在周边地区的再度兴起顺理成章，由此导致的水电气暖、公厕、垃圾处理等基本生活设施的进一步紧缺，将使周边地区环境更加恶化。

（2）"人口分管"模式将使社会管理面临更大挑战。

"人口分管"是指建立在城乡社会分治管理体制基础上，基层街乡、社区（村）实施的城乡户籍人口、户籍人口与流动人口分口管理的工作体制，即街道、居委会管理服务北京户籍市民，乡镇、村委会管理服务北京户籍农民，独立于地方政府和社区组织系列之外的流管办、流管站管理服务非北京户籍的流动人口。由于街居、乡村、流管办站在社会资源占有、公共服务资源配置、社会管理经费及人员配备等方面呈现严重的"梯度递减"差距，因此，70余万"被搬迁"的流动人口的集中涌入，会使改造进程中的"城中村"周边地区本来就难以支撑的社会管理处于更加困难的境地。

"城中村"拆迁伴随社会问题的"复制、外推"，是各地城市化改造过程中的一个普遍现象。当前北京大规模的"城中村"改造，涉及数百万人的切身利益，社会矛盾累积导致的冲突可能一触即发。如果继续维持现有的城乡"社会分治"、"人口分管"体制，即使领导重视，增加管理经费和管理人员，也很难处理波及面较大的连锁式"冲突事件"。

问题在于上述缺陷尚未得到政府的高度重视。借鉴"北坞"、"大望京"模式的经验，新一轮"城中村"改造已经纳入 2010 年实施计划。根据北京市政府的总体部署，50 个难点村的拆迁改造工程已经整体启动，并限期完成整治工作。如果在新一轮的"城中村"改造中不注意上述问题的解决，积聚已久的社会矛盾和冲突的爆发是很难避免的。

## 四　统筹兼顾，重点推进

### （一）加大对城乡结合部未纳入城市化改造地区基础设施建设力度

建议将城乡结合部其他地区的基础设施建设方案纳入"十二五"城市建设规划，做到规划引领建设，建设助推管理。将近期未纳入改造计划的"城中村"的基础设施建设分期纳入财政预算，根据需求进行适度改造。

### （二）加大集体建设用地建设公租房的推动力度

建议结合北京产业结构调整，摸清租房缺口需求，在符合城市规划和土地利用总体规划的前提下，将"十二五"期间未能纳入城市化改造的地区作为重点，探索在流动人口聚集的企业、大型集贸市场附近以及流动人口聚居区，由政府引导支持、市场运作，把当地居民组织起来入股经营，或由企业、个人投资，建设符合流动人口居住需求特点，满足基本生活需要，具有经济承受能力的住房供给形式。

### （三）创新城乡结合部社会管理新体制

基本思路：打破"城乡分治"、"人口分管"的社会管理体制障碍，实现居住地实有人口的一体化管理，建立一种没有户籍身份限制，以政府依法行政、公民依法自治、其他社会组织参与的互动型社会治理模式。

着眼点：重点研究户籍人口与流动人口实施一体化管理的条件、途径和模式，可以通过试点方式，探索流动人口社会融合的渠道。

### （四）将公共服务体系建设拓展到城乡结合部农村地区

公共服务体系建设是缓解城乡结合部农村地区公共服务资源严重不足的有效途径。应结合"城中村"改造的周边地区、尚未纳入城市化改造地区、城乡结合部外缘地区的不同需求特点，研究公共服务体系建设的重点、组织途径、资金来源、提供方式和效果评估。

### （五）搭建社区服务产业化工作平台，提供更多的就业机会

以社区服务为纽带，通过助人自助的社区理念，把不同社会身份的社区成员联结起来，形成关系密切的社会共同体，是"城中村"社区重建的关键。为此，从社区服务体系建设入手，把覆盖社区全体成员、服务主体多元、服务功能完善、服务质量和管理水平较高的社区服务体系引入新建社区，形成困有所助、难有所帮、需有所应的社区服务工作新局面。通过整合社区资源，健

全服务网络，创新服务方式，拓宽服务领域，强化服务功能，使社区服务站在一个较高的起点上，以削弱次生经济圈的作用。应结合"城中村"特点搭建社区服务产业化的工作平台，形成一个健康、可持续的产业发展链，为流动人口和村民由农民向市民平稳过渡提供就业机会。

◎ 分报告四

# 新型流动人口居住区建设研究

袁 蕾[*]

## 一 城乡结合部流动人口聚居区居住问题根源探析

### (一) 流动人口难以进入城市公共住房制度和正规住房市场

以农民工为主体的中低收入流动人口在城市难以取得住房,居住条件非常恶劣,住房方面问题突出,其根源在于住房领域以户籍为限的制度体系。

中国城市住房制度沿袭"户籍属地"城乡二元分治的模式,具有强分割性,形成仅面向户籍人口的封闭制度体系。过去20多年中国城市住房改革中没有任何制度涉及在城市工作的数以亿计流动人口,不具有城市户口的流动人口被排斥在中国城市住房体系之外。致力于解决中低收入家庭住房困难的住房保障制度,其目标群体也是城市户籍人口。当前,北京市已经基本建立起多层次的保障性住房供给体系,但现有的保障性住房申请的首要条件

---

* 袁蕾,北京市社会科学院城市所助理研究员,研究方向为城市经济和公共住房政策。

95

均为"具有本市户籍的常住人口",户籍之外的个人和家庭住房困难问题都不在现行政策考虑范围之内。

北京市公共住房制度排斥流动人口,正规住房市场则以价格门槛将收入普遍偏低的流动人口排除在外。正规住房的高昂价格和租金水平远远超出流动人口的支付能力。

因此,流动人口只能寻求非正规租赁渠道,租住城乡结合部的"城中村"或者城市内条件较差的住房,如地下室等。2006年,北京市1‰流动人口调查发现,居住在农民原建房和农民个人及村委会专门搭建的待租房中的流动人口占全部流动人口的70.9%。

### (二)巨大需求与城乡结合部现有制度催生违章建设和环境问题

北京市经济的高速发展和就业容量的持续扩张吸引了大量流动人口,近年北京市流动人口每年增长约30万,2008年底北京市流动人口已经达到555万人。北京市流动人口以从事商业和服务业等第三产业的居多,就业地点分散,大多选择租赁房屋。被城市住房体系排斥的巨大租赁住房需求在城乡结合部找到了出口。城乡二元土地制度和现行的征地拆迁政策在城乡结合部形成了许多被城市包围但仍然保留集体土地性质的零散村庄,这些村庄中的农民可以不受城市规划和建设管制的约束自己盖房出租,也不存在土地成本。城乡结合部具有毗邻城区、交通相对便利的区位优势,又有大量房租低廉的空闲房屋,同时生活方式和环境对流动人口来说相对熟悉,从而成为流动人口的重要生存和发展空间。另一方面,城乡结合部的农民在城市化进程中失去了生产资料,且大多缺乏城市就业渠道与能力,出租房屋成为其必然选择,租金成为村民的主要收入。

不断增长的流动人口使得村民原建住房供不应求,而现行制度对于村民在宅基地上建房缺少规范和有力监管。2004年修订的《土地管理法》规定村民宅基地仅用于建设自住房,但对于建筑高度、建筑标准等没有明确限制。在北京市城市"城中村"以往的拆迁过程中，一层以上的建筑面积仍然可以获得高于其建筑成本的补偿金。因此城乡结合部农民在原有宅基地上搭建出租房，甚至立体扩张搭建楼房，"牵手楼"随处可见。私搭乱建虽属"违章建筑"，但建设前期不会受到有关部门的干涉，建成运营可以增加房租收入，一旦拆迁又可以获得更多补偿。这是造成城乡结合部流动人口聚居区违章屡禁不止，住房拥挤混乱，缺乏采光、通风、安全条件和必要设施的重要原因。

违章建筑容纳了数倍甚至几十倍于户籍人口的流动人口，原有基础设施不堪重负。集体经济体制下的北京农村集体组织集生产管理、社会管理和生活服务功能于一身，村落基础设施和公共服务由村集体自我提供，城市政府没有财政支持。但是在城乡结合部，除了村民和流动人口之外，还居住着相当一部分的"转居"村民和城市搬迁人口，占人口少数的村民集体组织缺乏为如此庞大人群提供公共服务的动力和能力，况且存在拆迁预期和临时观念。城乡结合部人口不断增加，基础设施和公共服务承载能力却停滞甚至下降，由此催生出严峻的城乡结合部环境问题。

可以说，城乡结合部低水平地满足了流动人口的住房需求，成为其重要生存空间和融入城市的跳板，对城市化和城市发展具有积极意义。但城乡结合部现行土地、住房、基础设施等管理制度的混乱和矛盾造成了目前城乡结合部的诸多问题。

## （三）产业区和旧村改造忽视流动人口居住区规划，导致居住问题外移

流动人口权益尚未被北京市纳入全面城乡规划。规划在计算城市规模时考虑到外来常住人口规模，其主要目的是为了测算并扩大城市规划用地，针对外来常住人口的任何具体公共利益都缺乏空间落实，对他们权益的安排没有在规划中充分体现。

规划对流动人口的忽视，在城乡结合部突出表现为产业功能区和旧村改造规划基本不考虑流动人口。随着城市扩展，新的产

业功能区向城乡结合部延伸，这些产业往往吸纳大量流动人口就业，但在产业区规划中却没有对职工居住生活的相关安排。与此同时，在城乡统筹的大背景下，北京市城乡结合部旧村改造、新村建设的力度不断加大，多个"城中村"纳入改造规划。但是旧村改造往往是政府、企业和村民三方博弈，流动人口权益基本被排除在外。甚至相当部分地区将旧村改造作为降低流动人口规模的手段。北京市已经开始或完成旧村改造的地区，仅有海淀区北坞村改造规划中提出建设2万平方米的流动人口公寓。

新的产业区吸纳更多流动人口，而无视流动人口的旧村改造又大幅减少了低廉住房供给，规模更为庞大的流动人口只能向更外缘区迁移，形成新的流动人口聚居区，居住和环境问题随之转移到新的聚居区，而没有得到解决。

## 二 规划建设新型流动人口居住区的必要性

难以进入城市住房体系是流动人口居住问题的根源，解决问题的根本途径和长远目标是将外来常住人口与户籍人口纳入统一的城市公共住房体系。然而实现这一目标必然需要长期的、渐进的不懈努力。可以预见，在相当长时期内城乡结合部仍将且必须承担为流动人口提供生存空间和融入城市跳板的功能。因此，在城乡结合部旧村改造中必须统筹考虑流动人口相关权益，规划建设新型流动人口居住区。

### （一）新型流动人口居住区是流动人口社会融合的重要支撑

住房是生存与发展的最基本需要，住房条件（包括面积、质量和设施）会对居民的生活有一定影响。更重要的是，城市的众多公共服务资源（如教育、医疗、基础设施、治安等）和社会资源（如人力资本和社会交往空间）以及就业机会都是附着在住房及其区位之上。在这个意义上，住房决定了居民接近和获取城市资源的机会和质量。

据国家统计局城市农民工生活质量调查，改善住房条件是当前在外务工经商的农民工最迫切的愿望。安居才能乐业，居住问题不解决，其他问题如子女教育、社会保障、业余精神文化生活等都无从谈起。住房也是城市归属感的主要来源之一，在城市拥有或租用比较固定并可以满足一定生活标准的住房，流动人口才有可能摆脱"过客"心态，产生在城市长期生活的预期，进而更努力工作，从长计议生活其他方面如带眷迁移、子女教育等，并不断学习城市文明和行为方式，最终真正融入城市。因此，住房是流动人口市民化的必要和先决条件。

在城乡结合部规划新建或改建具有一定健康标准的新型流动人口居住区，无疑可以改善流动人口住房条件和公共服务水平，提高其居住的安全感和对社会的信任感，有利于其人力资本和社会资本的积累，有利于学习新的生活方式和城市文明，减少行为失范，加快流动人口进入城市社区与城市融合的速度。

## （二）建设流动人口居住区有助于城乡结合部农民可持续发展

新型流动人口居住区的建设不仅可以增加流动人口的福利，同时也是城乡结合部农民实现可持续发展的重要途径。

在城乡结合部，流动人口和当地村民在谋求各自生存和发展的过程中，已经形成了深刻的利益共享和相互依赖的关系。流动人口已经成为城乡结合部发展的重要"资源"，给当地农民带来稳定的租金收入，满足或充实了绿化、保洁等服务工作岗位。

如果在"城中村"改造中将流动人口"驱逐"出去，缺乏就业能力的农民存在变为城市贫困群体的风险。反之，在旧村改造中，通过合法的土地流转，建设面向流动人口的健康住宅，进行房屋租赁规模化经营，不仅可以实现农村集体经济的再发展，而且可以通过物业管理和社区服务，为村民提供就业岗位，解决农民的后续发展问题。

### （三）新型流动人口居住区建设有利于北京城市长远发展

从经济发展角度分析，住房的匮乏和质量低下严重影响流动人口人力资本的积累、社会资本的质量和信息可得性。流动人口长期处于简单劳动力阶段，难以成长为现代制造业和服务业所需要的知识化创新型产业工人，影响北京市产业结构升级，从而影响经济增长。另一方面，流动人口缺乏城市归属感和长期居留城市的预期，尽量压缩在城市的消费，其消费水平和消费结构的低下影响了消费需求的扩张，阻碍经济的持续增长。

从社会角度来看，流动人口在城市边缘地带聚居，加深了与城市社会的隔离，缺乏城市认同感和归属感，甚至处于对立状态，成为城市社会的不安定因素。

规划建设流动人口住房，改善流动人口居住恶劣和隔离状况，有利于流动人口的人力资本积累，提升整个社会的人力资本水平和劳动产出，推动产业升级和经济增长。同时，将促进这些社区与城市主流社会的融合，降低社会不和谐程度。将流动人口纳入规范化、制度化管理轨道，有助于缓解流动人口膨胀对城市发展产生的负面影响，化解一系列流动人口边缘群体的社会问题，提高城市综合承载力。

因此，从长期看，随着产业结构的逐步升级，城市政府改善流动人口聚居区，建设新型居住区，都是有足够的经济效益和社会效益的，有利于城市的长远发展。

## 三　中国新型流动人口居住区建设的
## 经验借鉴

流动人口的住房问题，已经引起中央和地方政府的重视，近些年来各地陆续出现了一些解决措施和方式，考察研究外省市经验对于北京市缓解流动人口住房问题有借鉴意义。

## （一）面向散居流动人口的新型居住区建设

### 1. 政府统一规划建设廉租房

长沙市兴建流动人口廉租住房来解决流动人口住房问题。长沙是国内较早针对外来务工者住房问题采取措施的城市之一，2003 年长沙就策划为流动人口兴建 20 万平方米廉租房，分别建在东、西、南、北 4 个城郊结合部，由市房产管理部门和城市 5 个区政府按规划进行建设，享受与经济适用住房同等的优惠政策，市区两级政府共拨给 20% 的启动资金，其他资金主要通过住房公积金利差、银行贷款、政府贴息等方式解决，以公寓式集体宿舍为主，同时适当建一些小面积成套住宅。2007 年，长沙市政府投资 8000 万兴建的首座农民工公寓——江南公寓竣工，小区占地 46 亩，总建筑面积 5 万平方米，园林绿化、配套设施完善，租金定为单层床每人每月 70 元，双层床每人每月 50 元。凡月收入在 800 元以下、在长沙务工一年以上的农民工，均可持单位证明申请租赁廉租房。廉租房按政府指导优惠价，不同地域收取不同租金。

### 2. 村集体自主或合作建设流动人口居住区

苏南地区的农村利用集体土地建设流动人口居住点。选址一般在城乡结合部，农民土地被征用，获得一定数额的土地赔偿金，村委会将农民获得的土地赔偿金集中起来通过与镇政府的合作，投资建设公寓式住房，不仅解决了流动人口的住房问题，同时失地农民的利益也得到较好补偿。如江苏江阴市周庄新村，投资 283 万元建起 36 幢"打工"楼，将 5000 多个散居在四围的流动人口聚居在一起。

上海市嘉定区马陆镇在探索流动人口集聚模式中进行了制度创新，采取了"政府规划、农民入股、企业化运作、社区化管理"

的方式，由村集体建设外来人员集中居住中心，农民通过确权占股的办法获得收益。以流动人口作为目标群体，在住房标准、租金承受能力、住区规划、环境要求诸方面考虑流动人口的需求，有效地解决了马陆镇 10 万流动人口（户籍人口的两倍）住房，这一模式被中央政策研究室作为流动人口居住创新模式在全国推广。①

**3. 改造出租房屋和基础设施条件，引导租赁经济健康发展**

北京市朝阳区高碑店乡白家楼村位于东五环路城乡结合部。改造前的白家楼旧村户籍人口 1100 余人，而流动人口却有 2000 多人，高峰时达到 5000 多人。由于村集体企业经营效益不高，多数村民依靠出租房屋作为收入来源。但是，人口严重倒挂使基础设施不堪重负，村容村貌破烂不堪，垃圾遍地污水横流，治安隐患也十分严重。

2007 年，白家楼启动了旧村改造、新村建设工程。主要做法是农民搬迁上楼，住宅统一规划设计为单栋二层建筑，一层供村民自住，二层利用楼梯间与一层实现分隔，供农民向流动人口出租。同时，通过基础设施建设解决了道路、照明、水暖等问题，实现了市政用电和天然气的入户。旧村改造统筹解决了流动人口租房和原有违章建筑以及环境问题，变违规违法的"小瓦片经济"为有组织有规划的"大瓦片经济"，实现了流动人口居住改善和村民收入稳定的双赢目的。

## （二）面向产业工人等集中居住流动人口的居住区建设

产业工人中的流动人口数量众多，人员密集，工作地点集中，分散居住模式将会提高他们的通勤成本和通勤时间。因此，很多城市政府在产业园区的规划环节就考虑产业工人的住房问题，靠近工作地点建设产业工人公寓，采用小集中、散点式布局的形式

---

① 马光红：《大都市流动人口居住问题研究》，《江西社会科学》2008 年第 11 期。

求得职住平衡，具体操作方式有以下三种。

一是企业配建模式，用工数量大的劳动密集型企业往往利用受让的土地，在工厂生产区附近兴建职工宿舍，自主解决住宿问题，政府可以给予适当的优惠政策。二是政府与私营开发商合作投资建设规模化、标准化的流动人口集居点，如公寓、集体宿舍等，解决企业员工的住房问题。第三，采用市场运作方式，由民营企业投资建造或农民共同出资入股兴建。

据资料统计，昆山市现已建成流动人口集中居住点50处，26万多人员居住，流动人口集宿率达60%；吴江市纳入集宿管理的流动人口21万多人，占71%；常熟市的集宿区，城镇区域流动人口入住率为42%，企业流动人口入住率为80%。

### （三）结论与启示

**1. 流动人口住房问题的解决尚缺乏整体系统的政策设计**

中央尚未出台解决流动人口住房问题的具体政策规定。各地根据自身情况已经总结出了多种解决方法，并取得一定效果，在一定程度上缓解了流动人口的住房矛盾。

然而，总体来看，这些政策措施均属于"救火"性应急和短期性对策，缺少整体和全局考虑。流动人口住房问题涉及政府是否应承担责任、应当承担多大责任，是否可以纳入城市住房体系，如何统筹解决城乡住房问题等一系列问题，需要整体的、系统的政策设计。

由于对流动人口性质定位的不确定，流动人口问题游离于各项政策之外，在城市整体发展规划、城市住房发展计划以及相关土地、金融、税收等政策规定中，都没有考虑流动人口住房问题。对流动人口住房性质的定位和认识不足，以及相应配套保障政策的缺乏，事实上造成了流动人口住房建设与现行政策的矛盾，尤其是与土地政策的冲突。

## 2. 多数流动人口居住区建设方式与现行土地政策存在矛盾

上述流动人口居住区建设的模式，多数与现行土地政策[①]冲突，在实践中无奈地处于打政策"擦边球"的境地。

（1）利用农村集体土地兴建流动人口宿舍与现行集体建设用地流转政策的矛盾。城乡结合部土地获取成本和开发成本相对较低，使其成为流动人口住房建设的最佳地区。而这种做法与现行土地政策存在矛盾。《土地管理法》第43条规定，农村集体建设用地只能用于乡镇企业、乡（镇）村公共设施、公益事业、农村村民住宅等乡（镇）村建设；且应当符合乡（镇）土地利用总体规划和土地利用年度计划。通过出让、转让和出租方式取得的集体建设用地不得用于商品房开发建设。如何界定流动人口住房或者职工宿舍是否属于房地产开发建设或住宅建设范畴，应该进行进一步的明确和界定。否则，利用集体建设用地建设流动人口住房在政策上是行不通的。实践中，有些村利用破产或倒闭乡镇企业的闲置厂房仓库改建流动人口宿舍。但是按照土地政策规定，这些企业的用地应该合法流转用于兴办其他乡镇企业，改造成流动人口出租房是不合法的。

（2）利用出让工业用地兴建流动人口宿舍与现行工业用地政策的矛盾。根据2009年《城市用地分类与规划建设用地标准》规定，工业用地范围包括：工矿企业的生产车间、库房及其附属设施等用地，包括专用的铁路、码头和道路等用地。同时，对于工业用地的使用控制，在规划中或有关规定中有具体要求。其中，对于行政办公及生活服务设施用地面积有严格的限制，一般设置有规定的比例。另外，对于行政办公及生活服务设施用地的使用也有明确规定，即可以建设工业项目所需的单身宿舍，但严禁在工业项目用地范围内建造成套住宅、专家楼、宾馆、招待所和培训中心等非生产性配套设施。在实际中，对于这种标准的把握和

---

① 吕萍、周滔、高仁航：《农民工住房解决方式与现行土地政策之冲突》，《住房保障》2007年第2期。

控制难度较大，且容易超过规定标准利用工业用地建设职工宿舍或流动人口住房。

（3）利用划拨土地兴建流动人口宿舍与现行划拨土地政策的矛盾。《土地管理法》和《城市房地产管理法》均规定了土地划拨方式的适用范围：国家机关用地和军事用地；城市基础设施用地和公益事业用地；国家重点扶持的能源、交通、水利等项目用地；法律、行政法规规定的其他用地。2001 年 10 月国土资源部发布《划拨用地目录》，对 3 类 19 种划拨用地范围进行了明确界定，其中第 10 种用地规定中包括福利性住宅。而目前既无对于流动人口住房用地的相应规定办法，也没有将流动人口住房纳入经济适用住房等住房保障体系的规定，严格来讲并不符合划拨土地的范畴。

**3. 流动人口内部分异，应根据其住房需求特征制定相应政策**

因收入水平、从事职业和居留预期的不同，流动人口群体内部也存在分异。不同类型流动人口的住房需求特征存在较大差异，其住房价格承受水平、居住空间偏好以及居住模式选择（如群居、独居、家庭居住等）都各不相同。城市政府应详细调研本市流动人口的类型和居住需求，以此为依据制定相应的流动人口住房建设规划和政策。否则，容易造成政策的盲目与无效。

以长沙市农民工公寓为例，政府本着为农民工改善住房条件的初衷，投资巨大建成了内部设施完善、配套环境优美的公寓，然而入住农民工却寥寥无几。造成这种现象的原因除了申请门槛高之外，主要是因为公寓与流动人口需求的错位。公寓远离就业密集的地区，与流动人口靠近就业地居住的需求相悖，增加交通费用和时间成本；公寓多数为集体宿舍，家庭式住房很少，但是占长沙市流动人口主体的建筑工人、餐饮等服务人员多数包吃住，产业工人在厂区有宿舍居住，集体宿舍形式的廉租房缺乏需求，真正需要在市场上租房居住的带着农民工在公寓找不到合适的家庭住房。

# 四 建设新型流动人口居住区的对策建议

## (一) 统筹规划，将流动人口居住需求纳入城乡规划

城乡规划作为城乡发展的先导，亟须将流动人口问题纳入视野，从促进城乡健康发展的角度深入研究流动人口这一当前重大战略性问题。流动人口住房是流动人口市民化的重点和突破口，也是流动人口生存最基本的需求，规划领域必须坚持以人为本的理念，切实将流动人口居住需求纳入城乡规划和管理。进行流动人口规模调查与预测，为城乡规划流动人口相关问题提供依据，在城市中为流动人口的居住生活预留一定的发展空间，将长期在城市就业与生活的流动人口居住问题纳入城市住宅建设发展规划，在总体规划中，增加流动人口居住区规划的指导性原则，将其置于城市用地布局、基础设施布局考虑范畴内，促进土地、建设和管理等配套政策的完善。

现阶段城乡结合部流动人口聚居区仍然是流动人口居住的主要空间，流动人口住房规划的主要着眼点还是应在流动人口聚居区。整合现有流动人口聚居区，将其纳入城市规划体系之中。制定流动人口聚居区住房面积、设施、采光等住房标准和基础设施、社区服务等聚居区生活环境标准，确保聚居区流动人口居住健康安全便利。对集中建设面向流动人口出租的住房项目给予支持，并在用地、布局等方面予以统筹安排。

目前，在城乡结合部正在或即将进行城市化改造的一些村庄，改造规划已经开始考虑流动人口居住需求，但是在暂时不能进入城市化改造的地区，流动人口住房建设规划仍然是空白。因此，当前亟须探讨研究未来城市化改造流动人口聚居地区的流动人口居住规划，将流动人口居住需求纳入"十二五"乡镇规划，同时

规划聚居区社区配套设施，完善基础设施建设，提供良好的公共服务。

**（二）加快农村集体建设用地制度改革，突破土地制度对建设新型流动人口居住区的限制**

如前所述，新型流动人口居住区建设面临的主要矛盾是现行土地政策的制约。因此，流动人口住房的整体政策体系设计必须从土地政策出发，抓住土地这一关键环节。

目前农村集体建设用地允许以下四种用途：乡镇企业、乡（镇）村公共设施、公益事业、农村村民住宅（宅基地）。宅基地之外的集体建设用地可以依法流转。乡镇企业可以从事工商业生产经营，但明确规定不得利用农村集体土地建商品住宅、高尔夫球场以及其他不符合国家产业规划的项目。2008 年 1 月，国务院办公厅在《关于严格执行有关农村集体建设用地法律和政策的通知》中明确指出，城镇居民不得到农村购买宅基地、农民住宅或"小产权房"。单位和个人不得非法租用、占用农民集体土地搞房地产开发。

国家禁止农村集体土地进行房地产开发，是因为这类住房的建设是以出售为目的进行一次性的"产权"转让，不利于农村土地保护和农民长远利益。

但是，利用集体建设用地，包括整备出的宅基地，建设用于出租的房屋，并不涉及集体土地的产权分割和出让，土地所有权和使用权仍归属村民集体，租户只对地上住房行使有限的使用权。因此，不同于出售用的"小产权房"，建设出租房屋并不会破坏中国基本土地制度。

同时，租金收入相比出售的一次性收入更有利于从长远保证农民的收益。

在北京市城乡结合部，客观上存在着低标准廉价出租房的巨大供求，由于政策的制约，其一直处于违章建设状态，缺乏监管和规范。目前，北京市已经开始试点在城乡结合部城乡一体化改造中利用集体建设用地建设流动人口公寓，并准备 2010 年在城乡结合部 50 个重点村，启动合作制租赁房工程，由农民入股，依照规划在集体土地上建设股份合作制的租赁房。

试点工作无疑是新型流动人口居住区建设的破冰之举，符合科学发展观和城乡统筹发展需要。但应当看到，北京市广大城乡结合部地区尚存在相当数量的村庄，近期难以实施城市化改造，在这些地区违章建筑、环境污染等问题同样存在。如果政策放开，承认出租房屋的合法性，允许集体组织利用腾退宅基地或者闲置建设用地建设流动人口租赁房，并在建设标准、配套设施等方面加以规范，则有利于这些村庄的环境整治和有序发展。

因此，建议改革农村集体建设用地制度，无论是否纳入城市化改造规划，均应允许其依据乡镇规划，在规划为建设用地的地区，利用集体土地（包括宅基地），采取集体所有、农民参股的方式在城乡结合部建设一批合理合法的、规范有序的廉租房，以解决流动人口安居，实现当地农民可持续发展。

### （三）新型流动人口居住区的建设思路

北京市新型流动人口居住区大致可以分为两类：一是制造业工人集体宿舍；二是第三产业散居流动人口公寓。对于第一类住房，涉及流动人口比例较低，面临问题较为单一，建议北京市出台硬性规定，要求制造业产业园区建设伊始便规划配套宿舍区，出让的工业用地要求配建一定比例的工人宿舍，允许园区周边村集体利用集体建设用地建设流动人口宿舍，解决产业工人集中居住的问题。以下重点讨论第二类面向第三产业散居流动人口的新型居住区的建设。

流动人口在城乡结合部的聚居是这一群体与城市空间双向选择的结果，新型流动人口居住区的选址也应因势利导，选择流动人口原有居住空间或者根据流动人口分布变动趋势选择类似条件地区建设，这样才能缓解地区环境问题，保证居住区建成后的流动人口入住率。城乡结合部村庄根据是否纳入城市化改造可分成两大类型，新型流动人口居住区建设思路也不相同。

### 1. 结合城乡结合部改造建设流动人口公寓

城乡结合部改造多数仅考虑村民利益，通过拆迁和产业升级，在消灭"瓦片经济"的同时疏散流动人口。未来北京市相当数量的村庄将陆续进行城市化改造，再沿袭原有模式将更多流动人口推向更远地区将面临极大的社会风险。因此，城乡结合部改造中应考虑流动人口的居住需求，将流动人口集中住房建设纳入改造规划，并改革现有土地政策保障流动人口住房的合法性。

可以采取"政府主导、农民主体、社会参与、村民管理"的方式，政府统筹规划、制定住房建设基本标准并提供相关优惠政策。由村集体经济组织自筹资金或与房地产公司联合，在旧村拆迁腾退的宅基地或者乡镇企业用地等农村集体建设用地上，开发适合流动人口的低租金公寓，仅用于出租而不得销售，住房建成后采取集体产权的形式，产权和收益归村集体所有。农民按比例每年从村集体获得分红，还可以通过居住区物业、保洁等工作参与管理，实现就业。

### 2. 结合新农村建设由村集体集中建设流动人口住房

在短期内不进行城市化改造但已经存在流动人口聚居的村庄，应允许村集体利用闲置建设用地，或者通过合理规划村民的居住用地，适当增加当地居民的宅基地容积率，减少宅基地的用地面积，实行村民集中居住，将腾出的宅基地由村集体承建流动人口公寓，以出租的形式提供给流动人口。村庄根据实际情况决定公寓采取平房还是楼房形式。这种模式既没有占用基本农田，又可以集约利用农村居住用地，改善流动人口的居住条件，提高村民收入。

这一模式与第一种模式本质相同，操作方式类似。区别在于第一种模式是结合城市化改造而进行，村民整体搬迁上楼，基础设施和公共服务同时配套完善。后一方式则需要结合新农村建设规划要求，在集中居住的同时对全村村落布局和基础设施进行统一安排和建设，提高村庄房屋质量、环境状况和卫生条件，提高公共服务水平，将旧村改造成宜于原住户和流动人口共同居住的社区。

### （四）新型流动人口居住区建设的若干原则

**1. 统一规划，合理定位，加强调控**

建设流动人口居住区有广阔的市场前景，但同时也面临很多挑战，如果规划建设不当，那么就会出现居住区空间分布无序、建设和管理标准混乱等问题。

新型流动人口居住区应定位于为中下等收入水平的流动人口（高收入流动人口住房可由市场解决），提供租金较低的住房。但是在实践中，一旦农村集体土地政策放开，受利益驱动，村集体有动力建设标准较高以中高收入者为目标客户的高租金公寓，甚至将"小产权房"改换为租期较长的出租房。

因此需要政府发挥主导作用，统一规划居住区空间布局、规模和建设标准等，同时在建成后实行租金限价、向符合条件的流动人口发放住房券等调控政策，保障流动人口居住区实现其定位目标。

**2. 建设标准经济适用**

在满足基本的健康、安全、便利的标准下，流动人口居住区建设应遵循经济适用的原则，这是由居住区定位所决定的，应当体现在选址、开发建设、维护管理等各个环节。如一般选址在开发成本较低的地段；充分利用土地为尽量多的流动人口提供住房，适当提高容积率，户型设计经济合理；材料选用、经济合理；房屋的维护可以调动居民参与部分工作，节约劳动力成本等，以达到降低成本、降低租金的目的。

**3. 户型设计以小户型家庭住房为主**

流动人口的职业、收入、家庭结构和价值观念不同，住房需求也存在一定的差别，这就要求流动人口居住区应提供多层次住房标准、价格和类型。但是北京市流动人口的家庭化趋势十分明显，夫妻二人同时在京流动或夫妇携子女在京流动已成为当前北京市流动人口的主要特点。2006 年的调查显示，15 岁以上流动人口中，有配偶者占 76%，其中 75.3% 的流动人口与配偶同时在京流动。[①] 这一比例在城乡结合部更高。因此，流动人口居住区的住房类型应主要以核心家庭住房为主，按照经济合理的原则设计小面积户型，加快流动人口带眷迁移、逐步市民化的进程。

### 4. 工作—居住—商业复合功能开发

考虑到流动人口就业和筹集资金、滚动开发的需要，可采取工作—居住—商业复合功能开发的模式。[②] 第一，居住区建立商业服务体系。结合步行系统在建筑物底层设置商业店铺用于出租，包括商店、餐厅、酒楼、银行、诊所等。众多的商业设施，可以使流动人口中的资金携带者和劳动力相互结合起来，创造更多的就业机会。第二，商业、服务业、文化性、娱乐性设施都直接刺激了居民交往的发生，有利于流动人口与当地居民的融合。

---

① 翟振武等：《北京市流动人口的最新状况与分析》，《人口研究》2007 年第 2 期。
② 北京城市发展研究所：《北京流动人口居住与就业分布及规划对策研究报告》，2009。

# 北京城乡结合部基层社会管理研究

## ——以海淀区田村路街道为例

袁振龙[*]

田村路街道地处北京市海淀区的城乡结合部，是首都城市化进程不断推进的一个缩影。城市化对田村路地区来说，不仅仅是开发建设的日新月异，更是地区经济结构、社会结构、人口结构及文化关系、社会关系等领域的重组和再造。如何形成适合城乡结合部地区自身特点的社会治理结构，是摆在城乡结合部地区的一道社会建设难题。

## 一 田村路地区社会发展的基本态势

田村路地区位于海淀区西南部，原分别属于玉渊潭乡、四季青乡和八里庄街道。经北京市人民政府批复，2000 年 3 月田村路街道正式挂牌对外办公。田村路街道辖区面积 7.7 平方公里，共设社区居委会 28 个。街道成立八年多来，紧紧围绕经济社会发展这个大局，努力为辖区居民提供各种服务，开展了大量工作，各项

---

* 袁振龙，北京市社会科学院社会治安综合治理研究所副所长、副研究员、社会学博士，研究方向为城市社会学，社会安全、社会治理。

事业取得了较明显的进步，地区整体面貌得到明显改善。但田村路街道地处城乡结合部地区的现状并没有根本改变，各项事业还处于发展阶段，社会管理面临的形势较为严峻。

## （一）开发建设尚未完成

目前辖区内共有建成小区 15 个，新建小区 1 个，新旧混合小区 3 个，老旧小区（含平房社区）7 个，在建工地 18 个，待拆迁小区 3 个。

## （二）经济发展相对滞后

辖区主要以居民区为主，经济结构相对单一，经济发展相对滞后，经济发展活力不足。区内没有大型工矿企业、中高档写字楼、成规模有影响的商业聚居区，破产企业多，主要以中小企业和个体经营户为主。

## （三）社会发展步伐缓慢

由于地处城乡结合部地区，又是新建街道，田村路辖区内卫生机构、文化设施、便民利民服务网点、市政基础设施、城市建设水平等都明显低于海淀区平均水平，社会发展步伐缓慢，严重制约了地区居民生活质量的改善和生活水平的提高。

## （四）人口结构相对复杂

截至 2008 年 6 月，田村路街道共有户籍数 3.5 万户，户籍人口约 10 万人，农居混住。从民族构成看，以汉族为主，也有回族、满族、蒙古族、朝鲜族、壮族、维吾尔族、布依族等。抽样调查结果显示，田村路居民的职业状况以退休人员、专业技术人员、工人为主，其他职业类型还有私营企业主、自由职业者、画家等；从家庭结构看，田村路地区以核心家庭为主，其次是主干家庭和联合家庭，另有一些单身家庭和单亲家庭；从文化程度看，田村路地区居民以初中、高中为主，新建小区也吸引了一批高学历人群，大学以上学历的人口也不少，另有8%的小学以下文化程度和文盲人口。

### （五）流动人口大量涌入

近年来，田村路地区流动人口逐年增多，现已达5.56万人，其中在本地区居住10年以上的流动人口就有600多人。从就业情况看，流动人口从事批发零售业的约占30%，从事服务业的约占30%，从事建筑业的约占20%，其余的占20%。从来源地看，流动人口主要来自北京以南的内陆地区，包括河北、河南、山东、四川、安徽、湖北、黑龙江、内蒙古、吉林等省区。从年龄结构看，流动人口主要以青壮年为主，其中20～50岁的占79.5%；另有11～20岁的青少年近7000人，占12.3%；10岁以下的儿童1300多人，占2.34%；51岁以上的老年人占5.86%。从文化程度看，流动人口学历普遍较低，其中初中学历的占79.6%，高中学历的占10.2%，小学学历的占3.8%，文盲占0.9%，专科及以上学历的仅为5.5%。

### （六）居民需求不断提升

田村路地区薄弱的基础设施、滞后的社会建设、落后的公共服务已经无法满足居民群众日益提高的生活需求。两者之间的矛盾已经成为田村路地区社会管理领域的主要矛盾。

## 二　田村路地区社会管理领域存在的主要问题及其成因

尽管田村路街道已经围绕加强社会管理做了不少工作，取得了一定成效，但受各种各样因素的影响与制约，还存在着较为突出的一些问题。

## （一）田村路地区社会管理领域存在的主要问题

### 1. 社会保障工作形势严峻

据抽样统计，目前田村路地区劳动年龄内没有就业或下岗的人口占辖区劳动年龄内人口总数的14.2%，高于《海淀区"十一五"规划纲要》中提出的"城镇登记失业率控制在2.5%以内"的指标。其中，档案存放在街道社会保障所的失业人员有2180人。随着越来越多的流动人口进入田村路地区，由于学历、技能等原因，很多流动人口一时难以找到合适的工作岗位，没有固定的生活来源，生活需求难以满足。而绝大多数流动人口并没有参加任何社会保险，还有2/3以上的农民工并没有与用工单位签订任何形式的劳动合同。田村路地区困难群体的比例也偏高，有40.5%的居民月收入在1000元以下，特别是中、老年人的经济收入水平偏低，需要救助的群体较多。目前地区有452人享受城市低保待遇，低保边缘群体的数量很大。田村路地区的老龄化趋势十分明显，60岁以上的老人有13370人，占人口总数的13.37%。有不少老年人有各种各样的疾病，需要在社区得到照顾，其中有96名老年人没有生活自理能力。

### 2. 公共事业资源严重不足

目前田村路地区在册管理的0~7岁儿童共有1417名，而地区幼儿园只有3所，在园孩子数仅为690名。辖区只有完全小学两所，在校学生2050人，而地区适龄学生共有3297人。有很多适龄学生由于本地学校容量不足、教育质量偏低等原因不得不每天长途跋涉到辖区外其他学校就学。还有不少年龄在16周岁以下的流动儿童由于各种原因过早弃学。地区没有1所医疗质量较好的卫生医疗机构，一旦健康出现问题，居民们就不得不起早摸黑、长途跋涉跑到区外其他定点医疗机构求医，检查、治疗等都十分不便。地区仅有1个藏书1万余册的图书馆，1家民营体育馆，1个数字电影放映厅，几家歌厅、网吧、音像店和报刊店。由于各种原因，现有的一些文体设施也未得到充分利用，辖区居民的文化体育生活较为单调。

### 3. 便民利民服务覆盖率低

由于整个地区尚处在开发建设的过程中，社区服务网点的分布很不均衡，很多新建社区由于各种原因连基本的社区服务网点都没有，有的居民不得不走很远的路去超市或菜市场买菜，极为不便。而街道社区服务中心坐落在辖区东部，西部最远的居民区到社区服务中心有近7公里。迄今为止，辖区在95156社区公共服务平台系统登记注册的商家仅8家，方圆近8平方公里的辖区内仅有中国农业银行和建设银行的2个服务网点，远远低于北京市城区银行服务网点的分布密度。与地区16万居民的巨大生活需求相比，辖区内各种便民利民服务的能力相对不足。

### 4. 城市管理体制不太适应

一是城市综合科下辖绿化队和保洁中心，人手紧任务重，加上地处城乡结合部地区，历史遗留问题多，流动人口大量增加，一些卫生、环境、房屋等问题积重难返，限制了地区的环境建设。二是城乡结合部的环境综合整治工作是一个艰巨复杂的长期综合性工作，现有的头痛医头、脚痛医脚的环境整治方式既不能从根本上改变地区面貌，又浪费了大量的人力、物力和精力。三是除已建成区外，还有待开发区、农居混杂平房区、环境脏乱地区。它们大多属于原乡或镇的集体土地，由于各种原因征而不拆，造成许多环境管理问题。四是区有关职能部门与街道办事处职能不清晰，责权利不明确，有职有权的部门不管事，想管事的街道办事处又没有相应的职权。五是房屋产权问题。由于历史原因，不少老旧平房没有产权或房产手续不全，且私搭乱建现象严重，给辖区对违法建设的查处、拆迁和改造带来很大难度。六是城市管理执法力量不足。城乡结合部既要加强对建成区的管理，又要对开发建设进行管理，因此管理的任务十分繁重。但目前地区城市管理力量配置明显偏少，难以适应地区城市管理的需要。

**5. 社会矛盾纠纷频繁发生**

目前，田村路地区的矛盾纠纷多发，主要有以下几种情况：一是由于住房消费、物业服务、社区治理组织分立等造成的物业纠纷。二是由于劳资矛盾引发的纠纷。主要表现为承包方与分包方之间因工程款、劳务费产生纠纷，业主方、开发商、建设商与承包方不结算工程款，又造成承包方无力支付工人工资，业主方以各种理由不支付工人工资。三是由于社会保障等引起的纠纷，主要是是否能够享受低保待遇、医疗费报销等。四是施工扰民引起的纠纷。主要是开发施工影响了居民的生活或商户的正常经营，居民或商户要求赔偿等。五是由于商住等造成的矛盾纠纷。六是因违反计划生育政策等造成的矛盾纠纷。

**6. 流动人口居住安全隐患突出**

流动人口居住场所主要是本市居民的待租房、农民原建房和农民专门搭建的待租房，还有地下室、工棚、自建窝棚甚至工作场所。据统计，流动人口人均居住面积仅为5.6平方米，不足北京市人均住宅使用面积的1/3，不少房屋存在安全隐患。另外，出租房屋内流动人口构成十分复杂，加上流动人口自身安全防范意识差，缺乏安全防范的培训，生命、财产安全受到一定的威胁。

**（二）田村路地区社会管理领域问题的成因分析**

田村路地区社会管理领域存在的各种问题，表现形式各异，成因也有所不同，但大致说来，这些问题的成因可以归纳为以下几大方面。

**1. 城市建设规划不太合理**

整个地区发展没有实现统一规划，规划不科学、不合理，没有对整个地区经济社会的全面协调可持续发展进行整体考虑，现有的规划也没有落实到位。

**2. 经济发展缺乏有力引导**

政府有关部门对田村路地区规划时没有考虑本地区的经济发

展和就业问题，仅仅把本地区作为一个居住区来规划，这是有缺陷的。事实上，一个城市功能互补的地区才是便利居民生活就业的，单纯的居住区事实上是不存在的。

**3. 配套建设步伐明显滞后**

田村路地区的道路、市政基础设施（电力、燃气、供暖、通讯、用水、排水、公共照明、公共交通等）、配套设施、便民利民服务网点、银行、邮政和其他商业服务设施的建设速度明显滞后于地区的开发建设。

**4. 政府职能没有到位**

政府有关部门对田村路地区开发建设规划的落实监管不到位。政府有关部门在具体政策执行与手续审批过程中与街道办事处沟通不够，造成街道办事处工作被动，甚至出现管理空白或盲区。半壁店第二社区、田村社区与四季青镇有部分交叉，造成街道办事处与镇政府双方都管都不管的局面，人为地制造管理难题。

# 三 完善社会管理体系的基本思路和对策建议

## （一）世界各国及地区破解社会管理问题的经验借鉴

**1. 政府角色主要定位在制定政策及推动政策的落实**

公共服务的生产和提供可以交由市场与社会力量来承担，而政府应主要集中于拟订政策、建立适当的激励机制、监督合同的执行等，引导市场和社会力量为实现公共利益的目标服务。

**2. 把企业管理方法引入社会管理领域**

政府必须清楚自己在做什么，如何做和向谁负责。可以广泛把项目预算、业绩评估、战略管理、顾客至上、产出控制、人力资源开发等私人部门的管理实践引入公共部门的管理。

**3. 以地区居民的需求为导向**

公共组织应以地区居民的需求为导向，应该把地区居民的满意作为宗旨。

**4. 在加强社会管理问题上引入竞争机制**

主要是通过在公共部门引入市场机制，在公共部门与私人部门之间、公共部门之间展开竞争，提高公共物品及服务供给的效率。

## （二）城乡结合部地区着力完善社会管理的基本思路

城乡结合部地区加强社会管理的基本思路是：依托北京建设世界城市的大好机遇，以地区居民的需求为导向，以地区居民满意为指针，以合作治理为理念，以解决地区突出矛盾和问题为抓手，以实现地区协调发展为目标，全面规划，重点加快地区公共事业建设，不断提高社会建设支出在财政支出中的比重。加大地区城市管理力度，大力加强社区建设，积极培育社会组织，全面弘扬志愿精神，积极引导社会各方参与社会管理，形成各方共同参与治理的格局，努力推动本地区经济社会全面协调可持续发展。

## （三）田村路地区着力完善社会管理的对策措施

**1. 制定城乡结合部地区经济社会发展规划，加快地区公共事业建设**

积极向上级党委、政府提出申请，争取成为社会建设工作试点街道或城乡结合部管理改革试点街道。在上级党委、政府的领导下，主管领导牵头，由社会建设工委（社会建设办公室）、规划委、发改委、公共委、商务局、建委、房管局、公安分局、城管大队、农委、人力资源和社会保障局、民政局、市政市容管委等部门共同组成地区经济社会发展规划编制小组，按照地区"十二五"规划纲要确定的目标，制定城乡结合部地区经济社会发展规划，重点加快地区公共事业建设，通过规划有力地引导地区经济社会全面协调可持续发展。规划的主要内容应包括以下几方面。

（1）通过相关政策积极引导地区经济健康发展。编制本地区重点发展产业目录，优化街道办事处及政府相关部门的服务质量，加大政府对城乡结合部地区的投资力度。努力改善本地区的市政基础设施条件，积极引进国内外各方面资金，尽最大努力改变地区经济面貌，努力扩大地区就业规模，引进大型综合商业设施，推动地区优势产业相对聚集，积极鼓励劳动就业本地化。

（2）积极引进优质教育管理资源。对本地区现有中小学和幼儿园进行优化升级，努力提升现有教育机构的管理水平与教学质量；按照地区规划人口规模的发展方向，区有关部门要与街道办事处加强沟通与联系，共同加大对新开发建设小区的配套教育设施的监管力度，确保规划的相关教育设施建设按要求标准同时建设到位，同步投入使用。及时调配优质教育与管理资源，加强对新建学校的支持和指导力度，确保新建学校高起点、高标准建设，向高质量努力，均衡配置地区教育资源，加快地区中小学及幼儿教育事业发展。

（3）按照优质医疗卫生资源均衡配置的要求，积极在本地区规划建设"三甲"医院，大力引进优质医疗卫生资源。加大街道社区卫生服务中心的规划和建设力度，积极推动社区卫生服务中心早日建成并投入使用。抓住国家推进社区卫生服务站纳入医疗报销范畴的机遇，积极整合地区医疗卫生资源，按照居民就医便利的原则，加大对社区卫生服务站的建设力度，配好、配齐全科医生与护理人员。区公共委和街道办事处要加大社区医护人员的指导力度，把关爱理念灌输到所有社区医护人员中，努力提高地区居民的卫生健康水平。

（4）加大对文体设施建设的力度，合理规划地区文化体育中心，把文化体育中心建设成为地区居民的文化体育活动中心。加强对现有文化体育设施的升级改造力度，加大人才培养力度，充分发挥现有文化体育设施的作用。积极推动社会单位文化体育资源的对外开放，使地区居民能够共享地区文化体育设施。积极挖掘地区文化、体育人才，编制地区文化、体育人才名录，通过有效方式把这些文化、体育人才组织并发动起来，带动组建各种文化、体育队伍，活跃地区文化体育生活。通过地区运动会、地区文化节等多种途径努力发展地区文化体育事业，促进地区文化体育事业向前发展。

（5）根据不同服务网点的服务能力和居民的方便程度，积极协调邮政、银行等机构，在地区范围内适度增建一些邮政所及银行服务网点，积极支持、引导社区服务中心和社会资金建设便民利民服务网点，努力实现地区全体居民的便利生活。

**2. 构建所有居民共享改革发展成果的格局**

适应我国经济社会发展的新形势，坚持以科学发展观为指导，按照和谐社会"人人共同建设、建设成果人人共享"的目标，努力增加就业机会，努力提高居民收入水平。不断加大政府在社会保障等领域的投入力度，不断提高社会建设在财政支出中的比重，加大对下岗失业人员、失地农民、老年群体、残疾人、低保家庭、刑释解教人员、社区矫正人员及流动人口群体的关心帮助力度，使地区所有居民都能够共享改革发展的成果。

**3. 整合地区管理资源，形成管理合力**

组建地区城市管理委员会，由街道工委、办事处主要领导牵头，将辖区内政府基层管理力量及城市管理队伍有效整合起来。通过对城市管理重点、难点问题的分析研究，拿出有针对性的解决措施和办法，明确落实责任部门和责任人。由责任部门一把手与街道工委、办事处签订责任书，加大日常督促检查力度，努力推动各项城市管理事务落到实处，做到事有人管，责有人担。积极向区委、区政府反映，努力争取区人事、编制部门的支持，根据地区实有人口适当增加地区城市管理的编制，努力增强地区城市管理的综合实力。

**4. 构建基层合作治理的格局，推进地区社会建设**

加强地区社会建设指导委员会建设。由街道工委、办事处主要领导牵头，有效整合相关科室和基层科站队所，把社区党组织、社区居民委员会、社区服务站、业主委员会、物业服务公司等吸纳进来，加强对社区建设重大问题的调研和民主决策力度，努力解决社区建设遇到的一些重大问题和共性问题，形成基层合作治理的良好格局。借助首都高校科研机构丰富的专家人才资源，组建社区建设专家组，建立与专家定期会议通报制度，发挥专家对地区社区建设的指导作用，积极推动社区建设创新。适应地区老龄化发展趋势，建设一个养老机构，积极提高养老机构规范化服务水平。努力推广社区居家养老模式，推广菜单式养老服务和结对帮老等方式，努力实现老有所养，老有所乐，老有所为。继续加大对社区党组织、社区居委会、社区服务站的建设和指导力度。建立社区工作者人才储备库，加强对社区工作者的培训力度，努力建设一支素质较高、能力较强、业绩较好、联系群众、居民满意的社区工作者队伍。组建地区物业服务管理委员会，由街道工委、办事处、房管所牵头，将社区党组织、社区居民委员会、业主委员会、物业服务公司都纳入到地区物业服务管理委员会中来。在基层社区普遍建立由社区党组织牵头，社区居委会、社区服务站、业主委员会、物业服务公司参加的物业服务委员会，建立定期沟通会议制度，互相通报情况，共同协商物业服务问题的解决办法，努力创建和谐社区，努力发挥基层社区在社会管理中的重要作用。

**5. 加强基层民主建设，推进地区民主管理**

由街道工委、办事处主要领导牵头，组建地区民主管理委员会。地区人大代表、政协委员、居民代表是地区民主管理委员会的成员，加大对地区社会管理问题的监督力度。地区民主管理委员会要定期研究解决当地民意反映比较强烈的问题。要通过人大代表、政协委员、居民代表等广泛的信息渠道及密切联系群众的优势，及时畅通地区民意，迅速有效地将地区民意反映上来，集中起来，为地区社会管理提供更加坚实的民意基础。

**6. 推动基层社会矛盾纠纷化解，维护地区安全稳定**

地区综合治理委员会要加大对重大矛盾纠纷、安全隐患的排查力度。要加大对治安重点地区和高发案社区的集中整治力度，要加大地区科技创安的工作力度，建设一批公共场所监控视频，努力推进街道城市管理中心的建设进度，努力改善并确保社区的物防、技防设施发挥作用，进一步织密社会治安防控网络。建立完善街道办事处往高发案等重点社区派驻安全稳定特派员制度，积极协助社区党组织、社区居委会、社区服务站、流管站、社区民警、城管队员解决突出问题。

**7. 积极培育公益性社会组织，培育合作治理新主体**

在街道层面或基层社区成立一些公益性社会组织。探索并制定对社会组织的培育、指导管理办法。取得成功经验后积极推广建立公益性社会组织。通过积极培育社会组织，努力发挥社会组织在提供服务、凝聚人心、参与治理中的重要作用。

**8. 完善志愿服务组织制度，发挥居民群众参与治理的积极作用**

创新基层志愿服务组织，在社区普遍建立义工工作站，建立社区义工注册管理制度。继续完善无职党员设岗定责，推行机关党员、公务员回社区每周服务一小时等活动。通过建立"时间银行"，完善街道和社区两个层面"义工星级评比"等制度，弘扬志愿精神，积极发挥居民群众参与基层社会管理的积极性、主动性和创造性。

# 城乡结合部治理的
# 国际经验与借鉴

江树革*

## 一 世界城市化进程中移民区存在的
## 主要问题

### (一) 快速城市化是发展中国家移民区社会问题产生的主要根源

移民区的形成以及由此产生的社会问题是世界城市化过程中出现的具有普遍性的问题。当今世界城市化、工业化快速发展，但是依然有众多的人口生活在贫民窟或者棚户区中，产生了贫民窟的问题。按照国际上关于贫民窟的界定，贫民窟是指以低标准和贫穷为基本特征的高密度人口聚居区。具体而言，贫民窟是指有 50 户以上人家住在一起，房屋建筑无序，占用他人或公共土地，缺乏主要公共服务设施的生活区。而在众多的生活在贫民窟的人

---

* 江树革，北京市社会科学院社会学所副研究员，研究方向为社会分层和社会政策。

口中又以快速城市化的亚洲地区的人口所占的比例为最大。在
2001 年，南亚、东亚和东南亚生活在贫民窟或棚户区的人口分别
占各自城市总人口的 58%、36.4% 和 28%。① 近年来，亚洲经济
快速发展，城市化进程速度加快，社会结构发生深刻变化，新移
民区和流动人口聚居区人口大量增长，成为社会普遍关注的重大
社会问题，引发了大量的学术研究和关注。作为世界上人口最多
的发展中国家，中国大都市流动人口聚居区的问题日益凸显，引
起政府和社会的普遍重视。

从国际看，新移民区或者贫民窟问题产生的原因都是与城市
化的快速发展紧密相连的。快速城市化的一个直接社会后果就是
城市棚户区和贫民窟的形成以及持续存在，成为发展中国家在城
市化过程中面临的一个具有普遍性的社会问题，这一点在亚洲的
一些发展中国家和地区表现尤为明显和突出。由于城市化的快速
发展，农村人口的大量流入，严重超出了政府为新移民提供住房、
公共基础设施和健康保健的速度和能力，从而造成了新移民区的
各种社会问题，因而，在一些存在较为严重的二元社会结构的社
会形态下，特别是在发展中的亚洲社会，棚户区或者贫民窟就成
为政府在无力为大量的低收入社会群体提供可付得起的住房条件
的住房而出现的必然结果。根据 2001 年的普查，在印度 27.8% 的
人口居住在城市，而在 1991～2001 年间，由于人口流动的原因有
14000 万人加入到城市人口中，在人口规模超过百万的城市中，将
近 1/4 的人口居住在贫民窟。② 1981～2001 年，生活在印度贫民窟
的人口从 2790 万增至 6180 万。孟买是亚洲贫民窟人口最多的城
市，650 万人生活在贫民窟，占全市人口近 50%；紧随其后的是首
都新德里，190 万人住在贫民窟；然后是加尔各答，150 万人生活
在贫民窟。

---

① 联合国人口基金会：《世界人口状况》，2004。
② Healthcare in Urban Slum in India, the national medical journal of India, vol. 20,
No. 3, 2007.

**（二）国外移民区存在较为突出的人居问题，特别是公共服务不足和短缺成为移民区居民面临的严重问题**

移民区中的人居问题是国际上移民区存在的主要问题之一。特别是在发展中国家，这一问题表现尤为突出。由于一些发展中国家普遍存在较为明显的二元社会结构问题以及较为严重的发展不平衡问题，在城市化快速发展的过程中，来自农村地区的移民大量涌入，在政府公共服务供给不足以及社会政策和保障体制严重缺失的情况下，特别是住房供给严重不足的情况下，移民区中的流动人口的人居问题凸显。根据印度政府2001年进行全国人口普查时为贫民窟下的定义，印度的贫民窟具有以下必要特征：60~70户人家，300人以上，住房简陋，空间狭小，缺水少电，环境肮脏。根据2002年和2003年有关研究人员进行的研究，作为有1500万人口的特大城市孟买约有一半的居民住在贫民窟中，有87个贫民窟，最大的达拉维贫民窟的居民超过70万人，街道坑坑洼洼，左右的茅舍和铁皮房密如蜘蛛网，卫生状况很差。[①] 尽管实施了贫民窟环境改善项目，使得很多流动人口聚居区获得了基本的自来水供应、公共厕所和排水设施的服务，但是，这些基础设施还是严重不足和缺乏妥善养护。[②]

**（三）移民区存在较为突出的公共秩序和公共安全问题，成为一些社会问题产生的"温床"**

在国外，由于历史和现实等诸多方面的原因，贫民窟带来了较为严重的公共秩序和公共安全问题，在某些国家的一些历史时期，由于贫民窟贫穷、落后以及政府有效治理的缺位，致使贫民

---

[①] 屠启宇、金芳等著《金字塔尖的城市——国际大都市发展报告》，上海人民出版社，2007，第254页。

[②] Meera Bapat and Indu Agarwal：Our needs, our priorities；women and men from the slums in Mumbai and Pune talk about their needs for water and sanitation, *Environment and Urbanization* 2003；15；71.

窟成为犯罪的滋生地，也成为黑社会组织以及大量社会问题存在的土壤。尤为突出的是，在某些国家毒品犯罪分子利用贫民窟进行毒品犯罪，把贫民窟建设成为毒品犯罪的窝点，对于社会安全构成极大的威胁。由于贫民窟的居民收入普遍较低，受教育程度不高，法律意识淡薄，贫民窟成了滋生各种社会问题的"温床"。

## 二　新移民区治理的国际经验

### （一）由清除到治理，国际上对于贫民窟和移民区治理的思维脉络发生转变

针对在快速城市化过程中所产生的城市新移民区规模和数量的扩张及其引发的大量社会问题，世界上不少国家在对贫民窟治理的初期都对贫民窟采取清除的政策。但是，由于新移民区和贫民窟所产生的经济社会条件尚未根除以及新移民区生成的内在动因始终存在，采取驱逐或者单纯拆除贫民窟的做法并不能从根本上解决贫民窟以及其所带来的各种社会问题，而且还会带来新的问题，影响了经济发展。因此，采取驱除加拆除的做法所取得的社会成效十分有限，在城市反贫困的实践上收效甚微。例如，在20世纪50～60年代印度政府对城市贫民窟较多地实行"清除"政策。但是，对贫民窟和新移民区治理的经验表明，单纯的驱逐政策并不能有效解决贫民窟及其存在的各种问题，其政策的直接后果是将城市贫民窟不断挤压而向城市外围推移，并且在清除和驱除的过程中还造成了很多的社会矛盾和社会冲突，并没有从根本上达到消灭城市贫民窟这一城市疮疤和促进社会融合的目的。随着对于城市移民作用和社会价值认识的转变以及发展理念的变化，一些国家和地区对待城市新移民区的社会政策发生了深刻的转变，由过去的单纯拆除和驱逐政策逐步向改造和治理的政策转变。例如，印度政府在治理和改造城市贫民窟的过程中就实施了诸多的

改进政策，对城市贫民窟进行了较大规模的治理。通过对移民区进行拆迁、升级、基础设施改造，增加公共投入、发挥非政府组织作用，形成合作治理的格局，成为移民区治理的主要做法和发展趋势。

### （二）在治理贫民窟问题上，在发挥政府主导作用的同时，积极推动非政府组织参与贫民窟治理

从世界移民区治理的国际经验看，在移民区的治理上需要充分发挥政府的主导作用。也就是说，政府必须成为住房和城市基础设施的重要提供者，成为移民区治理和发展规划的设计者，必须在城市化的过程中着力解决发展中国家普遍存在的过度城市化和快速城市化所带来的城市管理缺位以及管理失控等无序发展的情况。

从新加坡的情况看，新加坡在城市化的初期也存在较为突出的人居问题，存在着相当普遍的贫民窟景象。但是，新加坡在不到40年间透过机构改革和基础设施的建设，较好地解决了移民区存在的各种社会问题，进而将新加坡建设成为富有吸引力的世界宜居城市。这其中，较好地发挥政府的主导作用，积极主动地干预和治理贫民窟，使政府成为主要的基础设施与社会服务的提供者。

在移民区的合作治理上，实践证明，在发挥政府主导作用的同时，还必须重视有效发挥民间组织和非政府组织的作用，这不仅是现代社会发展的客观需要和普遍的治理机制，更是有效解决移民区各种社会问题、实现移民区合作治理、科学善治的重要环节。例如，在孟加拉国，一些地方非政府组织在孟加拉国两个最大的城市达卡和吉大港的"贫民窟"实施了用水、环境和卫生教育的援助项目，以帮助居民改善用水状况和生活条件。[1]

---

[1] Suzanne Hanchett, Shireen Akhter, Mohidul Hoque Khan, Stephen Mezulianik and Vicky Blagbrough, Water, sanitation and hygiene in Bangladeshi slums: an evaluation of the Water Aid-Bangladesh urban programme, Environment and Urbanization 2003; 15; 43.

在发展中国家巴西，非政府组织在贫民窟的治理上发挥着重要的作用，贫民窟的很多治理项目都有非政府组织的积极参与，并在其中扮演十分重要的角色，成为移民区政府组织与民间组织合作治理贫民窟的一个重要发展经验。

同样，从香港的实践来看，香港经过多年的建设和发展，非政府组织形成社会建设的重要力量和重要参与者。在规模、影响和社会参与度上都达到了较高的发展水平，在社区建设、社会福利事业发展、社会工作和社会融合方面发挥重要作用。例如，在社会服务上，香港的绝大多数社会服务由民间组织提供。特别是社会工作者的参与为促进社会融合和社会治理发挥着不可替代的作用。

从北京的实际情况看，目前北京的流动人口聚居区合作治理上还缺乏民间组织和非政府组织以及社会工作者的积极参与，特别是政府对于民间组织的引导和支持尚显不足。虽然民间组织参与流动人口聚居区合作治理的社会需求存在，也存在一定的社会基础。但是，民间组织参与流动人口聚居区合作治理的工作机制尚未形成，在组织管理、工作机制、项目实施等方面还存在诸多障碍。未来在流动人口聚居区的合作治理上，迫切需要进一步发展和完善公共参与制度，通过制度和法规完善、创新工作方式、实现社会动员等方面进一步推动非政府组织和民间组织参与到流动人口聚居区的合作治理之中。实践证明，生活在贫民窟和移民区的居民个人收入的提高和个体的努力并不能改变生活条件。而由政府、社会组织和社区采取的公共行动是十分必要的，从而改善住区居民的生活环境和从总体上提高人们的社区生活水平。①

## （三）采取多种模式解决和缓解移民区的住房问题

解决流动人口聚居区的合作治理问题，必须关注新移民区的

---

① Madhura Swaminathan: Aspects of urban poverty in Bombay, *Environment and Urbanization* 1995; 7; 133.

空间形式尤其是移民的居住问题。从国际来看，由于不同的国家在历史和国情方面上的差异，特别是移民区形成原因上的特定性，生活在移民区的居民形成了不同的居住形式，出现了诸如巴塞罗那内城贫民窟、南非的宿舍式住房、印度孟买的分间出租宿舍、那不勒斯的"新公共城"、圣保罗和里约热内卢贫民窟的住房等不同的居住形式和住房模式。由于在新移民区的人口大量涌入，以及房屋的过度使用，造成新移民区的居民住房十分拥挤，生活空间狭窄，在水供应、排水系统、污水处理、电力、教育和健康方面的基础设施建设严重不足，缺乏必要的维修，存在很大的居住安全隐患。例如，在印度孟买的分间出租宿舍，每年都有部分宿舍在季风期被损坏，[①] 居住条件迫切需要改善。

在中国快速城市化的过程中，进城农民工大量涌入，为城市发展提供了不可缺少的人力资源，增强了城市的活力，为城市建设和发展作出了重要的贡献。但是，很多的农民工还处于城市生活的边缘地带，存在很大的社会融入障碍，基本的生活条件不能得到有效满足。在一些特大城市，由于社会投入和政策缺失等方面的原因，很多农民工居住的地方十分拥挤，水、电、煤气等公共事业服务严重不足，卫生设施严重不足，存在严重的公共社会安全和公共卫生安全等社会风险隐患。

针对严重的移民区住房问题，世界上很多国家和政府都在采取措施，创新社会政策，力图改善移民区居民的人居问题。针对移民区的社会问题，新加坡和香港都实行了"公屋制度"。在20世纪的70年代和80年代，香港通过公屋带动新城建设，逐步形成了以低收入人口为服务对象，以出租为主要供给方式的高密度（4800人/公顷）和低标准（8平方米/人）的高层集合住宅。[②] 在

---

① 联合国人居署编《贫民窟的挑战——全球人类住区报告2003》，于静、斯宗曜、程鸿译，中国建筑工业出版社出版，2006。

② 吴明伟、吴晓等著《我国城市化背景下的流动人口聚居形态研究——江苏为例》，东南大学出版社，2005。

香港，公屋用地由政府免费提供，以满足和保障公屋居住对象在租金等方面的现实承受力。在印度，对贫民窟地区进行改造成为政府的重要目标。2007 年，印度有关部门提出目标，有计划地改造贫民窟，未来两年内兴建 55 万套廉价房，以后每年再增建 100 万套，以安置贫民窟居民。①

## 三　国际经验对北京流动人口聚居区合作治理的启示

由于城市化快速发展所产生的人口快速机械增长以及流动人口聚居区的各种问题，在北京这样的大都市也较为集中地存在。进入 21 世纪以来，北京经济快速发展，城市化和现代化步伐加快，城市的吸引力日益增强，因流动人口快速增长而引发的人口、资源和环境矛盾问题十分突出。由于大量流动人口的涌入，使得城乡结合部原本欠缺的城市基础设施和公共事业建设薄弱的问题更加突出，造成北京在城市化的过程中出现了大量的"城中村"，引发和加剧了城市卫生环境问题、私搭乱建的违法违章建设问题、居民区社会公共安全问题，以及由于公用事业基础建设滞后和投入不足所带来的公共生活安全问题等。因此，需要从推进健康城市化和改善人居环境的要求出发，统筹北京市的经济建设和社会建设，统筹城乡协调发展，结合国际上移民区治理和建设的经验，推进北京市城乡结合部的治理与善治，创新管理与服务模式，实现和谐科学发展。

### （一）要把流动人口聚居区的治理纳入政策和法制的轨道

从世界城市化特别是发展中国家城市化的进程和历史经验看，在城市化的过程中需要统筹经济与社会发展的关系，需要把城市

---

① 2007 年 6 月 26 日东北网。

化进程中人口迁移、经济发展、住房提供、社会保障、公共服务、基础设施建设等多方面的因素予以综合考虑，形成系统全面的社会政策和科学的制度安排，需要对一个国家的城市化道路有一个统筹的战略安排和规划。特别是对于中国这样的一个人口众多而又经济社会发展高度不平衡的国家，在经历了由计划经济向社会主义市场经济快速转型的过程，社会管理体制发生了深刻变革。对于在城市化过程中形成的流动人口聚居区的改造和发展问题，也需要把它纳入城市发展和城市规划中予以特殊的关注。从根本上解决流动人口的生存发展问题，包括公共服务资源的获得、社会融入以及人的全面发展问题。

一是在城市化道路选择这一根本问题上，要扭转片面发展大城市和人口过度向大城市集中的片面城市化，把大城市的建设和发展与中小城市的建设结合起来。同时，要把国家城市化与新农村建设和农村现代化结合起来，统筹推进，逐步实现城市和农村的统筹均衡发展，改变社会收入分配差距扩大的社会现状，实现大城市人口规模的有效调控和人口有序增长。

二是加强流动人口聚居区治理问题的法制建设，将流动人口聚居区的治理和改造逐步纳入到法制的轨道。从国外对于贫民窟和新移民区所推行的各种改进措施和治理经验看，其中很重要的就是在贫民窟的治理上实行立法先行，将对贫民区的治理和改造纳入社会政策和法制的轨道。英国在早期工业化过程中，在1875年就通过了《改善居住法案》，以解决和改善移民区居民的居住问题。

三是要扩大流动人口对于社会事务管理参与的权利和机会，要赋予流动人口合理表达利益诉求的渠道，形成流动人口聚居区合作治理机制，形成共建、共治、共享的发展格局。

四是要把流动人口聚居区的治理纳入到整个城市发展的总体规划之中。流动人口聚居区的治理与善治需要国家和地方政府有一个通盘的考虑和发展计划。在印度，有学者认为即使在国家独立 50 多年来也没有一个国家层面的应对贫民窟的政策，关心和支持生活在贫民窟中的大量人口。贫民窟是一个国家系统化的社会政策缺失和政府缺乏善治的产物。所以，从国（境）外对于移民区治理的国际经验看，需要政府在制订城市发展计划时把对流动人口聚居区和城乡结合部治理纳入到城市的整体发展规划中，实现在城乡一体化发展的格局推进中实现城乡结合部的善治，从根本上避免中国的大都市发展中出现印度贫民窟的社会局面。要通过城市规划把流动人口聚居区的改造和治理纳入到整个城市发展的大格局中，坚持以人为本，按照"人文北京"建设的要求，形成政府、企业、社会组织、非公经济组织和非政府组织等合作治理和共同治理的体制和工作机制，实现流动人口聚居区的有效治理和科学治理，实现流动人口聚居区善治的目标。

**（二）要统筹人口资源和环境的关系，在推进北京城市化和现代化建设的过程中，实现人口的有序增长，成为北京市流动人口聚居区合作治理的重要前提**

在对北京流动人口聚居区的治理上，由于担心人口的过度膨胀引发城市建设和发展的诸多问题进而影响城市的公共秩序和城市管理，从而在实践中采取了通过城乡结合部改造进而提高城乡结合部地区生活成本的做法，挤压移民区的发展空间，这本质上是一种市场化的治理手段和管理模式。实践表明，这种做法未能从根本上解决城乡结合部治理问题，以及流动人口机械增长过快进而给北京城市发展和运行带来巨大压力等现实问题。在巴西等发展中国家，试图通过驱逐的办法解决流动人口聚居区存在的公共秩序问题、基础设施问题以及潜在的各种社会问题及社会风险，事实上只能使得流动人口聚居区向远郊推进和扩展，并未从根本上解决问题。

从世界城市化的国际经验看，中国在城市化发展的过程中面临着严重的流动人口快速增长导致的人口、资源、环境之间矛盾凸显的问题。特别是像北京这样的特大城市，"城中村"问题十分突出，已经呈现出部分的国外贫民窟的社会迹象，存在着向贫民窟转化的发展可能性以及诸多的潜在社会风险。需要未雨绸缪，统筹考虑城乡发展和经济社会发展。实现经济社会的和谐科学发展成为在流动人口聚居区问题治理上的根本行动准则。这其中，十分重要的是在城市建设和发展思路上，要实现管理思路的创新，把流动人口的发展以及流动人口聚居区的发展与城市的整体发展结合起来。在城市规划、公共服务、住宅建设等诸多方面把流动人口纳入其中，更多地关注流动人口的住房、就学、就业等社会需求，并将纳入城市建设和发展的整体规划，推动流动人口聚居区的发展，推动流动人口的社会融合，实现城市的和谐科学发展。

**（三）要确立统筹发展的思路与理念，形成社会参与、合作治理、共建共享的治理和发展模式**

对于流动人口管理与服务，无论是计划经济时期的迁移控制，还是改革开放后的控制性管理，政府一直承担着主导角色，甚至是唯一角色。然而，作为责任主体和管理主体，政府对流动人口行政管理成本的增加并没有取得相应的管理效绩，反而遭到了许多社会质疑。事实上，流动人口管理是一项复杂的系统工程，绝非政府独家管理所能奏效，需要进一步发挥政府的主导作用，同时充分发挥流动人口自组织、非政府组织以及其他社会力量的作用，形成社会参与、合作治理、共建共享的治理和发展模式。

（1）要把发展作为解决一切问题的根本出路。从国际上贫民窟治理的经验看，正是由于经济社会发展的不平衡以及巨大的城乡差异，才导致了流动人口的大量存在以及贫民窟的形成。因此，贫民窟和新移民区问题的根本解决有赖于经济的发展特别是经济社会的均衡发展，在发展中不断地缩小城乡差距，为贫民窟问题的有效解决创造必要的经济社会基础。同时，应该看到，由于贫民窟和新移民区各种问题的形成是一个历史的过程，因此，贫民窟和新移民区各种问题的解决也绝非一蹴而就。而是一个需要较长的时间和过程，需要在长期的经济发展中逐步加以解决。

（2）需要确立新的发展思路和发展理念。要把经济发展与移民区的治理改造结合起来，并将移民区及其社会融合作为经济社会发展的有机组成部分加以对待。把城乡结合部地区的流动人口聚居区的治理作为实现科学城市化的重要环节，统筹经济发展与社会发展以及生态环境的发展。

（3）在流动人口聚居区治理问题上，要改变以往单纯依靠政府的做法。应当动员社会力量，广泛参与，形成治理合力，共同推动流动人口聚居区的共建和共治。这其中，应当充分发挥非政府组织以及各种社会组织特别是民营经济的力量参与流动人口聚居区的合作治理。要借鉴国外的有益经验，逐步探索适合北京特点的流动人口聚居区改造投资主体多元化的途径，妥善协调流动人口聚居区合作治理上政府和市场关系，推动投资形式和组合方式的创新来实现投资来源的多元化。

（4）要重视流动人口聚居区的社区建设。在此方面，香港的经验值得借鉴。香港社会高度重视社区建设和发展，通过建立社区中心，以方便不同年龄的居民交往和联谊，以促进社会团结，建立居民对社区的归属感。在20世纪70年代，还实施了邻居层面社区发展计划，由非政府机构在社会设施及福利服务不足或完全欠缺的过渡性社区（包括临时房屋区、寮屋区、平房区、水上寮屋等）之内推行。借鉴这些经验，北京也应当进一步加大社区建设的力度，提升社区建设的水平，通过社区建设促进社区和谐。

（5）在流动人口聚居区的合作治理上，要在引导和调控流动人口聚居形态的同时，尤其需要重视流动人口聚居区的社会建设。要有效发挥流动人口自组织的建设和管理，发挥流动人口自我管理的社会功能，使得流动人口聚居区的治理走上政府主导、合作治理、和谐共生、有序发展的轨道。

**（四）要努力改善和解决流动人口聚居区的人居环境问题，有效化解各种潜在的社会风险**

流动人口聚居区的人居环境问题是一个十分突出的问题，给公共安全带来了巨大隐患。在此方面，国外一些移民区在历史和现实生活中发生的火灾等公共安全事件对居民的人居环境产生了严重的影响。

历史上，20 世纪 50 年代香港贫民窟发生的火灾促使香港当局采取有效措施解决贫民窟和移民区人口的居住问题，此后有效避免了诸如火灾等重大社会灾害的发生。2008 年 3 月 10 日，在印度东部城市加尔各答一个贫民窟地区，一场毁灭性的火灾造成很多人无家可归。在 2010 年，菲律宾首都马尼拉棚户区发生大火，居住区的简易住房均由轻型材料制造，致使火势迅速蔓延，造成 1 人丧生、大约 4000 人无家可归。① 在北京，由于人口快速增长，导致城乡结合部地区出租房屋房源紧张，形成房屋结构简易、潮湿、低矮的出租大院。特别是高密度的群租、群居问题构成潜在的社会风险。对于世界上普遍存在的群租问题，香港也存在类似的情况。长期困扰香港的"笼屋"（大床位寓所）就是一个备受关注的社会问题。为了减少"笼屋"，1998 年开始实施《床位寓所条例》，据此，香港政府部门并非简单地取缔床位寓所，而是透过立法确保床位寓所符合消防、卫生或楼宇安全的最低标准。《床位寓所条例》把"床位寓所"规定为拥有 12 个及以上出租床位的居住单位，相关部门对符合相应安全标准的床位寓所发放牌照，严格禁止无照经营。

此外，由于人口大量增长，用水量大增，部分村自来水老化管线不堪重负而损坏，部分村集体不得不增加饮用水机井数量，铺设饮水管线。部分流动人口节约意识淡薄，浪费水资源，水费

---

① 2010 年 1 月 18 日《新京报》。

收缴工作很难开展。因此，需要把流动人口聚居区的公共设施建设与提升流动人口聚居区的公共安全水平结合起来，注意防范火灾等重大事故的发生。在此方面，需要加强管理和服务，切实提高公共安全水平。特别是在政府对于流动人口聚居区的管理上，要实现依法有序管理和充分体现人文社会关怀的有机统一，以有效改善流动人口聚居区的生活环境，构建和谐发展型的流动人口聚居区人居环境模式和管理模式。

下　编▶

# 社会组织服务管理创新

# 社会组织与民生建设

## ——北京市基层社会组织参与民生建设的实证性研究

冯晓英*

## 一 研究背景与研究重点

### （一）研究背景

**1. 北京经济社会的快速发展对民生建设提出了高标准、新要求**

党的十七大报告把"加快发展社会事业，全面改善人民生活"作为全面建设小康社会奋斗目标的新要求，强调必须在经济发展的基础上，更加注重社会建设，着力保障和改善民生。"十二五"规划更是把民生作为整个规划的出发点和落脚点，提到了"社会的生存、国民的生计、人民的生命"的高度来认识。[1]

北京的民生建设是建立在经济社会快速发展基础之上，具有起点高、标准高的特点。作为国家首都和环渤海地区的经济高地，

---

＊ 冯晓英，北京市社会科学院社会学所所长、北京社会管理研究中心常务副主任，研究员。北京市社会科学院重大项目"首都和谐稳定背景下的民生问题研究"项目负责人。

[1] 温家宝：《把民生作为"十二五"规划的出发点和落脚点》，新华网，2011 年 2 月 27 日。

北京的经济社会发展一直处于全国领先地位，"十一五"期间又有了长足发展。一方面，经济发展迈上新台阶。在金融危机席卷全球的背景下，全市地区生产总值还保持了年均增长10.2%的高速度，2010年财政收入达到2353.9亿元，比2005年增幅1.5倍以上，人均地区生产总值已经超过1万美元。在中国整体经济还处于中等发展水平的今天，北京已经率先进入从中等发达城市向发达城市迈进的新阶段。另一方面，人民生活持续改善。"十一五"期间，城乡居民收入年均实际增长超过8%，教育、医疗、社保等财政支出分别比"十五"期间增长了1.8倍、1.7倍、1.6倍，在全国率先实现了城乡社会保障制度全覆盖，社会保障各项待遇标准均提高40%以上，城镇登记失业率控制在2%以内，社会事业发展继续走在全国前列①。

在实现了"学有所教、劳有所得、病有所医、老有所养、住有所居"的基础性普惠政策后，"普惠"不再意味着"到位"，而是新起点的标志。北京是一个具有2000万人口，社会分化日趋严重的城市。伴随着北京社会阶层已经由"金字塔"形传统社会阶层开始向"橄榄"形现代社会阶层方向的发展，北京民生建设在继续提高全社会保障水平的前提下，重点将转向完善公共服务体系，满足不同社会群体的多层次、多样化、高品质的社区服务需求。2010年7月，北京市委市政府出台了旨在紧紧围绕保障和改善民生，加强社会服务和管理，形成二者之间互相衔接、有机结合的政策体系——《北京市社会服务管理创新行动方案》，明确提出在当前和今后一个时期，将按照《行动方案》的总体安排，重点围绕社会保障体系创新、各类社会群体服务管理创新、社区服务管理创新、社会组织服务管理创新、互联网等新媒体管理创新、社会领域党建工作创新等6个方面，开展34项重点工作，推出90项创新措施，加大工作力度，努力实现社会服务管理全覆盖。9月

① 北京市市长郭金龙：《2011年政府工作报告》，2011年1月25日《北京日报》。

初，一部全面规范政府部门为社区提供基本公共服务的《北京市社区基本公共服务指导目录》开始试行，标志着北京的民生建设已经进入一个新的创新发展阶段。

**2. 推进民生建设需要基层社会组织发挥主体作用**

民生建设是一项涉及全体人民切身利益的"国事"，需要在"党委领导、政府负责、社会协同、公众参与"的社会服务管理框架中统筹安排。相对于政府直接服务民生很难兼顾具体地域、具体群体的特殊需求，在时间上也难以持续，而市场追求利益最大化不会"关照"弱势群体的缺陷，社会组织作为"社会协同"的重要组成部分，在民生建设中具有独特优势。一是社会组织自下而上生成，天然地接近社会，对于社会在民生方面的需求更为敏感，反应更为快捷。二是社会组织的使命往往与某些特殊群体紧密相连，更容易从微观入手来确定民生问题的症结所在，定位更准确，手段更有效。因此，社会组织参与民生建设可以提高公共服务的效能与效率。

社会组织参与民生建设是国际社会的发展趋势。从全球范围来看，各国都越来越倾向于采纳由政府出资购买服务，再由NGO等社会组织提供社会公共服务的形式，来激活社会的活力。而我国社会组织参与民生建设已经具备条件。一是政府职能转移和公共服务向多元化转变，为社会组织发挥作用开辟了更大空间。随着政府职能向经济调节、市场监管、社会管理、公共服务的加快转变，政府在民生建设中由单一供给主体逐渐向以政府合理让渡公共服务空间，社会共同参与的多元化供给模式转变，社会组织在以改善民生为重点的社会建设中，开始有了更大的服务空间。二是民生需求的多层次、多样化、高标准，为社会组织服务民生提供了广阔的舞台。三是随着社会财富和私人闲暇时间的增加和社会志愿精神的成长，越来越多的市民愿意通过组织形式参与社区服务，为社会组织的发展壮大提供了人力、财富、社会资源的支持。

### 3. 北京市社会组织参与民生建设的总体情况

近年来，北京市委、市政府高度重视社会组织的培育与发展工作。继 2008 年 9 月中共北京市委办公厅、北京市人民政府办公厅出台《关于加快推进社会组织改革与发展的意见》之后，2009 年北京市社会工作委员会、北京市社会建设工作办公室又会同有关部门，印发了《关于加强和改进市级社会组织设立工作的实施办法（试行）》等相关文件，特别是 2009 年以来北京市各级行政部门大力推进政府职能转移，通过购买社会组织服务，为社会组织参与民生建设提供了良好的发展机遇和发展空间。

据统计，2009 年北京市在册登记社会组织 7066 个，总资产达 321.31 亿元，净资产 264.12 亿元，年度总收入 133.71 亿元，总支出 112.10 亿元，吸纳从业人员 12 万多人，社会团体会员达 1458 万个，初步形成了门类齐全、层次不同、覆盖广泛、功能较强的社会组织体系。全年各级行政部门总计投入资金 4.77 亿元，购买社会组织服务 5335 项，社会组织开展社会公益活动 7.7 万次，受益人达 2055 万人次，公益活动支出 10.4 亿元。[①] 2010 年，政府购买社会组织公共服务开始纳入制度轨道，1 月 13 日，北京市社工委、北京市社会建设办公室根据市委、市政府关于加快推进政府购买社会公共服务的要求，公开向社会组织征集 2010 年政府购买社会公共服务的备选项目，7 月，北京市明确提出市财政将通过社会建设专项资金拨款 1 亿元，购买由北京社会组织申报的，围绕扶贫救助、扶老助残、医疗卫生、文体科普、妇幼保护、服务"三农"、法律援助、支教助学、生态环境、促进就业等十大领域的社会公益服务民生类的 300 个项目，每个项目将给予 3 万～30 万元的资金支持。各个区县也结合自身发展需求，推出政府购买公共服务计划。2009 年 10 月底，西城区正式启动了以政府购买服务为主要形式的财政投入机制，明确提出每年将从区级财政中拿

---

① 温庆云：《提升社会动员能力推进社会管理创新充分发挥社会组织社会建设的主体作用》，《社团管理研究》2010 年第 9 期。

出不少于 1000 万元的专项资金用于社会建设，以项目管理形式向社会组织购买服务，其中，培育、孵化公益性社会组织，为居民搭建长远的公共服务体系，是专项资金投入的一个重点。建立社会组织孵化基地；成立区域社会组织联合会；实施"双百"社工人才培训；试点社区社会组织培育……针对社会组织建设与人才培养的投入，多则 56 万元，少则 5 万元。[①] 东城区拨款 100 万元，把 18 个项目面向社会组织公开招标；石景山区为金顶阳光社工事务所安排配套资金 50 万元，为新居民互助服务站安排配套资金 80 万元等[②]。其他区县也根据财力和需求，加大了政府向社会组织购买公共服务的力度。总体来讲，北京社会组织参与民生建设的社会环境已经形成。目前存在的主要问题，一是基层社会组织大多局限于文体活动类，慈善公益类和生活服务类组织较少；二是政府对基层社会组织发展情况缺少总体把握和判断；三是基层社会组织参与民生建设缺乏政策指导。

## （二）研究重点

### 1. 本课题研究的目的

本课题旨在通过对不同层级和类型的社会组织在民生建设中的角色、作用、困难和问题进行深入调查，摸清情况，总结经验，研判形势，提出建议，为政府有效制定鼓励和扶持社会组织参与民生建设的政策提供决策支持。

### 2. 研究主线

本课题所指民生不是宏观意义上具有普惠性质的"学有所教、劳有所得、病有所医、老有所养、住有所居"，而是指以全体社区居民为服务对象，以满足社区不同群体多样化、高品质生活需求

---

① 陈红梅：《北京西城投入千万购买社会服务》，2009 年 10 月 29 日《北京日报》。

② 骆倩雯：《北京市创新社会管理体制构建"枢纽型"工作体系》，2011 年 2 月 19 日《北京日报》。

为目标，与居民日常生活密切相关，与社区服务项目相接的公共服务；社会组织也不是泛指所有的社会团体、基金会和民办非企业，而是特指面向基层社区，能够通过多种渠道满足社区居民多样化、高品质社区公共服务需求的社会组织，包括街道和社区层面具有组织服务功能的"枢纽型"社会组织和直接或者间接参与服务行动的公益性民间组织。因此，本研究将以服务需求为导向，围绕基层社会组织参与民生建设这一主线展开。

**3. 研究重点**

本课题围绕研究目的和研究主线重点开展了如下研究。

一是与民生建设相关的基层社会组织的类型、角色与功能，不同类型基层社会组织的运作模式、效果，面临的困难和问题。

二是不同类型基层社会组织之间的关系。

三是政府与基层社会组织之间的关系。

四是对不同层面的"枢纽型"社会组织的认识与讨论。

五是突破基层社会组织发展桎梏的路径选择。

**（三）调查对象与研究方法**

**1. 调查对象**

本课题自 2009 年 9 月初至 2010 年 1 月底进入实地考察和深度访谈阶段。在将近 5 个月的调查中，我们对北京市、区、街、居四个层面的 17 家政府机构、社区服务机构、公益性民间组织的政府官员、基层社会组织负责人和工作人员、社区居委会和社区居民等 100 余人进行了焦点座谈和深度访谈。17 家机构包括：北京市社会建设办公室（简称市社会办）、西城区社会办、朝阳区社会办、丰台区社会办、通州区社会办、怀柔区社会办、朝阳区朝外地区社会管理中心、朝阳区团结湖地区司堃范志愿者协会、西城区月坛社区建设协会、大兴区清源街道社区服务中心、丰台区长安新城社区、丰台区洋桥东里社区、公益组织发展中心（NPI）、北京社区参与行动服务中心、同心希望家园文化发展中心、北京社科院流动人口教育与行动研究中心、西城区悦群社会工作事务所。其中，北京市社会办是社会建设的主管部门，其职能之一是承担组织拟订北京市社会公共服务体制机制建设的规划和政策措施，协调推进社会公共服务体系建设；区社会办则履行依据市社会办的相关政策制定符合本区特点的实施意见的责任；6 个街居层面的社会组织从不同角度体现了基层社会组织在社会服务管理中的体制创新；公益组织发展中心（NPI）等 5 个机构是公益性民间组织，分别代表了不同类型的 NGO。

**2. 研究方法**

本研究从实证研究的需求出发，根据不同层级、不同类型社会组织在民生建设的功能定位，在体制内部采取自上而下的筛选方法，在体制外部遴选有代表性的公益性民间组织。在体制内部，我们首先通过参加北京市社工委组织召开的 18 区县社会服务工作汇报会，选择西城区、朝阳区、丰台区、通州区、怀柔区等几个具有代表性的区县进行焦点座谈和实地考察。在此基础上，经区推荐确定了街道和社区层面具有组织创新和制度创新的 6 个基层社会组织作为重点调查对象，进行深入、多次访谈。在体制外部，结合我们以往对公益性民间组织的研究和依据不同类型公益性民间组织在民生建设中的不同功能和作用，我们选择了支持型社会组织、研究推动型社会组织、操作型社会组织等三类 5 个公益性民间组织作为研究对象。

在研究方法上我们主要采用焦点座谈法、深度访谈法和实地考察法。一般而言，与区县社会办多采取焦点座谈法，就我们关心的民生建设与社会组织发展、政府与社会组织的关系、公共服务体系建设的思路等核心话题进行探讨。对街居层面的社会组织和公益性民间组织则采取全面了解、深入对话、实地考察等方法，就该组织的性质、功能、运作模式、实施效果、面临的困难和建议等进行多次深入交流和实地考察，为准确把握基层社会组织在民生建设中的作用以及推动全面发展奠定基础。

**3. 资料来源**

本研究报告的主要资料来源于我们对各类访谈机构的访谈记录、相关社会组织提供的文字资料，以及我们查阅的政府有关文件和文献资料。

# 二　基层社会组织参与民生建设的基本情况

为了摸清北京基层社会组织参与民生建设的情况，我们对选中的 10 个基层社会组织①按照街道辖区社会组织、社区居委会组织、公益性民间组织进行归类，发现它们在民生建设中各具特色，相得益彰。

## （一）街道辖区社会组织的培育与创新

依据北京市人民政府颁布的《北京市街道办事处工作规定》（〔1999〕第 23 号）和 2004 年北京市第五次城市管理工作会议精神，街道办事处根据区政府授权，承担统筹辖区发展、监督专业管理，组织公共服务、指导社区建设的职能。但是在以往工作中，街道办事处在组织辖区开展公共服务时大多以街道社区服务中心为载体，中心的人财物由街道办事处统筹管理。这种管理模式的缺陷是政社不清，依附街道办事处所形成的行政主导的社区服务管理模式已经无法应对当前社区居民多元化服务的巨大需求。因此，改革传统的社区服务模式，创新与重建街道辖区社会组织以适应社区居民多元化服务需求，已经成为基层社会组织发展的一大趋势。

作为全面承担地区性、社会性、公益性、群众性工作职能的街道办事处，在社会服务管理创新中具有上与政府相接，下与社区百姓相连的举足轻重作用。依据各自的目标取向和地区人口结构、服务需求的不同，街道办事处通过政策和资金支持，有针对

---

① "西城区悦群社会工作事务所"因属于 NPI 孵化的社会组织，尚未开展有效工作，在此不作重点介绍。

性地培育、创新了许多新的基层社会组织模式。例如，有的社会组织侧重于发挥"枢纽型"组织的作用，有的侧重于激发志愿组织活力，有的侧重于组织服务。朝阳区朝外地区社会管理中心、朝阳区团结湖地区司堃范志愿者协会、西城区月坛社区建设协会、大兴区清源街道社区服务中心就是其中的典型代表。

**1. 朝阳区朝外地区社会管理中心**

朝外地区社会管理中心于2007年1月20日成立，其性质为注册事业单位，主要功能是在街道社会管理协调委员会的监督指导下做好社会组织的服务管理工作。社会管理中心下设朝外地区文化协会、社会经济协会、社会管理协会、社会工作者协会和社会互助协会等5个功能协会，五个协会都是具有法人资格的社会组织，分别承担政府各职能部门剥离出来的19项社会公共事务。中心通过搭建社会管理和社会服务平台，整合社会资源，在为社区居民提供专业、高效的公共服务的同时，承担着社会组织的服务管理职能。

**2. 朝阳区团结湖地区司堃范志愿者协会**

司堃范是原北京朝阳医院的护士长，曾获联合国"南丁格尔"奖，退休后将护理工作带到社区，转向家庭，在团结湖街道中路北社区成立了司堃范爱心工作室。在司堃范的强大感召力和她所倡导的志愿服务的理念影响下，司堃范爱心工作室服务项目不断扩大，成为地区为老助老服务的一面旗帜。团结湖街道办事处因势利导，以政府购买服务方式扶持和鼓励该组织成长。2007年10月，在政府支持下，具有法人资格的团结湖地区司堃范志愿者协会成立，正式承担起团结湖地区"枢纽型"服务组织的角色。

**3. 西城区月坛社区建设协会**

月坛社区建设协会是1998年由月坛街道办事处和驻区有关单位联合发起成立的，全市第一家经西城区社会团体管理办公室核准注册登记的社会团体。其宗旨是：团结，组织辖区内单位和居民，通过依靠社区力量，利用社区资源，解决社区问题。经过10余年的实践探索，通过依托社会力量，与专业社会组织和高校资源相结合，以"社会组织培育社会组织"的方式，培育了月坛老龄协会、月坛文联、月坛社会调查队、悦群社会工作社等协会分支机构，成为名副其实的地区"枢纽型"社会组织，承担着整合地区服务资源，组织协调其他社会组织开展社区服务的功能。

**4. 大兴区清源街道社区服务中心**

清源街道社区服务中心成立于 2003 年 5 月，是街道办事处直属的事业单位。2007 年被北京市列入街道社区服务中心"由服务群众向服务组织拓展，由提供服务向组织服务拓展，由服务阵地向龙头带动功能拓展"的改革试验点。以"参与式社区服务项目化管理"为突破口，从直接服务转向组织服务，通过龙头带动，实现由服务群众向服务组织拓展，是清源街道社区服务中心试验创新的一条主线。"参与式社区服务项目化"管理的特点是：以"项目运作"为纽带，构建社区服务多元主体上下互动的网络平台；重视能力建立，把提升居民社区参与能力放在首位；突出社区特色，试点先行、循序渐进；建立一套完整规范的社会服务组织管理模式。改变传统服务方式，在社区服务体系中融入现代社会治理结构，是"清源模式"对完善社区服务体系建设的贡献。

**（二）社区居委会组织的转型与重塑**

按照《中华人民共和国城市居民委员会组织法》第二条规定："居民委员会是居民自我管理、自我教育、自我服务、自我监督的基层群众性自治组织。"因此，从性质而言，社区居民委员会本身就是社会组织，只是由于历史原因，居委会承担了过多的政府社会管理职能，而被视为"准行政组织"。这种局面伴随着北京市"居站分离"①

---

① "居站分离"是指在社区工作层面，把居委会和社区服务站职能分开。社区服务站是政府在社区层面设立的公共服务平台，在街道办事处的领导和政府职能部门的业务指导下开展工作；社区居委会回归社区居民自我管理、自我教育、自我服务、自我监督的基层群众性自治组织功能。

表 1　四个街道辖区社会组织的基本情况

| 名　称 | 朝外地区社会管理中心 | 团结湖地区司堃范志愿者协会 | 月坛社区建设协会 | 清源街道社区服务中心 |
|---|---|---|---|---|
| 辖区特点 | 国家机关、外国使馆、文化文物古迹、商厦写字楼和服装贸易市场多,人口结构复杂 | 人口密度高;老旧小区多,缺乏物业管理;人口老龄化程度高 | 下辖26个社区,老年人口比例达23%以上 | 下辖24个社区,社区人口结构复杂,需求相差较大 |
| 组织形式 | 下设文化协会、社会经济协会、社区管理协会、社会工作者协会和社区互助协会5个协会 | 以志愿者为枢纽,社区爱心工作室、社区合唱队、老年餐桌、养大自律协会、帮困助学互助会等社区组织 | 月坛社区建设协会及其养老服务、文体活动、社会组织建设等分支机构;月坛社会调查队;与NPI合作孵化"悦群社会工作事务所" | 与"北京社工参与行动服务中心"合作,以"参与式社区服务项目化管理"为平台,开发培育社区社会组织,培育志愿服务精神 |
| 服务对象 | 承接街道各职能部门剥离的19项社会事务;为辖区单位和居民服务 | 辖区居民,以老年人为主 | 辖区居民,以老年人为主 | 全体辖区居民,包括户籍人口、流动人口;高收入阶层和低收入群体 |
| 组织间关系 | 街道办事处成立协调委员会;社会管理性职能;社会事务承接进行招投标;协会承接事务性职能 | 街道办事处支持和培育扶持志愿者协会组织;志愿者协会开展为老助老服务 | 街道主导,组建社区建设协会及其分支机构;与专业组织及高校(首师大等)合作,人大、首师大等;外部支持性组织(公益组织NPI)积极介入 | 居民执行项目行动小组是项目运作的基础,社区居委会是沟通政府和社区组织、监督项目执行的桥梁,社区服务中心是组织、街道办事处是提供政策和资金支持的主导;"北京社工参与行动服务中心"是推进项目运作的助推器 |
| 经费来源 | 政府以"购买服务"形式提供经费 | 政府给予政策扶持和鼓励 | 政府提供几乎全部经费 | 政府购买服务、志愿服务 |

社区管理体制创新工作的推进，有了明显改观。社区居委会开始从繁重的行政事务工作中解脱出来，回归基层群众性自治组织功能，在组织社区居民、协调社区单位、动员社会力量开展社区服务方面发挥着"社区枢纽型组织"的重要作用，丰台区长安新城社区、丰台区洋桥东里社区便是其中的典型代表。

**1. 丰台区长安新城社区**

长安新城社区是一个以职场年轻人为主体的新建社区，人户分离情况严重。在传统城市社区服务管理以户籍老少病残等弱势群体为主要对象的情况下，如何发挥职场人员参与社区工作的积极性，使社区成为年轻人的家园，是对这类社区居委会自治功能的考验。为此，长安新城社区居委会转变传统的工作理念，从社区人口结构的特点和年轻人的需求出发，通过以文化体育为媒，吸引青年自己组织的文体组织"回归社区"，借助政府力量，为政府、企业（物业）与社区组织的合作互动搭建平台等途径，整合了社区和社会网络体系，实现了政府行政管理与社区居民自我服务管理的有效衔接和良性互动，赢得了社区居民的信任和欢迎，承担起协调、统筹和整合社区服务资源的"社区枢纽型组织"功能。

**2. 丰台区洋桥东里社区**

与长安新城社区不同，洋桥东里社区是一个典型的"单位物业型社区"，属于老旧小区，在北京城市社区中具有较强的代表性。由于不同楼层分属不同物业公司管理，由家委会合并而形成的社区居委会在许多情况下存在"分而治之"的局面，矛盾冲突和一些不协调现象时有发生。为了扭转社区工作的被动局面，洋桥东里社区居委会从整合社区服务资源入手，通过组建"物业自律协会"，促进物业公司之间合作；建立"爱心护聊队"，促成居民之间互助；成立"便民服务互助协会"，促进驻区单位与居民合作等途径，使原来分散的社区力量，凝聚在社区居委会旗下。洋桥东里社区居委会由"准行政组织"向"社区枢纽型组织"的转型代表了社区未来的发展方向，在城市社区中具有推广价值。

表2　两个社区社会组织的基本情况

| 名　　称 | 丰台区长安新城社区 | 丰台区洋桥东里社区 |
| --- | --- | --- |
| 社区特点 | 经济适用房小区，年轻人占七成 | 老旧小区，分属五家单位物业管理 |
| 社会组织及相应活动 | 文体协会（文体活动）、亲子乐园（幼儿教育）、工会办公室（社会服务） | 便民互助协会（周边商业单位发挥社区责任）、物业自律协会（多个单位物业沟通协商）、爱心护聊队（健康咨询） |
| 服务对象 | 社区中的年轻人、新妈妈；社区周边的单位职工 | 社区居民，以中老年人居多 |
| 组织间关系 | 社区社会组织自我管理；社区居委会统筹协调与管理 | 社区居委会发起、主导社区社会组织；周边单位与社区志愿者积极参与 |
| 经费来源 | 社区社会组织自我维持；社区居委会提供活动场地 | 周边单位及物业提供赞助 |

## （三）公益性民间组织的角色与功能定位

本文所指的公益性民间组织是指没有政府背景，没有明确的服务地域，以社会公众为服务对象，致力于为基层社会提供社会服务活动的非政府、非营利性机构。按照我国民政部民间组织管理局文件的规定，这类组织属于民办非企业单位。公益性民间组织往往带有独特的运营模式、价值理念，针对社会中的特定群体、特定问题而展开社会服务，其工作方式注重服务对象的参与性，通常不直接向服务对象收取费用，而是依靠社会捐赠、基金会项目资助等方式运营。依据公益性民间组织在民生建设中的不同角色和功能定位，我们选择了支持型社会组织、研究推动型社会组织、操作型社会组织三类公益性民间组织作为研究对象，并以公益组织发展中心（NPI）、北京社区参与行动服务中心、北京社科院流动人口教育与行动研究中心、同心希望家园文化发展中心作为研究案例。

### 1. 公益组织发展中心（NPI）

"公益组织发展中心"（Non-Profit Incubator，NPI）是在政府主管部门和国内外资助型机构的支持下，于上海市浦东新区正式注册的民办非企业单位，旨在为不同成长期的中小型民间公益组织提供关键性支持。NPI 是一家具有"社会整合"功能的支持性社会组织。针对不同成长期的社会组织，NPI 的服务方式不同，对初创期的 NGO，主要启动"公益组织孵化器"和能力建设项目，以实现政府与社会组织的互动；对成长期的 NGO，主要开展"公益创投"和企业社会责任咨询服务，以实现企业与社会组织的互动；对成熟期的 NGO，则通过社区服务平台、公募基金会、联合劝募平台给予支持和帮助，实现政府与企业间的互动。2006 年，NPI 首创"公益孵化器"概念，应用"民间力量兴办、政府支持、专业团队管理、社会公众监督、公益组织受益"的模式，对被孵化机构提供包括场地设备、能力建设、注册协助和小额补贴等公益组织创业期最亟须的资源，扶助这些初创的民间公益组织不断成长。这一模式率先在上海浦东运作成功，后又通过发起"恩派"系列机构使该模式在上海（浦西）、北京、成都、深圳等地成功复制。2009 年 3 月，公益组织发展中心成立了北京办公室，7 月，在北京市民政局注册了北京西城区恩玖非营利组织发展研究中心（简称"恩玖"）。随后 NPI 接收了来自北京不同地区的多家孵化机构入壳，西城区悦群社会工作事务所便是其中的一家。经过一年的孵化服务，有 9 家机构已经初步建立了一个较为完善的治理结构，一支精干、高效的团队，具备清晰的社会使命和战略规划，具备一定的项目开发和可持续发展的能力，成功孵化出壳。2010 年底，NPI 的 550 平方米孵化基地在西城区鼓楼外大街落成，成为 NPI 与西城区社会建设办公室共同培育西城区乃至北京市公益组织的重要基地。如今"公益孵化器"这一带有全国示范作用的创新模式已获得来自于政府、资助机构、NPO 业界、媒体和各方专家的高度肯定，被誉为近年来公益领域的重要制度创新。而 NPI 的重要贡献在于，在资金的提供方（资助型社会组织）和资金的需求方（操作型社会组织）之间建立起制度化联系的同时，通过帮助操作型社会组织加强能力建设，提高了公益资金的使用效率，成为公益产业链条上的重要一环。

**2. 北京社区参与行动服务中心**

"北京社区参与行动服务中心"是一家致力于社区能力建设，促进城市社区参与式治理的非营利性民间机构。该组织成立于2002年12月，2003年9月工商注册，2009年2月在北京市东城区完成民政注册。"北京社区参与行动服务中心"也属于民间支持型社会组织，但是它与NPI这样为不同成长期的民间组织提供能力支持的支持型社会组织的不同之处在于，其服务对象是城市社区组织，旨在帮助中国城市社区建立和提高社区参与能力，推动持续性的社区参与式治理，促进和谐社区的建立。北京社区参与行动服务中心的突出特点是与地方政府有关部门开展不同内容的城市社区参与式治理的实践合作。从2004年初开始，中心相继在宁波市海曙区望春街道和段塘街道、辽宁省鞍山市铁东区站前街道、北京市大兴区清源街道、东城区建国门和交道口街道等创新出了不同特色的城市社区参与式治理模式，在社区能力培养方面成绩显著。相对于大量从事社会实践服务的NGO而言，我国支持型社会组织数量很少。由于缺乏能力建设，目前我国的社会组织还难以承担起与政府、企业共同推进社会发展的重任，支持型社会组织的短缺已经成为我国社会组织结构中的一块短板。因此，以推动社区能力建设为己任的"北京社区参与行动服务中心"的出现，不仅搭建了政府与社区组织的沟通平台，促进了政府与社区组织互动，而且拓展了支持型社会组织的服务对象，在一定程度上开了NGO在社会治理结构中的助推器角色的先河。

**3. 北京社科院流动人口教育与行动研究中心**

"北京社科院流动人口教育与行动研究中心"成立于1999年，是由关注农民工及其家庭的研究人员与大学生志愿者共同组成的，该机构挂靠在北京市社会科学院，不是独立的法团法人。中心自成立以来，就一直扎根于流动人口聚居社区，以农民工子女为服务主体，开展流动儿童课外学习辅导、课外知识扩展等活动，并逐

表3 四个公益性民间组织的基本情况

| 名 称 | 公益组织发展中心 | 北京社区参与行动服务中心 | 北京社科院流动人口教育与行动研究中心 | 同心希望家园文化发展中心 |
|---|---|---|---|---|
| 组织特征 | 具有"社会整合"功能的支持性社会组织 | 致力于社区能力建设、促进城市社区参与式治理的支持性社会组织 | 以行动研究方式服务流动人口的研究型社会组织 | 以自我组织、自我服务的方式，推动流动人口社区参与和能力平等的操作型社会组织 |
| 活动范畴 | "公益组织孵化器"、企业社会建设项目、"公益创投"、企业社会责任咨询服务、社区服务平台、联合基金会、公募基金会功能平台 | 向城市社区提供社区参与的信息、咨询和培训；开展中国城市社区参与式治理试点的行动研究；传递城市社会治理的新理念和实践；收集城市治理案例和出版物出版；在政府、专家学者、NGO和城市社区间建立沟通、交流网络与合作平台；培育社区自组织发展 | 开展流动儿童课外学习辅导、课外知识扩展等活动；为流动儿童家长及打工青年提供免费讲座、培训及信息支持 | 爱心超市、儿童中心、三点半学校、图书角、家庭讲座 |
| 服务对象 | 不同成长期的社会组织 | 社区工作者、社区居民 | 流动儿童、流动打工者 | 流动人口中的妇女、儿童 |
| 组织间关系 | 政府主管部门和国内外资助型机构支持，在资金（资助型社会组织）和资金的需求方（操作型社会组织）之间建立制度化联系 | 与政府、社区居委会建立伙伴关系 | 与社区居委会建立合作伙伴关系 | 与社区建立互动关系 |
| 经费来源 | 政府购买、企业资助、基金会支持 | 政府购买、基金支持 | 基金会 | 基金会 |

步将服务延展到家长及打工青年，为他们提供免费的讲座、培训及信息支持，通过活动把社区中的流动人口动员起来，帮助他们形成自己的互助网络。中心成立十余年来，逐步摸索出一个在服务实践中进行研究，并以研究成果推动实践的流动人口社区服务模式，走出了一条用行动研究的方式服务流动人口的社区支持的创新之路。

**4. 同心希望家园文化发展中心**

"同心希望家园文化发展中心"是由一群来自打工者群体的热心者发起，旨在通过行动与支持，推动流动人口社区参与能力和性别平等的公益性民间组织，2005年3月在工商部门注册成立。中心目标是：提升外来妇女的参与主体意识、合作意识，获得自信心；进一步促进外来人员对北京市的认同与融合；探索流动妇女如何通过行动来改变自己的生存环境，改善社区氛围和家庭关系；摸索出一套在外来工聚集地开展妇女工作的经验；通过"爱心超市"的工作探索社会企业的运行管理模式。中心自成立之日起就扎根于城乡结合部流动人口聚居区，为生活在底层的流动人口提供爱心超市、儿童中心、三点半学校、图书角、家庭讲座等公益服务，使这些处于社会边缘化的群体感受到家的温暖。这些由流动打工群体组成的中心成员，以真诚、博爱和强烈的社会责任感，在简陋的生存环境中以自我组织、自我服务的方式履行着改善流动人口生存状况的伟大使命，为流动人口服务管理创新提供了一个新的具有强大生命力的范例。

# 三　对基层社会组织参与民生建设的基本评价

## （一）基层社会组织参与民生建设成效显著

**1. 尊重社区多样性，为社区不同群体提供多样化的民生需求**

北京具有人口结构复杂，社区需求多元化的特点。在我们所重点调查的 10 个基层社会组织中，他们的服务对象几乎涉及了各种类型的社会群体：既有专职的社会工作者，也有普通热心的社区居民；既有职场的年轻人，也有居家的老人、儿童；既有生活富裕群体，也有生活贫困群体；既有户籍人口，也有流动人口……

北京社区参与行动服务中心与大兴区清源街道社区服务中心合作开展的"参与式社区服务项目化管理"，使生活在清源这样一个集多元化异质社区为一体的行政辖区内的居民们，开始享受到与以往不同的，能够满足不同社会群体需要的，更便捷、更有效的社区服务。在香留园"老年健康俱乐部"里，既可以看到合唱团的老人们纵情高歌、洋溢着幸福的笑脸；也可以在健康知识讲堂里看见老人们与专家互动获取健康秘诀时的快乐。义诊送到床前，关爱送走孤独，彼此关心照料，已经成为香留园这个"老年之家"的社区风尚。兴华园社区举办的"儿童创意空间工作坊"项目，针对孩子的特点，与红黄蓝、家教协会合作举办专题活动，寓教于乐，引导未成年人增强团体意识和实践能力。康隆园是一个高档别墅型社区，能源消耗和碳排放量很大，不仅造成了资源浪费，也影响了居住区的生态环境。如果按照传统思维方式，这类问题是不能纳入社区服务范畴的。但是"绿岛生活馆"项目经过层层论证，以工作组、居民、专家打分排名第一纳入了 2009 年"参与式社区服务项目"计划。该项目从绿色环保着手，通过环保培训，组织社区居民将餐余废油制作环保肥皂、利用蚯蚓技术将餐余垃圾制成有机肥、进行无土水生植物种植和盆栽蔬菜实验等，使社区居民的生态环保意识在实践中得到提升。各种居民环保小组的涌现带动了越来越多的居民投身环保事业，"创建生态环保社区，倡导低碳绿色生活"已经成为康隆园社区居民的共同行动。"参与式社区服务"本质上是一种建立在邻里互助基础上的志愿服务。从接受培训到项目申请，从参与决策到项目执行，社区志愿者在社会工作者的引导、启发和帮助下，不仅理解了参与式的发展理念，而且掌握了参与性的方法和工具，提高了社区参与的能力和服务技能；从"被动接受培训"到"主动要求培训"，从"上面要求做"到"我们申请做"，这些以志愿者身份出现的"社区领袖"和"社区能人"在助人的过程中，分享了"乐人乐己"的志愿情怀。

北京恩派公益组织发展中心作为一个支持性社会组织，在孵化北京公益组织上功不可没。截至 2010 年底，它已经为北京成功孵化了 9 个公益性民间组织，其中 70% 的组织已经进入了快速发展阶段"[①]，"悦群社会工作事务所"就是其中的一个。该组织由北京建筑工程学院社会工作专业系毕业的三名大学生自主创办。作为西城区第一家由民政部门核准成立的民办非企业性质的社会组织，成立之初，"悦群社会工作事务所"有幸进入了北京恩派公益组织孵化器，在 NPI 的指导下，承担了西城区月坛街道辖区的中小学驻校社工项目和西城区精神残疾人员工作坊的助残项目等。经过 1 年的孵化，该组织在整个战略方向上更加明确，在申请项目时能够提供自己的竞争优势，发挥特长，逐渐把自己的工作模式总结出来，并运用工作模式规范自己的项目运作。2010 年 11 月，"悦群社会工作事务所"顺利出壳，目前正着手在月坛街道成立一个心理咨询所。

丰台区长安新城社区居委会以健身为媒介，以运动和文化凝聚社区精神，通过组成全民健身协会，与开发公司、物业公司进行协商，为年轻人提供免费活动场所，将原本游离于社区之外的辖区职场青年自己的各种文体活动组织吸引回归社区。居委会的信任和支持使年轻人成为社区组织的中坚力量，他们亲自为协会设计会标，主动开展各种社区文体活动，与居委会合作，利用体协的网络宣传社区工作，组织社区居民为陇西捐款、捐物，成为社区居委会的得力助手，解决了长期以来我国社区建设缺少职场人士参与的难题。

流动人口公共服务严重匮乏，社区参与不足在我国是一个普

---

① 金岩：《北京西城悦群社工事务所"出壳"》，2010 年 11 月 15 日《公益时报》。

遍现象。北京作为一个有着近 1000 万流动人口的特大型城市，流动人口特别是生活在底层的农民工群体亟须社会给予精神上和物质上的帮助。同心希望家园文化发展中心和北京社科院流动人口教育与行动研究中心在流动人口聚居区长期从事为农民工提供能力建设和急需的人文关怀。他们以自己的爱心和行动，为流动人口撑起一片蓝天。同心希望家园文化发展中心通过举办爱心超市、儿童中心、三点半学校、图书角和家庭讲座等活动，使处于边缘化的农民工家属和子女逐渐融入到社区中，他们在分享志愿服务的同时，开始以"参与式"的方式有意识地投身到助人自助的社会工作中来。越来越多的流动妇女参与到学前教育、爱心超市和生产合作社中，走出了一条流动家庭妇女寻求自我生存和发展的新路。这些走出家庭的流动妇女正在成为新的"社区服务者"，承担起帮助更多的流动人口实现自我发展、社会融合的责任。

**2. 多元化社会服务组织在成长**

纵观北京基层社会组织的发展轨迹，我们可以清楚地看到，伴随着社会事业的发展，它们也经历了从初创到成长的过程。在我们调查的 10 个基层社会组织中，有 6 家是近 5 年成立的，其余机构或是经历了转型，或是拓展了新的业务。说它们是多元化的社会组织，是因为它们在民生建设中承担了不同的功能和角色，它们中有的是管理型组织，有的是服务型组织；有的是服务组织，有的是服务居民；有的是"以社会组织培育社会组织"，有的是"以志愿服务带动地区社会组织发展"；有的是服务全体辖区居民，有的是服务流动人口等特殊群体；有的致力于社区能力建设，有的以实现"社会整合"为目标……但是，无论它们以何种身份承担民生建设的使命，它们的成长都是与社会事业的发展连在一起的。

在经历了 10 余年的发展之后，西城区月坛社区建设协会已经由初期整合地区社会单位资源为辖区服务，发展到整合外部社会资源，培育新的社会组织，为辖区居民提供专业化、社会化、个性化服务；大兴区清源街道社区服务中心以"参与式社区服务项目化管理"为突破口，实现了从直接服务向组织服务的功能性变革；公益组织发展中心（NPI）从"公益组织孵化器"起步，发展到集孵化、能力建设、企业社会责任咨询服务、社区服务平台、公募基金会、联合劝募平台等于一体的具有综合性质的支持性社会组织；同心希望家园文化发展中心从一个只有几个志愿者为流动妇女和儿童提供爱心超市、三点半学校服务做起，发展到目前已有 16 个专职工作人员，为流动人口提供从生活需求到就业和社区参与能力建设多方位的系列服务，成为流动人口自组织的先进代表；北京社区参与行动服务中心由初期通过社区培训项目，推进社区参与，到与政府合作，推动政府购买服务，实现了由工商注册到民政注册的转变，体现的正是由民间操作到政府和社会认同的过程。

**3. 一个政府与社会组织功能互补、机制互联、力量互动的基层社会服务组织网络已见雏形**

毋庸置疑，民生建设作为政府的中心工作，政府在民生建设中的行政主导功能无可替代。而实践证明，社会组织在民生建设中具有的重要拾遗补阙和助推器作用与政府的行政功能互补，取得了相得益彰的效果。

政府在民生建设中的行政主导功能主要体现在五个方面：一是引导社会组织公益活动向民生领域发展，通过搭建活动平台，发挥政府组织、动员、调动、凝聚的职能，调动多种资源，给予社会组织有力支持。二是把年检与服务民生行动紧密结合，社会组织在参加年检的同时申报服务民生项目，对申报项目进行计划性安排。三是将政府购买社会组织公益服务项目列入《北京市2010 年在直接关系群众生活方面拟办的重要实事》，市区县两级政府共出资 1 亿元购买社会组织服务，对社会组织开展公益服务起到了重要导向作用。四是通过整合社会组织内部资源，相互进行资金支持、智力支持、专业支持，提高服务民生行动质量和效果，初步建立了社会组织服务民生行动资源配置体制。五是建立起社会组织公益项目动态化监管机制,实现了对社会组织公益项目运作和公益活动的动态化监管。基层社会组织的自治辅助功能则主要表现在,一是承担起政府转移的部分公共服务职能,促进了政府的职能转变。二是发挥了公益性社会组织在民生建设中的助推器作用,为不同社会群体提供了多层次、多样化、高品质的社区服务,使北京的民生建设迈上一个新台阶。三是在履行社会公益责任的同时,促进了社会组织的自身发展。

2010 年,北京启动了以社会组织为主体,以民生建设为核心,政府倡导、社会参与、贯穿全年的社会组织服务民生行动,该行动扩大了政府惠民政策效果和社会效应,牵动了社会组织在社会建设中与多方面的合作关系,也为社会组织建设创新获取了新的经验。一方面是形成了政府组织推动、社会组织积极参与、社会力量协同配合的民生建设新格局,推动了政府与社会互补、互联、互动机制的形成。通过政府购买社会组织公益服务,社会组织把政府无力做的公共事务承担起来,成为政府的有力助手;通过社会力量的广泛参与,形成全社会支持社会组织发展的良好局面;通过资源配置,使社会资源与社会组织服务项目有效对接,提升了社会组织实力,规范了社会组织行为,形成了扶持社会组织发展的长效机制。另一方面是一个以操作型社会组织为主体,街居层面的社会组织为枢纽,支持性社会组织助推的基层社会服务组织网络已见雏形,为下一步政府推广社会组织服务民生工程提供了宝贵经验。

## (二)基层社会组织参与民生建设面临的发展困境

虽然通过我们的调查可以看出北京的基层社会组织在民生建设中正在发挥着重要作用,一个政府与社会组织功能互补、机制互联、力量互动的基层社会服务组织网络已见雏形。但是,从全市总体看,基层社会组织发育明显不足,慈善公益类和生活服务类组织在社区社会组织的比例仅占 1/3，且服务的自主性功能薄弱，因此，相对当前北京社区居民对多层次、多样化、高品质的社区服务需求而言，仍然存在较大差距。这种局面形成的原因十分复杂，既有历史原因，也与制度设计、政策安排和服务理念滞后密切相关。概括起来，基层社会组织参与民生建设面临的发展困境主要体现在以下几方面。

**1. 基层政府与社会组织之间的关系尚未理顺**

建立政府主导，社会组织参与的新型合作关系是基层社会组织在民生建设中发挥主体作用的保证。客观地说，北京市在培育、扶持社会组织发展方面具有创新的思路和配套的政策，但是在实践中由于传统体制的惯性，基层政府与自身培育的社会组织、社区居委会和公益性民间组织之间因为彼此形成的正式关系和非正式关系，在工作中往往存在抵牾冲突之处。

以街道办事处与自身培育的社会组织之间的关系为例：从正式关系来看，双方应当是对等的关系；但是从非正式关系来看，双方之间无论是经费、人事上，都存在着一种庇护——依赖关系。街道办事处如果指派社会组织承担一些职能之外的工作，社会组织也得完成，因为这代表了一种信任；而社会组织如果未能完全尽职，政府也需要有弹性地包涵，因为这是一种庇护。这样的非正式关系的好处在于彼此之间的信任程度较高、摩擦较少，但却增加了服务和管理成本，因为彼此之间的约束不再是硬性的，而是有弹性的，甚至是不可预期的。

根据《城市街道办事处组织条例》和《中华人民共和国城市居民委员会组织法》，街道办事处与社区居委会的关系是指导与协助的关系，即街道办事处有责任指导、支持和帮助社区居委会工作，社区居委会也有义务协助政府工作，并接受街道办事处的指导。但是在传统体制下，街道办事处与社区居委会的关系更多表现为领导与被领导的关系。调查中，我们经常听到或者看到，街道办事处越俎代庖替社区居委会做主开展社区服务，即使是在

"居站分离"的情况下，社区居委会缺乏工作自主权的情况也时常发生，社区居委会对此虽有微词，但也只能被动接受。

街道办事处与公益性民间组织之间的关系也有微妙之处。一方面，公益性民间组织的经费和人员并不完全依赖于街道，有相当大的独立性，因此非常强调双方平等合作的正式关系；另一方面，街道办事处希望双方的合作能够直接服务于自身的工作安排，直接服务于区域内的眼前问题，希望能够在合作中占据主导地位，因此当彼此的工作意图产生分歧时，街道办事处有时会以非正式方式施压，使得双方难以合作下去。

**2. 扶持民间社会组织发展仍然存在制度障碍**

按照国家的有关法律条例规定，社会组织在正式登记前，必须要有政府授权的机构作为业务主管单位，即实行由登记管理机关和业务主管部门共同负责核准登记的社会团体"双重管理体制"。但出于种种考虑，在实际工作中很多政府授权的机构不愿承担对民间社会组织的管理责任。虽然北京试图通过建立市级"枢纽型"社会组织来解决这一难题，但一方面，现有的市级"枢纽型"社会组织还不能全部覆盖所有的社会组织；另一方面，已经建立的市级"枢纽型"社会组织还处于存量脱钩，尚未进入增量吸纳的阶段。因此，大量公益性民间组织还未纳入政府扶持范畴。我们所调查的四个公益性民间组织，除了NPI成立之初在上海注册为民办非企业单位外，北京社区参与行动服务中心也是经过了6年的努力，才实现了工商注册到民政登记注册的转换，而2005年3月在工商部门注册成立的同心希望家园文化发展中心虽然一直从事公益性工作，但至今得不到正当名分，为流动儿童服务了11年的北京社科院流动人口教育与行动研究中心也因市级"枢纽型"社会组织还未进入增量吸纳阶段，仍然无法获得独立的法团法人地位。由于得不到政府的认可和资助，大多数民间公益性组织的发展主要依赖于境外或者国际组织的资金支持。

**3. 培育发展社会组织缺乏持续性的制度安排**

培育发展社会组织是一项持续的社会事业，需要有相关的制度设计。但是从我们调查的情况来看，目前无论是在街道层面，还是社区层面，培育发展社会组织的工作仍然带有较大的人为性。一是做到什么程度、投入多大力量、怎么去培育发展，往往要取决于"一把手"的认识和态度。在这种情况下，如果街道领导或社区书记有人事变动，与社会组织的一些合作往往也会因此变动。二是活动领域受限于行政管辖制约。目前，北京基层社会组织参加民生建设的领域十分广泛，特别是民间公益性组织的服务范围往往是跨地域、跨行业的。但是街道办事处、社区居委会受地域管辖权限制约，容易从自身工作领域出发，对于基层社会组织在本社区、本街道外的活动通常不太支持，使得基层社会组织的发展受到限制。

**4. 资金不足与配置使用不当制约社会组织发展**

社会组织参与民生建设是一项公益行为。在国内基金会还难以支撑公益性社会组织发展的情况下，政府的资金支持无疑成为社会组织发展的关键环节。但是从北京目前的情况看，现有的资金支持还难以支撑社会组织的发展。一是政府购买公共服务的资金总量不足。虽然最近北京市社会建设工作领导小组发布了《北京市 2011 年政府购买社会组织服务项目指南》，但是这项社会建设的专项资金与 2010 年相比从额度上并没有明显增幅。从 2010 年部分地区实施的情况看，有些项目是打包式申请，发到每个社区一个项目只有几千元，杯水车薪下更多体现的是一种象征性鼓励，与实际需要相差很远。二是申请社会建设专项资金的程序限制了民间公益性组织的发展。按照北京市政府购买公共服务项目的要求，2011 年项目申请单位只能通过 3 种渠道才能获得申报资格：①通过所属市级"枢纽型"社会组织申报；②各区县社会组织通过各区县社会建设工作领导小组办公室申报；③暂时仍由行政部门主管的市级社会组织，直接向市社会建设工作领导小组办公室申报。今后，则统一由"枢纽型"社会组织进行汇总和申报，并负责对项目落实和资金使用情况进行监督管理。由此，就把目前仍在工商注册，无法获得社会组织名分的大批民间公益性组织排斥在政府购买公共服务的体系之外，民间公益性组织陷入了希望为民服务却得不到认可的尴尬境地。三是社区公益金使用受限。目前，北京市除了通过社会建设的专项资金购买公共服务之外，在社区层面，根据社区规模的大小，通过社区公益金的形式，每个社区每年可以获得 8 万 ~ 16 万元的财政支持。但根据社区公益金使用规定，它主要用于支付社区组织的一些大型社区活动，并不包括购买社会组织服务的内容。而且社区公益金的支配权在街道办事处，使用时的申报和批复环节限制较多，不仅先申请后使用缺乏灵活性，许多社区居民需要的服务项目也不在使用范围，由此导致有限的社区公益金常常被积压在街道办事处，使用率较低。

### 5. 专业社工流失严重难以提升公益服务质量

社会组织参与民生建设不仅需要量化服务，更需要品质服务，专业社工就是实现公益服务专业化品质的决定性因素。我国的社工专业已经发展 30 多年，每年都有一定数量的毕业生进入社会，但大多数社工专业毕业生都会在短时间内更换工作，很多学生甚至毕业后直接从事其他领域的工作，造成实际培养人才数量与社会需求数量的不对称。我们在调查中发现，社工人才流失的原因概括起来：一是社会认知度不高，社工开展工作困难；二是缺少工作平台，社工就业困难；三是资金短缺、待遇偏低留不住社工；四是缺乏实践经验，社工得不到认可。专业社工的严重不足，使得北京基层社会组织参与民生建设的领域有限，一般性服务多，专业化服务少。

### 6. 流动人口服务组织仍未得到政府的扶持和鼓励

城市流动人口服务严重短缺是政府公共服务的一块"短板"。尽管北京的流动人口数量已经接近户籍人口，为首都城市建设发展作出的贡献有目共睹，但是受城市人口规模调控思路下流动人口与户籍人口区别对待社会政策的影响，北京基层社会组织中为流动人口提供服务的少之又少。而为数不多的包括同心希望家园文化发展中心、新工人艺术团等流动人口自组织，虽然从事的都是为流动人口服务的公益事业，但是由于找不到业务主管部门，只得顶着工商注册的身份，依靠境外基金会维持服务。在我们调查的为流动人口服务的社会组织中，他们面临的不仅是资金的窘迫，同时还要因为城乡结合部流动人口聚居区的拆迁不断寻找新的服务阵地……他们所做的本是应该由政府提供的，但时至今日他们的努力还没有得到政府的认可、扶持和鼓励。

## 四　发挥社会组织作用应实现几个突破

党和国家高度重视社会组织建设工作，在最近颁布的《中华人民共和国国民经济和社会发展第十二个五年规划纲要》中，把"加强社会组织建设"作为社会管理创新的重要组成部分，专门设章并明确提出：要积极培育社区服务性、公益性、互助性社会组织。重点培育、优先发展经济类、公益慈善类、民办非企业单位和城乡社区社会组织。应该说，我们所调查的上述从事民生建设的基层社会组织都属于"十二五"规划提出的重点培育、优先发展的社会组织。而要使这些社会组织能够在民生建设中更好地发挥作用，必须在"建立健全统一登记、各司其职、协调配合、分级负责、依法监管"的社会组织治理创新框架下寻求新的突破。

**1. 以互信为前提，建立政府与社会组织新型的合作伙伴关系**

社会组织具有弥补市场失灵和政府失灵带来的治理缺失功能，是社会组织存在与发展的前提。就服务民生建设的社会组织而言，其使命、价值观和工作领域都与"十二五"规划提出的重点培育、优先发展的社会组织要求相吻合，应该得到重视和鼓励。目前，这类社会组织之所以在发展中存在困难，与政府和社会组织相互之间缺少足够的信任有一定关系。这种信任既包括政治信任，也包括能力信任，而且是双向的。从我们的调查情况看，政府对自身培育的社会组织和社区居委会在政治上是信任的，但是对它们的自主工作能力缺少应有的信任，习惯以指令方式直接领导工作，而这类社会组织或者依附政府生存，或者受长期形成的领导与被领导关系束缚，常常对政府的行动干预"敢怒不敢言"。相对而言，民间社会组织与政府的关系显得比较直白。通常政府对民间社会组织缺乏政治信任，常常以这类社会组织没有在民政部门登记注册（事实是民间社会组织因接受境外基金会资金支持，政府不承认它们的社会组织性质）为名，将它们排斥在政府购买公共服务的体系之外，而民间社会组织虽然希望纳入政府认可的社会组织体系，但也担心由此失去社会组织自身的"独立性"……

如前所述，社会组织参与民生建设是以弥补市场失灵和政府失灵的新机制姿态出现的。因此，政府与社会组织之间是功能互补的合作伙伴关系。而合作主体间的彼此信任与合作首先取决于政府的姿态，因为政府的公权力和公信力决定了它在与社会组织合作过程中的强势地位。相对能力信任，政治信任在政府与社会组织合作过程中占有重要地位。政治信任有广义和狭义之分。广义上的政治信任，包括了公众对政治制度的信任、公众对政府的信任、公众对其他政府机构的信任、公众对政治精英的信任、政府内部的信任、政府对公众的信任、多党制体制下公众对不同政党和政治派别的信任等。而狭义的政治信任主要是指公众对政府的信任①。本文所指的政治信任是广义的政治信任，既包括政府对社会组织的政治要求，也包括社会组织对政府能代表他们利益的一种期待。应该说，政府对社会组织，尤其是民间社会组织更多是出于政治风险的担忧。因为在传统社团管理体制下，民间社会组织主要依靠境外资金发展与生存，而境外基金会的良莠不齐，特别是敌对势力利用社会组织进行"政治渗透"所构成的社会风险，是我国政府对民间社会组织的担忧所在。事实上，参与民生

---

① 肖唐镖、王欣：《中国农民政治信任的变迁——对五省、市 60 个村的跟踪研究（1999—2008）》，中国社会稳定研究网，2010 年 10 月 6 日。

建设的社会组织，无论它是否具有政府背景，作为社区服务性、公益性、互助性社会组织，本身并没有政治风险，如果把民生建设作为一种政治考量，也是出于执政为民的考虑。在我们接触过的许多民间公益性社会组织中，多以服务社会、服务民众为己任。而改善民生，为市民提供多元化、高品质的公共服务也是政府的责任所在，因此，公共利益目标一致下的政府与公益性社会组织的彼此信任、理解和相互沟通，是实现功能互补的重要前提。而能力信任则是要有社会组织能力建设作为支撑，一方面政府要为社会组织的培育和发展积极创造条件，同时要相信社会组织具有做好民生服务的能力；另一方面，社会组织也要通过学习和实践，不断完善服务技能，提高服务民生的专业化、职业化水平。据此我们认为，与西方用以讨论国家与社会关系的法团主义和市民社会理论相比，我国这种建立在政府和社会组织互信基础上的新型社会关系是合作互动而非对抗性的，只要把握好两者之间的伙伴关系，就可以推进社会组织在民生建设中的发展。

**2. 承认街道辖区和社区范围内具有枢纽功能的社会组织地位**

"枢纽型"社会组织是北京在社会组织管理制度上的重大创新。按照 2009 年 3 月北京市社会建设工作领导小组印发的《关于构建市级"枢纽型"社会组织工作体系的暂行办法》，"枢纽型"社会组织是指由市社会建设工作领导小组认定，在对同类别、同性质、同领域社会组织的发展、服务、管理工作中，在政治上发挥桥梁纽带作用、在业务上处于龙头地位、在管理上经市政府授权承担业务主管职能的市级联合性社会组织。据此，"枢纽型"社会组织在北京已经成为一种既定的专有名称，其他层级的社会组织无论它是否承担"枢纽型"社会组织的角色，都不能称为"枢纽型"社会组织。

事实上，所谓"枢纽"，是指事物相互联系的中心环节。就社会组织而言，不同层级的社会组织，如市、区、街道、社区层级中都有承担"枢纽"作用的社会组织，只不过它们在社会组织服务管理中的功能和角色是有差异的。就北京而言,市级"枢纽型"社会组织是以市级人民团体、协会、联合会为骨干,经北京市社会建设工作领导小组授权承担社会组织业务主管单位职责,其特征是对同性质、同类别、同领域的社会组织进行服务、引导和管理。区级"枢纽型"社会组织以区级社会组织联合会为代表,由区域内的社会组织自愿联合发起,重点承担社会组织在规范管理、业务指导、培育发展等方面的功能,包括为各类社会服务性组织提供业务咨询、培训、培育孵化、产品推介等相关服务。与市级"枢纽型"社会组织的专业归类和区级"枢纽型"社会组织的唯一"综合性"管理相比,街道辖区"枢纽型"社会组织的类型可以更具灵活性,以我们调查的朝阳区朝外地区社会管理中心、朝阳区团结湖地区司堃范志愿者协会、西城区月坛社区建设协会、大兴区清源街道社区服务中心为例,四个街区层面的社会组织虽然模式不同,但是它们都承担着整合辖区社会服务管理资源,组织协调其他社会组织开展社区服务的功能。而社区"枢纽型"社会组织的代表是社区居民委员会。作为国家法律明确规定的基层群众性自治组织,社区居委会在组织社区居民、协调社区单位、动员社会力量开展社区服务方面发挥着上与街道政府相接,下与社区百姓相通,横与社会组织相连的组织优势,承担着组织辖区单位和社区成员开展符合社区特点,对社区发展有重要影响,可以满足相对多数社区成员需求,重点照顾社区弱势群体的社区服务项目的"社区枢纽型组织"功能。可见,不同层级的"枢纽型"社会组织功能和角色不尽相同。相对而言,基层"枢纽型"社会组织具有直接面对服务对象,了解居民服务需求的优势。只有承认街道辖区和社区范围内具有枢纽功能的社会组织地位,才能更好地发挥它们在整合地区社会服务资源,为社区居民提供多元化、高品质社区服务的作用。

**3. 正确认识民间公益性社会组织在民生建设的重要作用**

本文所指的公益性民间组织是指没有政府背景,没有明确的服务地域，以社会公众为服务对象，致力于为基层社会提供社会服务活动的非政府、非营利性机构。这类机构因其具有强烈的社会使命感、敬业的社会服务精神和专业化的服务技能越来越多地得到社会的认可。我们所调查的公益组织发展中心（NPI）、北京社区参与行动服务中心和北京社科院流动人口教育与行动研究中心只是诸多公益性民间组织的代表。应该说，与综合型、管理型社会组织相比，公益性民间组织在民生建设中具有对接社区需求，在社区落地为居民提供直接或者间接服务的功能，特别是像同心希望家园文化发展中心这样以改善流动人口生存状况为使命的公益性民间组织，就根植于流动人口聚居区，为处于边缘化的流动人口提供尽可能的服务和支持，尽管他们不够专业，但是他们这种以需求为导向参与民生建设的方式与公众参与公共服务的目标相契合。可见，鼓励社会组织参与民生建设的一个重要途径就是，认可民间公益性社会组织在民生建设的重要作用，创造条件，积极支持民间公益性社会组织的成长。

**4. 流动人口服务应该纳入政府公共服务体系**

毋庸置疑，民生工程的服务对象是全体市民，而不仅仅是户籍人口。虽然由于历史、制度和城市资源环境承载力等诸多主观、客观因素的影响，流动人口无法享有与户籍人口同等的市民待遇在全国是一个普遍现象，但这并不意味着合理性。相反，作为一个分享近千万流动人口所作贡献的城市，北京有责任在全国率先将流动人口服务纳入政府公共服务体系，这不仅涉及社会公平公正，而且涉及社会组织的培育发展。就我们所知，因为流动人口服务没有纳入政府公共服务体系，导致多个为流动人口服务的公益性民间社会组织得不到政府的承认和资助，使本来就处于弱势地位的流动人口服务步履维艰。因此，应把改善流动人口的民生作为北京"十二五"期间民生建设的突破口，在将流动人口服务纳入政府公共服务体系的同时，积极支持和鼓励社会组织从事流动人口服务，从而弥补北京民生建设中的服务"漏洞"，使流动人口与户籍人口同样在社会组织的服务过程中受益。

# 五　对策建议

社会组织参与民生建设是新时期提升民生建设水平的一项战略性任务，北京有条件也有责任走在全国前列。以"十二五"规划实施为契机，将培育、支持基层社会组织发展作为推进北京民生建设再上新台阶的突破口，机不可失。

**1. 积极培育基层"枢纽型"社会组织，实现由直接服务向组织服务的转化**

改变街居"政社不分"，集"指挥员"、"运动员"为一体的传统社会管理模式，还原街道办事处作为政府派出机构和社区居委会作为基层群众自治组织的功能，是完善公共治理结构，创新社会治理方式，构建公共产品多元供给体系的基本要求。我们的案例证明基层"枢纽型"社会组织可以承担起街居"政社分离"后由"提供服务向组织服务拓展"的功能。但是从总体看，目前北京基层"枢纽型"社会组织的发展尚处探索阶段，要真正培育好基层"枢纽型"社会组织，使其发挥社会组织的"枢纽"作用，一是要明确组织功能，即"枢纽型"社会组织不是直接承担公共服务职能的机构，它的社会功能主要体现在整合辖区社会服务管理资源，组织协调操作型社会组织开展公共服务，承担社会组织管理责任。二是能够得到社会认可。基层"枢纽型"社会组织要具备上与街道政府相接，下与社区百姓相通，横与社会组织相连的组织能力，因此，政府、社会组织和社区居民的信任和支持必不可缺。三是建立以需求为导向，以项目为纽带的可持续性社会组织运作模式。可以借鉴"清源模式"，通过组织实施"参与式社区服务项目化管理"，以"项目运作"为抓手，将参与社区服务的多元主体整合起来，通过挖掘社会资源、开展能力培训、培育服务组织、提供服务阵地等方面的引领作用，引导操作型社会组织提供全方位民生服务。四是政府的支持。基层"枢纽型"社会组织能否履职在很大程度上取决于政府的支持力度。包括政府对基层"枢纽型"社会组织地位的承认，赋予相应的社会服务管理职能，以及资金倾斜，等等。

**2. 大力发展支持性社会组织**

支持型社会组织（Support Organizations）是专门为其他社会组织提供服务和支持的一类社会组织，它们的目标和宗旨是服务于其他民间组织，是其他社会组织的网络平台①。支持型社会组织有资金支持型机构、能力支持型机构、信息支持型机构、智力支持型机构、综合管理支持型机构等多种类型，分别承担着在资金、能力、信息、智力和综合管理等方面支持其他社会组织发展的角色。相对于大量从事社会实践服务的操作型社会组织而言，北京支持型社会组织的类型和数量都很少。由于缺乏社会组织成长的基本条件，特别是能力建设不足，北京现有的社会组织还难以承担起与政府、企业共同推进社会发展的重任。因此，大力扶持和发展各类支持型社会组织，是促进社会组织整体快速成长的重要途径。因此，一方面政府可以通过与支持型社会组织合作建立社会组织孵化基地的方式，以"培育新的有创新性的公益社会组织，发现和支持有潜力的社会人才"为使命，以"政府资金支持、民间力量兴办、专业团队管理、政府和公众监督、公益社会组织受益"为业务模式，为初创和中小型社会组织提供办公场地、办公设备、能力建设、小额补贴、注册协助等一系列关键性支持，让优秀的社会组织赢得时间和机会去成长，探索自己独立发展的道路。另一方面，推进基金会特别是非公募基金会的发展，建立基金会申请公益捐赠税前扣除资格制度，鼓励资金支持型社会组织通过公益创投等方式，把经济生活中的"风险投资"或"创业投资"的理念延伸到公益社会组织的培育发展中，支持初创期的公

---

① 徐宇珊：《社会组织结构创新：支持型机构的成长》，《社团管理研究》2010年第8期。

益社会组织发展。同时，支持以推动社区能力建设为己任的能力支持型社会组织成长，为它们搭建参与式治理的合作平台，使社区成为培育新型社会组织的摇篮。

### 3. 支持公益性民间组织成长

公益性民间组织是指在政府组织和市场组织之外的一切以维护社会公共利益、满足社会公益需求为宗旨而发起建立的民间组织或机构，是社会组织参与民生建设的主要力量。因此，支持公益性民间组织成长，就是支持民生建设。但是，由于传统社团管理体制的限制，2010年底在北京市民政局登记注册的慈善公益类社会组织仅100余家，只占实有慈善公益类社会组织总量的很小比例。如前所述，由于得不到政府的承认，公益性民间组织，尤其是操作性公益组织发展步履维艰。因此，支持公益性民间组织成长，首先应建立公益性民间社会组织直接登记制度。除法律法规、政策文件规定须由政府有关部门在登记前进行前置审批的社会组织外，允许公益慈善类社会组织的申请人直接向登记管理部门申请登记，承认这类社会组织的合法身份。其次应启动社会组织备案制度。对街道、社区范围内由自然人、法人和其他社会组织自愿组成，并在街道、社区范围内开展公益服务，但尚不具备登记条件的社区社会组织实行备案管理。最后是将公益性民间组织纳入政府购买服务的组织体系。建议政府以国际组织因国内经济实力大幅提升可能缩减对国内民间社会组织资金支持为契机，通过审查核实，将在工商注册的公益性民间组织纳入政府购买服务的组织体系，通过"购买服务"将公益性民间组织纳入旗下，发挥它们在民生建设中的组织化、专业化、社会化优势，以弥补现有社会组织不足，难以满足不同社会群体多样化服务需求的缺陷。

### 4. 加快社会工作事务所建设，带动专业社工成长

社会工作事务所作为向社会提供专业社会工作服务的民办非营利性机构，在我国是一个新生事物，2009年率先在上海成立、随后在各地出现。北京第一家社会工作事务所成立于2009年6月，

截至 2010 年底，全市共有 17 家社会工作事务所，其中大学生自主创业形式建立的占 1/3 以上。北京的社会工作事务所主要依托街道、高校或研究机构，通过吸纳社会工作专业人士，社会工作派驻等形式，为街道社区、医院学校、福利机构等提供专业的社工服务。服务涵盖众多领域，如社区服务、敬老助残、外来务工人员教育、青少年服务等。与社区服务站社会工作大多是提供行政职能部门一些延伸服务不同，社会工作事务所的专业社工会利用自己的专业优势，提供更细致、涉及面更广的专业服务。虽然北京的社会工作事务所成立时间不长，但是在为专业社会工作提供发挥作用的平台，为专业社会工作提供服务载体，推进社会工作者专业化、职业化水平提方面已经产生积极作用。目前面临的主要问题：一是社会工作事务所数量少，不能满足社会工作发展需要。截至 2009 年底北京已有 4235 人获得了社会工作师、助理社会工作师职业资格证书，而 17 个社会工作事务所容纳的社工人数十分有限。二是社会力量参与不足。三是运转资金几乎全部来源于政府，各类社会资源尚未有效参与到社会工作事务所建设中来。①要尽快改变这种局面：一是加快社会工作事务所的建设步伐，鼓励更多的专业社工通过社会工作事务所找到工作的舞台。二是在全市社会建设资金中设立购买专业社会工作机构服务的项目，并指导区县建立稳定的投入机制。同时，积极争取相关基金会及各种社会力量的支持，为社会工作事务所的建设和发展提供稳定的、多元的保障。三是在社会工作事务所建设过程中，同步研究专业社会工作岗位设置工作，以事务所建设为载体，研究专业社会工作岗位的职责、设置的标准、数量及薪酬待遇等，实现机构建设与岗位设置的有机衔接和协同推进，为社工寻求更多的发展机会和权利保障。四是加强与支持性社会组织的合作，为初入职场的社工毕业生提供进入"孵化基地"的机会，提高独立工作的能力。

---

① 《我市社会工作事务所建设方兴未艾》，2010 年 3 月 17 日北京市社工委网。

### 5. 积极支持、鼓励流动人口服务组织成长

加强流动人口服务管理是社会服务管理创新的焦点所在。北京也在试图通过建立"新居民互助服务站",实现流动人口自我管理和自我服务。但就我们了解的情况看,目前的"新居民互助服务站"无论是从服务范围还是实施效果都与民间自发组成的流动人口服务组织有较大的差距。我们认为,政府支持的"新居民互助服务站"固然重要,但不能忽略民间流动人口服务组织的作用。无论是流动人口自组织,还是依靠民间力量组成的为流动人口服务的专业机构,由于它们根植于流动人口中间,以服务流动人口为己任,"急流动人口之所急,想流动人口之所想,帮流动人口之所需,解流动人口之所困",因此,鼓励和支持这类社会组织发展,可以收到事半功倍的效果。客观地说,相对其他民间公益性社会组织而言,流动人口服务组织整体实力欠缺,这不仅表现为数量上的严重不足,而且组织的规模、专业化程度、资金供给渠道等诸多方面都存在许多困难。因此,扶持这类社会组织成长,不仅要给它们"名分",还要提供全方位的社会支持,包括政策扶持、专业孵化、能力建设、基金支持、舆论宣传等。

### 6. 提高培育社会组织工作的制度化程度

社会组织培育是一项长期的战略性任务,不可能一蹴而就。只有把培育社会组织参与民生建设的事情上升到制度化的层面,才能使其成为一些可持续、具有长期稳定性的工作,避免出现人事调动影响工作进程的情况。因此,除了政府建立相应的扶持社会组织发展的法律法规之外,各级职能部门都应该根据社会组织的特点,结合工作需要制定配套的培育社会组织工作制度,促进社会组织规范化发展。同时,研究支持跨区域社会组织发展的政策,秉承"不求所有,但求所用"的理念,做好社会组织的培育工作。

### 7. 完善资金使用办法,扩大资金筹集渠道

鼓励社会组织成长离不开资金支持。根据国外和我国港台地

区的经验，社会工作服务机构 70% 的项目资金来源于政府。北京市每年用于社区服务的资金很多，2010 年以来，以政府购买服务为主要形式的财政投入机制正式开始实施，一些区县围绕民生建设从区级财政中又拿出部分专项资金用于资助、投入、购买公共服务，这是一个鼓励社会组织从事公共服务的良好开端。但在调查中我们发现，目前各级政府购买服务的项目大多具有临时性、应急性的特点，不仅带来了很大的不稳定性，而且也增加了经费层层审批的难度。同时，作为支持社区公益事业发展的专项资金——社区公益事业补助资金因支出项目十分有限，积压现象比较严重。要从根本上改变这一状况，一方面应当在基层政府建立购买社会组织服务的财政专项制度，使其事先有预算、使用有办法、事后有监督。另一方面，建议根据发展需要，在用于开展社区公益事业活动所需费用之外，增加购买服务项目和培育发展社会组织支出分类，提高社区公益事业补助资金的使用效益。

　　社会资本融入化是扩大公益资金筹集渠道的重要途径。香港社工的资金募集方式为我们提供了可资借鉴的经验。香港社工机构的资金募集主要有几个渠道①，一是社会资金募集，包括向社会企业和个人募集。例如香港每周都有一天作为社工的资金募集日，社工们可以在街上进行募集，采取市民自愿的方式，如果有市民给一家社工机构捐了款，无论款项多少都会得到一个贴纸，贴在身上，其他的社工组织就不会再向他募集了。二是向社会提供服务，这部分由政府出资购买。三是接受其他社会企业或者个人的捐赠。四是开展一些收费的服务项目，其价格远远低于市面上的营利性机构，并以提供无偿服务为主。五是还有一些其他收入，包括社工机构物资受益等。目前，北京的社会组织还是主要依靠政府资金支持和服务收费生存，应该创造条件，出台政策，鼓励社会募集和社会捐赠。

---

① 郁骁：《大学毕业生涉足社工事务遭遇重重困难》，2010 年 5 月 18 日《北京青年报》。

# 民间组织在民生工程中的作用

## ——国内经验综述

曹婷婷<sup>*</sup>

　　改革开放的 30 多年是我国经济发展的黄金时期，然而诸如看病难、上学贵、食品安全不过关、房价偏高、社会保障不足、农民收入不高、就业压力大等民生问题依然是中国经济发展的一块"短板"。为此，党的十七大报告指出：必须在经济发展的基础上，更加注重社会建设，着力保障和改善民生，推进社会体制改革，扩大公共服务，完善社会管理，促进社会公平正义，努力使全体人民学有所教、劳有所得、病有所医、老有所养、住有所居，推动建设和谐社会。这是中国共产党首次全面系统地提出了关注民生的理念，体现了我们党以民生为本的执政理念。民生工程是一项任务艰巨、内容庞杂而浩大的社会工程，涉及众多领域，需要政府、市场、社会以及公民的共同努力去不断推进。近年来，我国从城市到农村积极开展各项相关工作，比如行政管理体制的改革、服务型政府的建设、社会保障体系的完善和发展等，在政府加大关注和投入的同时，社会力量，尤其是各类社会组织在改善

---

　　* 曹婷婷，北京市社会科学院社会学所博士后，助理研究员。

民生的工作中扮演了越来越重要的角色。本文拟在梳理社会组织参与民生建设理论的基础上，结合上海、广州、宁波等城市的经验，阐明社会组织与民生建设之间的关系，以及中国特色的制度特征，从而寻求社会组织参与民生建设切实可行的道路，为北京市委、市政府推进构建"五大体系"工作提供具有可操作性的对策建议。

# 一 社会组织参与民生建设的理论依据

首先，本课题所指的民生建设不是广义的社会建设范畴，重点是在街道社区层面，以满足不同社会群体需求为导向，通过政府向社会组织购买和居民自助互助方式，解决如何培育社会组织以及向谁购买公共服务，购买什么项目和制度保证等问题。

市场经济条件下，一些社区服务需求常常成为困扰居民的难题，比如为社区中的老年人、妇女等特殊群体提供的各类公益性服务。因缺少有效的社会对接机制，现有的资源得不到利用，潜在的资源得不到挖掘，居民对这些服务的需求得不到满足。而具有公益性、志愿性、非营利性等优势的民间组织恰恰是承接这类无偿或低偿服务项目的合适载体，它可以把政府发展社区服务的规划、驻社区单位对社区服务的支持、社区居民的公益心等，转化为社区公益行为，满足社区居民多元化需求，优化社区服务。①

从理论上讲，社会组织参与民生建设是社会力量发展的必然结果。

## （一）多中心论

国家、市场、社区在功能上都存在局限性，即在特定的功能

---

① 彭加丽、刘丽红：《论民间组织在社区治理中的功能与定位》，《中外企业家》2009年第4期（下），第188页。

范围内有效，超出自身功能范围就会失灵，因而政府组织、经济组织和社会组织之间需要功能互补。① 市场失灵理论认为：完全竞争的市场结构是资源配置的最佳方式；但在现实经济中，完全竞争市场结构只是一种理论上的假设，其前提条件过于苛刻，现实中是不可能全部满足的。由于垄断、外部性、信息不完全和在公共物品领域，仅仅依靠价格机制来配置资源无法实现效率——帕累托最优，出现了市场失灵。同时，市场也不能解决社会公平和经济稳定等问题，这就需要政府的干预和调控。但是政府在提供竞争性私人物品时效率不足，并容易产生腐败和权力寻租。即使是提供公共服务产品时，政府也容易产生"中位"倾向。因为在既定时空范围内的政府（中央政府、省政府、市政府、区政府等）都要对既定时空范围内全体居民负责，倾向于提供同质性或普遍性的产品，很难对居民多样性和差异性的需求做出及时、恰当的反应。而社区失灵则表现在：一是协商谈判的各方难以达成一致意见，无法采取合作行动，导致问题日益严重；二是社会中介组织往往受"利润"驱动成为企业，如目前的物业管理部门。这就需要政府的介入以及社会组织的协调。总体来讲，由于政府、市场、社区等在改善民生、满足人民需求方面都存在自身局限性，因此社会组织是有效的补充。一方面，非政府组织能弥补政府倾向于提供共同性公共物品的不足，根据不同群体和不同个体的具体需求，分别提供不同的产品，尤其是对于弱势群体细节化的关注。另一方面，非政府组织能有效解决市场中的"合约失灵"② 现

---

① 黄晓勇主编《中国民间组织报告》，社会科学文献出版社，2008，第 61 ~ 62 页；陈伟东：《社会自治：自组织网络与制度设置》，中国社会科学出版社，2004，第 108 ~ 111 页；白友涛：《城市社会建设新杠杆——社区民间组织研究》，东南大学出版社，2006，第 39 ~ 40 页。

② "合约失灵"是指，由于消费者与生产者在产品和服务的质量上存在明显的信息不对称，消费者无法准确判断厂商承诺提供的商品或服务，这就使得他们往往在最初不能达成最优的契约，即使契约达成，也很难实施，难以防止生产者坑害消费者的机会主义行为。

象，其受到的"非分配约束"① 可以有效遏制生产者的欺诈行为。
因此可以把公共服务的生产和供给分开，由社会组织和市场力量
来提供公共服务。政府部门、私营部门、第三部门和公民个人等
参与者组成公共行动体系，多中心的公共行动者通过制度化的合
作机制，可以相互调适目标，共同解决冲突，增进彼此的利益。
通过建立市场、政府和社会相互合作的多中心体制和互补机制，
更有效地提供公共服务。② 罗伯特·伍思努（Robert Wuthnow）认
为，政府、市场、志愿部门相互依赖，但彼此关系正变得日益模
糊，相互之间不断渗透。在此基础上，本杰明·吉德伦（Benjamin
Gidron）、塞拉蒙等人提出了政府—非营利组织关系的类型学理论，
将政府与非政府组织（社会组织）之间的关系具体概括为四种基
本模式：政府支配模式、非政府部门支配模式、双重模式③、合作
模式。在合作模式中，由政府和非政府部门共同开展公共服务，
而不是分离工作。合作模式包括两种方式：一种是"合作的卖者"
模式，即非政府组织仅仅是作为政府项目管理的代理人出现，拥
有较少的处理权或讨价还价的权力；另一种是"合作的伙伴关系"
模式，非政府组织拥有大量的自治和决策权利，在项目管理上也
更有发言权。④

　　这些理论为我们理解社会组织参与民生建设提供了一些思路，

①　"非分配约束"是指，社会组织不能把获得的净收入分配给对该组织实施控制
的个人，包括组织成员、管理人员、理事等。净收入必须得以保留，完全用于
组织的进一步发展。

②　魏静：《中国地方政府购买服务——理论与实践研究》，《中国期刊网硕士论文
库》。

③　这是处于政府支配模式和非政府部门支配模式之间的一种模式。在这种混合模
式中，政府和非营利部门都大量卷入资金筹措和服务配送当中，但都局限在各
自界定的领域。这可以采用两种不同形式：其一，非营利组织通过给国家力量
没有达到的顾客传送同样类型的服务，来补充国家提供的服务；其二，非营利
部门通过提供政府没有提供的服务，来补足政府的服务职能。在这两种情况
下，最显著的特征都是存在两个相当大的，但相对自治的关于服务的资金筹措
和配送体系。

④　黄晓勇主编《中国民间组织报告》，社会科学文献出版社，2008，第64～65页。

不过我国有着与西方不同的经济文化环境，我们要发展的是在中国共产党领导下的具有中国特色的服务于民生建设的社会组织体系。

## （二）中国特色的制度建设①

随着社会发展，公众对公共服务需求不断增加，而政府自身财力与能力限制，决定了社会公共需求的不断增加与政府公共服务供给能力有限之间存在矛盾，其深层次的原因则是政府公共服务的缺乏和不足，迫切需要政府的再造和创新，以更好地满足人民群众的多元化公共服务需求。因此建设服务型政府是当前的重要工作，即通过有效的制度安排，引进市场与社会的力量，形成公共服务有效供给机制以实现公正、透明、高效地为公众和社会提供优质公共产品和服务的政府。② 具体说来，在我国，政府发展社会组织参与民生建设，有以下几个特色。

### 1. 加强社会领域党组织的作用

建立健全社会领域党建工作管理体制，发挥党的核心作用，从而将各级政府、企业、社区、社会单位及社会组织加以整合，发挥社会建设的合力，调动人民群众的主观能动性。

### 2. 政府主导化

以民生为重点的社会建设具有明显的公益性质，直接关系社会公民利益和福利，直接关系社会公平正义，因此应由政府主导。所谓主导，即引导事物的发展方向，在事物发展中起主导作用。在给社会组织更大空间的基础上，把握民生建设的方向和总体思路，将社会组织如何服务民生纳入具体的政策轨道中来，形成制度化、法制化的完整体系。

---

① 柴海瑞：《以民生建设为重点的社会建设创新机制研究》，《东岳论丛》2009 年第 10 期，第 148~150 页。
② 魏静：《中国地方政府购买服务——理论与实践研究》，《中国期刊网硕士论文库》，2008。

**3. 社会资本融入化**

政府不应该也不可能将基层民生建设全部包下来，在购买、补贴、奖励社会组织民生项目建设的同时，应该积极主导吸纳民间社会资本进入民生公益性工程建设领域，要充分发挥各类市场主体和社会组织的作用，对能够实行市场运作的公共服务，应充分发挥市场机制的主导作用。

**4. 加强监督机制**

为保证社会组织提供的公共服务质量，政府必须加强检查监督机构建设，明确其责任，强化其职责，提高其素质，以法监督检查。

**5. 培育基层自治能力**

民生的改善最终还要靠民主权利的稳步扩大以及在此基础上公民社会的崛起、强大与成熟，以拓宽利益表达渠道，推动政府决策的民主化、科学化、合理化。因此要加强人民自身的能力培育，加强社会组织自身的能力培育。我国社会建设刚刚起步，需要不断完善社会管理和公共服务体系，建立专业化的社会工作者队伍、志愿者队伍，加快政府职能转变，以服务型政府与社会组织合作，搭建社会服务网络。

# 二 城市个案

当前，我国社会组织发展呈现极不平衡的态势，东部发达、西部其次，而连接东西之间的中部地区出现了断裂，是相对最为滞后的地区。[①] 其中北京、上海、宁波、深圳、成都等地的社会组织在民生建设中发挥了比较大的作用，摸索出一些可供借鉴的经验。

---

① 邓国胜：《NGO 发展不平衡之全景报告》，《社会创业家》2009 年第 11 期，第 27 页。

## （一）上海市

上海是我国人口最多的城市，经济发达，公共服务与社会管理体系健全，民间组织发育良好。在加强社会组织培育方面，上海政府一是注重提升现有民间组织能力，通过规范化建设、自律诚信建设、政府购买等，强化民间组织内部管理，提高专业化、职业化水平与服务能力，增强社会公信力，促进其健康成长。二是加强培育新的民间组织，特别是"枢纽型"民间组织，将其作为政府与民间组织及社会工作人才的中介性环节，由它们具体承接政府组织社会工作人才、开展社会工作等工作。

**1. 民办非企业参与民生建设的探索**

（1）上海市阳光社区青少年事务中心。该中心成立于2004年2月，民办非企业单位性质，主管部门是市社区青少年事务办，主要服务项目是承担着政府委托的全市社区16～25周岁的失学、失业及失管的青少年事务，"阳光中心"在全市18个区县各设一个社工站，由一名站长负责全区的青少年事务，各街道有若干名一线社工。

（2）卢湾区金色港湾老年公寓。① 这是在政府支持和扶植下，由企业投资1200余万元兴办的一所多功能养老服务机构。20世纪90年代，上海市航福厂面临动迁，资金和员工需要寻找新的出路，而上海政府则面临突如其来的老龄化问题。于是政府和企业合作创办了这个项目，其资金来源包括：原厂动迁补偿费和集体积累273万元；政府提供的无息贷款200万元；政府补贴床位建设费167万元；职工集资60万元，在后来的发展中还募集到一些小额的社会捐助，实现了政府和企业的互利。金色港湾老年公寓具有明显的双重角色，它在市场平台上运作，依托市场确定服务价格，实行企业化的用工方式和内部管理，追求赢利目

---

① 顾建键等《非政府组织的发展与管理——中国和加拿大比较研究》，上海交通大学出版社，2009，第167～178页。

标且以经营性收入为运作资金的主要来源。但同时它又扮演着非政府组织的角色，因为它不仅有民办非企业单位的标签，而且巧妙地将商业服务的经营理念与公益服务的价值相衔接，从而确实在一定程度上充当了政府福利性服务的载体，凝聚并催生了社会的志愿意识和公益资源。这种以企业角色为主体，叠合非政府组织角色的形式，或许正是目前中国非政府组织发育的一条重要途径。

**2. "枢纽型"组织培育，以组织培育组织、管理组织**

五里桥社区社会组织服务中心 2008 年 8 月成立，是上海首家聚集了社区共治自治类、公益服务类和爱心慈善类的社区社会组织服务中心。[①] 通过服务中心为社会组织提供培育服务和规范引导，构建"街道政府—服务中心—社会组织"的三级体系，实现以社育社、政社共赢。截至 2008 年 11 月 3 日，中心已吸引 15 家社会组织入驻，共接待居民 2835 人次，受理事务及服务类项目 2541 件。其具体定位是：①承接政府职能、提供社区服务的桥梁和纽带。政府将一部分应当由社会组织承接的社区服务项目剥离出来，通过购买服务、项目委托等方式，下放给服务中心。服务中心根据项目内容联系符合业务需求，具备相应资格的社会组织与政府达成协议，为社区提供服务。②培育社会组织的"孵化器"。服务中心的创设理念类似于科技企业的"孵化器"。社会组织的"孵化"是一系列活动的整合，包括测定社区需求，提供办公场地及其他设施，选择社会组织入驻，开展服务等。这些服务的直接提供者并非街道政府，而是"孵化器"管理团队即社会组织服务中心。政府的责任不是自己充当孵化器，而是创建一个孵化器，通过加大投资，制定政策与法规支持，提供良好的孵化环境，不断对其加以培养。服务中心还建立了相应的运行机制：第一，准入机制。由于场地有限，对入驻的社会组织进行

---

① 顾建键等《非政府组织的发展与管理——中国和加拿大比较研究》，第 203 ~ 212 页。

筛选。形式上要求必须经过政府管理部门注册登记的。实质上要求具备"非政治性"和"应需性"。第二，预警机制。建立重大活动报告制度，定期掌握社会组织的发展动态。成立联合党支部，整合社会组织党员力量，加强党对社会组织工作的领导。第三，协调机制。通过中心例会制度和社区联席会议制度加强入驻社会组织之间以及社会组织和社区居委会、街道政府之间的联系。第四，培训机制。建立定期培训制度，通过讲座、考察等学习形式对社会组织负责人及其工作人员进行培训，提高其专业素质和业务水平。第五，评估机制。由社区居委会主导，建立专业化的第三方评估体系，制定具有可操作性的评估标准及程序，并采取相应的表彰和惩戒措施。第六，监督机制。监督主体包括街道政府监督、社区委员会监督、社会监督以及内部监督。对社会组织的管理、项目招标、资金审批等基础性工作进行监督。

## （二）宁波市

宁波市海曙区在民生服务建设上一直走在前列，摸索了一系列相关的社区服务模式，培育了一批优秀的社会组织。

### 1. "81890"服务平台①

2001 年 8 月，海曙区政府建立了"81890"市民求助平台，通过热线电话和互联网，发挥占有综合信息资源和具有公信力的优势，构建起供需双方互动的诚信服务平台，为市民提供生活起居和公共事务相关的服务。其服务模式可见图 1。

"81890"平台提高了公共服务效率，打破了服务的地域、内容界限，同时可以无限吸纳服务资源，融合了国家政府秩序、市场企业秩序以及社会志愿服务秩序，整合不同地域、不同产业、不同主体共同为公共事业服务，具有很强的推广意义。

---

① 许义平、何晓玲：《现代社区制度实证研究》，中国社会出版社，2008，第156～179 页。

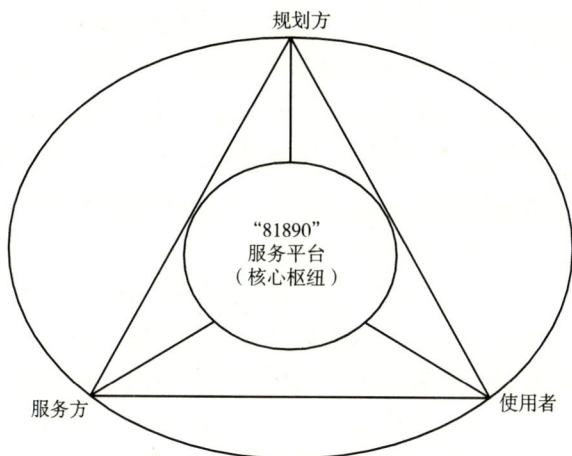

图1 "81890" 服务平台①

## 2. 星光敬老协会②

2005 年，海曙区 60 岁以上的老人占全区总人口的 17.8%，其中空巢独居老年人有 2.25 万人，占老年人总数的 42%。海曙区的老龄化发展速度非常迅猛，从 2000 年到 2005 年，老年人占总人口的比例上升了 70%。海曙区从 2004 年 3 月份起，选取了 17 个社区作为社会化居家养老服务工作的试点，试点仅仅开展了几个月，就广受社会各界，尤其是老年人的欢迎。2004 年 5 月，宁波市海曙区政府办公室颁发了《关于海曙区社会化居家养老工作的指导性意见》，提出了"政府招标、非营利组织运作、社会参与"的工作思路，建立新型的社会化居家养老服务体系，并明确提出了

---

① 规划方——海曙区人民政府，负责公共服务生产的规划、组织、融资、监管，即 "81890" 服务平台的建设方。服务方—— "81890" 加盟企业、志愿者、非营利机构、政府机构等，负责服务生产。使用者——居民个体、社会组织、企业、政府机构、提出服务需求，协同和监管服务生产。服务平台—— "81890" 公共服务系统的核心，以信息处理为枢纽会聚以上三类主体的活动，对接相互的需求和供给，形成资源共享、协调、互动的公共服务网络。

② 洪艳：《"政府购买服务"的探索与实践——基于宁波市海曙区政府购买居家养老服务的思考》，《湘湖》2009 年第 4 期，第 16 页。

"对家庭经济困难、生活不能自理、家属又缺乏能力照顾、需要提供生活服务的老年人，由政府通过购买服务的方式解决其生活困难问题"。从 2005 年 3 月起，在全区 65 个社区中全面推广"政府购买服务"的养老服务模式。区政府将购买服务的每年 150 万元开支列入年度财政预算；非营利组织星光敬老协会负责项目运作，承担审定服务对象，确定服务内容，培训服务人员，检查和监督服务质量等工作。"社会参与"则是指整合和利用社会资源，积极推行个人购买服务、企业认购服务以及社会认养服务等；同时积极开展社会动员，招募义工来提供服务。海曙区政府购买服务采用"走进去、走出来"的模式，所谓"走进去"，主要是指对一些高龄、独居的困难老人，通过政府购买服务，由专门的服务人员走进老人的住所，提供上门服务。除此之外，"走进去"的服务方式还有志愿者无偿服务、老人自己有偿购买服务和企业为老人购买服务等。所谓"走出来"，就是让大部分行动方便的老年人，走出小家庭，融入社区大家庭。老人"走出来"的载体有社区居家养老服务中心和各种民间组织。政府通过向非营利性组织购买服务，为近 600 名高龄、独居、困难老人购买每天 1 小时的居家养老服务。通过义工结对为 820 名独居、困难老人服务。经海曙区相关部门测算，按照上述养老模式，政府通过购买服务，上门照料困难老人，每月仅需支付人工费用 165 元，全年不超过 2000 元，即使在社区利用闲置资源建立"居家养老服务中心"，所需投资也不过 10 多万元，这在经济上符合该区现阶段的发展水平。海曙区政府购买居家养老服务的探索与实践取得了良好的社会效益。它不仅满足了老年人的多样化需求，弘扬了社会敬老、爱老的传统美德；而且发展了社会组织，改善了社区服务功能和困难群体就业；更重要的是，它减轻了政府的财政压力，提高了公共服务能力，向建设公共服务型政府迈进了一大步。

## （三）深圳市

深圳是我国改革开放的排头兵，经济发达，与香港特别行政区联系紧密。早在 20 世纪 90 年代中期，深圳即已在城市环境卫生领域开始尝试 POSC（政府购买服务）。政府购买民间组织服务纵深推开并形成有特色的运行机制，是借推进社会工作、社会工作人才队伍建设展开的。深圳早在 1990 年就成立了国内第一个义工团体。但随着社会的发展，义工队伍的松散性、非专业性等问题日益严重，难以满足社区的多重需要。为了更好地整合深圳社会工作的人力资源，深圳市提出了"社工 + 义工"联动治理模式。同时，深圳的市、区、街道、社区四级义工组织配合相关试点单位，安排义工接受社工指导和引领，协助社工开展各项服务。截至 2008 年 10 月，深圳社工共建立服务档案 1.5 万个，"社工 + 义工"联动开展社区及各项活动 1827 次，服务普遍被服务对象接受和认可，有效地增进了社会公共服务的质量。

2007 年，深圳按照"党委统一领导、政府主导推动、民间组织运作、公众广泛参与"的社会工作发展格局，由组织部门牵头抓总，民政部门具体负责，在全国率先出台了《关于加强社会工作人才队伍建设推进社会工作发展的意见》和 7 个配套文件，初步建立起具有中国特色、深圳特点的社会工作制度体系，并形成以"政府购买"社会工作服务为主要形式的社会工作格局。

**1. 培育组织**

注意发挥民间组织，特别是公益性民间组织在社会工作中的重要作用，坚持政府与社会良性互动原则，按照"多种渠道、整合资源"的思路，实施"三个一批"的办法分类培育发展民间组织：转化一批，即结合事业单位分类改革，将一批可以承接政府购买服务的事业单位通过改造转化依法登记为社会公益性民间组织；培育一批，即选择一批现有的民间组织，按照承担社会服务工作的要求规范整合，使之成为符合条件的社会公益性民间组织；创办一批，即鼓励支持符合条件的组织和个人创办一批社会公益性民间组织。目前，在社会工作领域深圳已组建 14 家民间组织，政府通过"养事不养人"的购买服务，促进社会工作人才社会化与民间组织发展。

## 2. 财政主导

深圳市对民间组织提供的社会工作服务，主要是通过政府采购或特定委托方式，建立财政主导的民间组织社会工作服务购买机制。具体运作方式是：由各区社会工作主管部门将政府所需购买的社会工作服务及具体要求通过各区政府采购中心向社会公布，以招标的方式确定服务供应方；部分特殊事项在一定时期内可以实行定向购买社会工作服务。服务供应方确定后，由区社会工作主管部门与服务供应方签订正式合约。每年年终由区社会工作主管部门会同财政部门、第三方评估考核组织，根据合约要求，按照评估标准对购买的服务事项实施情况进行考核，市社会工作主管部门对考核情况予以监督。在将政府购买民间组织服务纳入政府购买序列统一管理的同时，注意探索其他资金渠道筹集资金，如从民政福利彩票收入中拿出一部分资金，用于支付从香港聘请的社工的督导费用，每人每月4万元。

## 3. 购买岗位

政府购买民间组织社会工作服务主要形式是购买岗位。社会工作岗位的开发与设置按照科学合理、精简效能，按对象定岗位、以需求定数量和不新增行政、事业编制的原则，设置两类社会工作岗位。一类是有关党政机构、人民团体、事业单位编制内的社会工作岗位，主要采取提升转换方式予以配备。另一类是民间组织派驻到社区、社会福利与社会救助机构、学校、医院的社会工作者，这类岗位按照服务对象的一定比例设置，主要通过政府购买服务的方式由民间组织派驻。到目前为止，已开发出530个用于政府购买的社工岗位，其中市级109个（主要是编制内的），区级423个（主要是编制外的）。同时，计划到2011年每年投入4亿元购买岗位（每个岗位约8万元），编制内外设置岗位5300个（其中编制内1300个，编制外4000个）。

目前，深圳又开始探索政府新增社会服务不再通过自己办机构而是通过社会提供服务的做法，即停止存量（体制内机构）增长乃至逐步消化存量，逐步扩大增量（体制外机构，特别是民间组织）的方式，完善公共服务的多元供给机制。

## 三　总结：经验与存在问题

随着我国社会建设的不断深入，社会组织在社区治理和基层民生建设方面充当着越来越重要的角色：增强了公共产品供给的效率，降低了社区治理成本；强化社会控制，促进社会整合，有利于扩大公民参与，培育社会主义民主文化；集中社会闲散资本，筹集社区发展资金，更好地满足人们日益增长及多样化的物质文化和精神文化生活需求；最主要的是它作为公共权利的载体，在社区改革中起到了制度传承、公共利益实现、社区稳定的作用。社区本身已经是一种典型的社会组织，离开了社会组织就没有社区，更谈不上社区治理。同时，社会组织的各种组织和志愿活动，为社区居民就业和劳动力转移提供了新的可能，转移了社会矛盾。①

随着社会组织的发展，社会结构改革的深化，政府如何引导和管理社会组织，如何在民生建设中扮演好服务型政府的角色成为当前社会建设的重要问题。通过政府购买服务将政府与社会连接，是整合社会资源、提高政府服务效率、节约成本的一条有效途径。通过以上几个城市的经验，我们看到，要切实做好政府购买服务必须解决好以下三方面的问题：一是政府的角色与定位；二是社会组织的培育和运营；三是政府与社会组织的关系问题。②

### （一）政府的角色与定位

#### 1. 意识层面

政府首先要深化对民间服务机构（如社工服务机构）等第三

---

① 陈刚：《浅议非政府组织在社区治理中的作用》，《现代企业教育》2009 年第 8 期，第 166～167 页。

② 罗观翠、王军芳：《政府购买服务的香港经验和内地发展探讨》，《学习与实践》2008 年第 9 期，第 128～130 页。

部门社会组织发展意义的认识，改变自己直接从事社会服务或公益性事务，既做"裁判员"又做"运动员"的习惯，认识到政府不是提供公共服务的唯一主体，要为社会组织的发展提供空间。另外，社会工作是一种人的工作，人的成长与改变需要一个过程，因此，政府部门一定要改变寻求立竿见影效果的习惯思维。

## 2. 政策层面

首先是财政方面。虽然各级地方政府已日益重视政府购买服务方式在各领域的运用与推广，但政府在公共服务的提供上存在思维惯性，当新的公共服务需求出现时，习惯于大包大揽和政府规模扩张，加上政府活动成本与绩效量化的不明确，使得政府购买服务的力度与规模不足，受惠人群较少。因此，政府一方面要增加对公共社会服务的预算，将之制度化，明确界定购买服务的对象，购买服务的内容，加大购买服务的力度。另一方面也需要制定捐赠免税等相关政策，促进社会捐赠的发展。目前，各个地区、各级政府购买服务的项目都具有临时性、应急性的特点，这就带来了很大的不稳定性，而且也增加了经费层层审批的难度。要从根本上改变这一状况，就要求政府在公共财政预算中增加对购买公共社会服务的预算，使之向规范化、制度化方向发展。同时也要创造好的政策环境以促进内地社会捐赠氛围的形成。除了财政方面，政府还应该对我国的社团管理制度作出改革。目前，我国社团管理实行的是"双重分层管理"体制，这种双重管理给社会工作机构的注册带来了极大的障碍，非常不利于真正的民间社会工作机构的发展。另外，政府还需要制定社会福利服务的发展政策和方向，服务规划机制和服务评估方案等，进行制度创新。购买服务并非"扔包袱"，政府部门在购买服务的同时，必须加强对社区社会组织的政策性指导和服务监督，在审核工作时也需要高超的管理技巧，要逐步制定完善的法律、法规，监管其他社会主体生产高质量的公共服务，履行社会责任；营造一个有利的整体环境，促进购买服务的顺利实施。

## （二）社会组织的培育和运营

我国不少社会组织发育还不健全，一方面，自主性、自治性和服务性能力较弱，缺乏成熟的运作能力和可靠的竞争实力。另一方面，由于社会组织力量的薄弱，专业人员的缺乏和社会公信力的不足，也使其提供公共服务的专业化水平还有待提高。在许多公共服务项目的实施中缺乏竞争，甚至依赖于政府，动员社会资源的能力还比较欠缺。政府把资源集中在一个机构上，容易出效果，使得政策能够较好地推行，但是长此以往，社会组织也容易形成垄断，失去改进工作的外部动力而导致效率低下，这就需要加强社会组织的培育。首先强调"四个转变"：从社区照顾的供给导向政策向需求导向政策转变；从政府机构性的服务向社区性服务转变；从政府全包型向综合经济型的多方照顾转变；从全国性出发的照顾向地区性的照顾转变。从具体操作上来说，购买方式可以多样化：项目化方式、公开招标、费随事转等相结合，因事制宜；购买对象也可以多样化，比如社区居委会、民办非企业、枢纽型组织以及孵化器等；购买思路也要进一步扩展，从单纯的政府购买和补贴转为政府、市场和社会的互动与联动，在向社会组织购买公益性服务的同时，扶持与民生相关的社区商业、企业单位发展，借助市场调节能力减轻政府负担，满足居民多样化的需求。

## （三）政府与社会组织的关系问题

政府与社会组织的关系一定要在支持与独立中寻找平衡，也就是说，政府既要给予社会组织经费、场地和行政上的支持，同时一定要保障社会组织的民间性和独立性，给予其发挥专业性的平台和表达其专业价值理念诉求的空间。当然政府作为购买方，也需要和社会组织商定适当的专业服务的指标，以进行评估和考核。

在经费上，政府在给予拨款的同时还要让社会组织拥有一定的使用经费的自主权。

在场地上，政府在给予社会组织场地的时候一定考虑到社工工作的特点。一方面这个场地一定要设在社区内，以保证其充分实现扎根社区，充分了解居民的需求。另外，该场地还要独立于政府办公系统，以减弱服务对象来寻求社工服务时的心理防卫，并保持行政上的独立性。

在行政上，政府系统要在社会组织开展服务过程中提供必要的支持，比如提供一些社区及居民的资料，如有需要，还要帮助协调各部门及各单位给予必要的配合等。完全依靠社会组织自己去开展服务会遇到一定的困难和阻力，政府给予社会组织必要的支持非常重要。但是，社会组织在行政关系上必须独立于行政体系，其不需要参与所在街道社区的行政事务，而是要集中精力发挥专业所长，真正开展社工服务。

目前，政府购买公共服务，积极发挥社会组织在社会建设和民生建设中的作用已经成为大势所趋，北京在这方面也走在全国的先进行列，"4+1"文件的颁布更是为其发展提供了总的指导方向，需要进一步完善细节性的政策制定和操作。

# 发挥居委会在社区社会组织发展中的枢纽作用

## ——丰台区长安新城社区调研报告

曹婷婷[*]

2008 年《北京市加强社会建设实施纲要》提出，要构建"枢纽型"社会组织工作体系，充分发挥人民团体等"枢纽型"社会组织在社会组织管理、发展、服务中的重要作用，努力探索中国特色社会组织管理模式。通过我们的调研发现，将"居站分离"后的居委会转制为社区枢纽型组织是一条可行的道路。居委会作为国家力量与社会力量结合的切入点，扎根于社区，对于社区在民生方面的需求也更为敏感，反应更为快捷，更容易从微观入手来确定民生问题的症结所在，定位更准确，手段更有效。因此，应该将转制后居委会的角色由过去政府与百姓的桥梁和纽带转变为"社区地域范围"内的枢纽型组织，充分发挥居委会整合地区社会组织的优势，使其真正成为具有社会组织功能的"核心组织"。本文以丰台区卢沟桥街道长安新城社区为例，探索新形势下居委会组织的重新定位，以便更好地实现居委会自治，发挥居委会在社区民生工程建设中的作用。

---

[*] 曹婷婷，北京市社会科学院社会学所博士后，助理研究员。

# 一 长安新城社区概况

自 2009 年 9 月至 12 月期间，我们就长安新城社区的具体情况做了详细调研，并对区政府社工委、街道、居委会、工作站先后进行了 4 次访谈。目前，这个社区已经得到区和街道的高度重视，成为重点培养对象。

## （一）社区人口结构

长安新城社区位于西四环中路外，大成路南侧，占地面积 0.28 平方公里，建筑面积 50 万平方米，是一个成立于 2006 年，以职场年轻人为主体的新建社区。目前入住 4700 余户，常住人口 18000 余人，流动人口 2400 余人，是北京市大型经济适用住房小区。本社区的人口结构有两大特征：一是 30 岁左右的年轻居民占 60% 左右。知识结构也呈高学历化，大专以上人口占 70%。二是社区的户籍登记率低，人户分离严重。社区人户同在户数为 692 户，人在户不在户数为 4214 户；人户同在人数为 1338 人，人在户不在人数为 4935 人。在当前以离退休户籍居民为主要管理服务对象的社会管理模式下，这种人口结构很难使居民对社区产生认同感和归属感。

职场人员社区参与不足一直是我国社区建设面临的一大难题。没有占社区居民半数以上的年轻人的参与，社会建设从何谈起？因此，通过何种动员方式，使年轻人在工作繁忙之余，热心社区事务，分享社区快乐，成为新建居委会上任后的重要任务。

## （二）长安新城社区组织机构分工

"居站分离"是当前北京市社工委提出的重大制度创新，主要特点是将过去政社不分的居委会从繁重的行政事务中解放出来，回归社区，这就使得居委会成为社区枢纽型组织为可能并提供了契机。按照新的思路，长安新城社区从组织上初步实现了"一分三定"

居站分离，使社区服务开始走向专业化、服务化（见图1）。

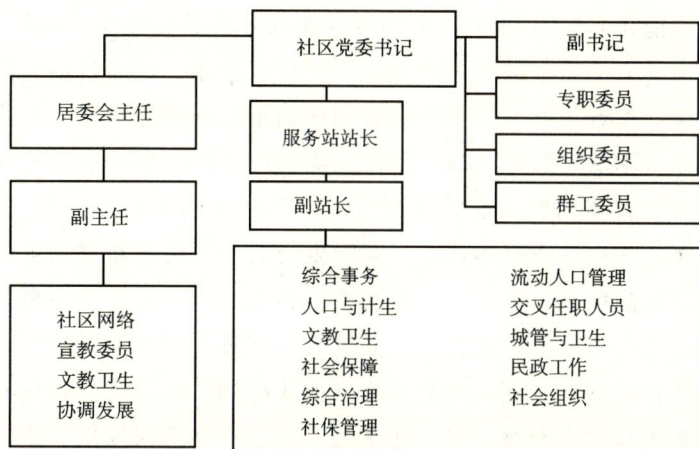

图1　长安新城社区组织机构分工

长安新城居委会和服务站专职工作者共20人，将流动人口和劳动协管员纳入服务站统一管理。新进岗大学生6人，使"两委一站"人员年龄结构平均从42.8岁下降到现在的36.2岁，学历结构也发生了变化，服务站除兼职人员和2名协管员外，全部达到大专以上学历，其中有2名工作人员通过初级社会工作助理资格考试，1名工作人员通过中级社工师资格考试。

居委会年轻化为与社区年轻居民的更好沟通创造了条件；一肩挑的居委会书记和工作站站长有助于协调政府与社区组织关系的有机联系，发挥组织优势。长安新城社区还设立了专门管理社会组织和志愿者队伍建设的岗位，并让具有专业知识的大学生负责，为连接地区社区组织搭建了平台。

## 二　居委会的枢纽作用

《中华人民共和国城市居民委员会组织法》规定："居民委员

会是居民自我管理、自我教育、自我服务的基层群众性自治组织。"过去,社区居委会更多地承担繁重的政府行政事务,扮演着行政职能角色;自从"居站分离"新的社区管理体制实施以来,社区居委会从繁重的行政事务工作中解脱出来,回归自治。但是从实际运作看,不少居委会在新的体制下感到被边缘化,定位模糊,职责不清。如何自治,怎样组织居民自治,是改革后的居委会面临的首要问题。长安新城居委会从处理四方面的关系入手,整合了社区和社会网络体系,对居委会的职能转变和重新定位进行了有益的探索:将转制后的居委会塑造成为社区性枢纽型社会组织。充分发挥其枢纽作用,实现政府行政管理与基层群众自治有效衔接和良性互动。充分发挥其龙头作用,将对民生建设有利的各种力量联合起来,进一步形成合力,促进共同发展。这里所说的"枢纽型"是指居委会在政府、企业(物业)、居民以及社会单位等力量之间承担了协调、统筹和整合的职责。

## (一) 吸引社会组织"回归社区"

### 1. 建立文体组织、整合社区成员

公民社会的重要标志就是自治,建立公民的自治组织系统,非政府组织的发展与成熟是公民社会的核心。所以,培育公民社会,首先是要让公民自治组织真正存在,换句话说就是要重新激活社区居委会的原有自治职能,让其在一种民主的形态中平衡各方利益,构建和谐文明快乐的社区。只有将社区居委会归位于群众自治组织之后,居民直接选举才能显示出真正的价值。

长安新城居委会在 2009 年 3 月第二次换届选举之前,居民代表只有 27 人,在这种情况下要实现居委会的自治建设是根本不可能的。而且这是一个职场年轻人占大多数的社区,如果只有几个老年人在参与社区活动,根本不能说代表了整个社区,更不用说为社区民生做好服务。所以让年轻的职场人员"回归社区",从而渐渐参与到社区建设中来,是长安新城居委会的主导思路。居委

会书记说:"这个社区是年轻人集中的社区,中国社区参与不足有历史文化背景,是个老大难问题,什么时候职场人员进入社区参与,社区参与才真正在中国落地生根了。现在社区工作主要是老少,而实际上年轻人有很多资源和社会网络,这就是要让职场人员发挥在社区中的作用。"

居委会结合社区特点,以健身为媒介,以运动和文化为凝聚社区的核心,吸引原本游离于社区之外的社会组织回归,纳入居委会的统一管理之下,在尊重它们自治权利并为之提供便利和服务的基础上,将其人力、物力等资源为社区所用,提高社区参与率,扩大基层自治和公共服务体系。

现在社区共有 19 个文体组织,组成全民健身协会体系(见图 2)。

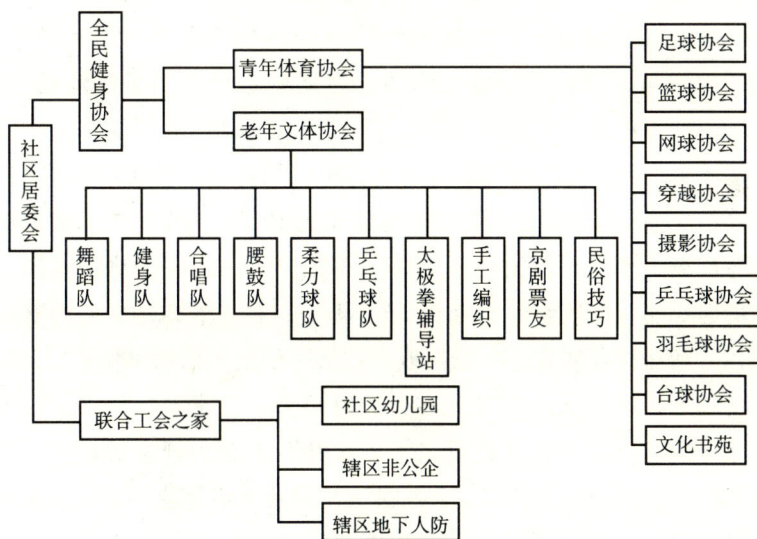

图 2　长安新城社区全民健身协会组织机构

这些协会大多是居民自组的,过去都在外边租场地活动,与社区关系疏远。随着政府职能的转变,越来越多的社会管理和服务职能剥离到基层社区。相关调查表明，现代城乡居民当生活中遇到困难时倾向于找社区单位的已经达到了 17.8%，高于工作单位的 15%，这说明居民内心有着对社区回归的向往。2007 年，长安新城社区的年轻人主动找居委会为他们召开运动会提供帮助的事情，给居委会带来了启发。自 2002 年居民开始入住社区后，彼此之间比较生疏，于是一些人按兴趣成立了自己的组织。2007 年其中一些组织想一起办一场社区运动会，但缺少条件，于是找到居委会，希望帮助它们和物业协调。于是居委会说服物业为之提供了场地，还各自拿出几千元钱赞助。运动会上，年轻人和居委会以及物业的人在主席台上坐到了一起，开始了相互之间的交流。这些组织的雏形让居委会领导看到文化体育是没有界限的，便于人们沟通。于是，居委会提出以文化体育为媒，促进和谐社区建设。通过不断发展这些组织，为大家提供认识和沟通的渠道。居委会还看到活动场地对于这些组织是个问题，在街道的帮助下，与开发公司、物业公司进行沟通，为这些组织建立了活动场所，包括：地下一层人防工程改建的活动中心，面积 460 平方米，内设乒乓球台 5 张，为乒协活动的场地；室外带有健身器械的小广场近200 平方米，由开发公司配套健身器械近 10 套；600 平方米的集中健身广场（有运动器械 34 套件）以及对 3 个 300 平方米的花园小广场因地制宜地安装的 30 余套健身器械；在原有活动中心的基础上，又征得物业同意，争取到地下一层一处使用面积 500 平方米的活动场地，针对社区年轻人多、准妈妈多、儿童多的特点，广泛征求居民意见后，正在建设亲子乐园和儿童智力开发活动室；为新成立的台球协会安置 3 台台球桌；室内还建有体能测试室，棋牌室等项目。从而将地下一层和地下二层的活动中心连为一体，使室内活动面积达到近 1000 平方米。

为了配合职场人员的时间表，居委会还打算实行弹性工作制。职场人员周一到周五都要上班，如果有事想找居委会比较困难，出于实现密切联系、加强沟通、服务居民的目标，居委会除了一些具体事务上门服务外，还准备以项目化方式聘请专人在周末为居民服务，同时保证活动室周末的正常开放。

为各体育协会提供活动场地的做法，把年轻人自组的社会组织引入社区，并整合到一个体系下，年轻人为他们各自的协会设计会标，增加了参与意识；而亲子乐园也是希望小手拉大手，将年轻母亲吸引到社区活动中，增进与年轻居民的联系，加强青年人对社区的依靠，让他们回归社区，从而开通社区与青年居民之间正常对话的渠道。有了语言的沟通也就随之有了行动上的协作。居委会和这些社会组织开始共同做一些事，比如利用体协的网络进行宣传、组织。又比如2009年，居委会要组织居民为陇西捐款、捐物，社区体协的主席组织大家响应号召。

居民参与意识的增强为居民代表队伍的壮大打下了基础，现在居民代表大会已经增加到130人，基本都是社会组织里的文化体育骨干，平均年龄56岁，有70名党员。居民代表中中层干部50人，职员20人，工人14人，大专以上学历人数占代表总人数的50%以上。尽管对年轻职场人员的动员还远远不够，居民代表大会里还是以老年人为主，服务项目也趋于传统化，但老年人已渐渐表现出依赖年轻人的趋向。例如，由青年人组成的社会组织已经代表长安新城社区参加了丰台区乃至北京市的许多比赛和活动，并取得了优异的成绩。

**2. 整合社会组织**

长安新城居委会还在努力把辖区工会引入社区，成立"联合工会之家"，进一步整合社会资源。这个工会是指周边社区那些由民营或者规模较小、没有条件成立工会的单位组成的工会联合会（联合工会之家）。包括社区幼儿园、辖区非公企以及辖区地下人防（见图2）。居委会已经在活动场地为这个组织预先提供了一间办公室。

**3. 引导社会单位向社区居民开放资源**

《北京市加强社会建设实施纲领》强调要加大社区资源整合力

度。按照共建共享、互惠互利的原则，积极引导社会单位向居民开放内部生活服务设施和文化设施，加强社区组织与社会单位的横向联系。

事实上，要实现社会资源对社区开放是有一定难度的，因为这涉及安全、维修等诸多问题。长安新城在这方面付出了诸多努力，居委会的介入也为开发社会资源提供了很大帮助，比如与大成学校协商租借足球场。另外，居委会还协调好与社区附近的小学和幼儿园等单位的关系。居委会主任说："小学校长很开明，每年开学都请我们居委会去讲话，我们居委会也可以帮助他们丰富老师的业余文化生活，让社区派人去教他们的老师唱歌、跳舞。原来我们居委会没有会议室，就一直借用小学的会议室。社区的大型活动怕扰民，也会借用小学的操场。校长认为社会资源就是应该用来为居民服务的。"

**4. 推进社会组织中党组织建设的构想**

长安新城居委会还提出在社会组织中推进党组织建设的构想，力图形成社会组织中党的核心力量，与居委会形成合力。一旦发生问题，由党组织帮助居委会去处理，从而进一步巩固党的领导地位，实现党组织和党的工作的广泛覆盖。

长安新城以文化体育活动为媒介，以提供场地为手段，为社区社会组织与社区搭建了相互联系的平台，这其中的过程实际上也是政府、市场和社会组织三者的一种互动，居委会在其中运用各种关系，制衡整合各种资源。正如其居委会书记所说："社会组织培育很重要，不然居委会的工作无法落实。现在年轻人的组织还不仅仅局限于长安新城人，其成员超越了这个界限，这实际上是一个扩大的社会网络，可吸引的社区资源更为广阔和丰富。我们不仅仅是为我们的社区服务，还为社会搭建了平台。我们现在搞活动室的资金来自方方面面，我们创建了社区的许多社会形象，如体育规范化社区等，这样政府重视我们，市里的体协也关注我们，会给我们一些资金。社会组织越多，参与的人越广，无事生非的人就少了，和谐社区才更有可能。"

## （二）寻求政府、企业（物业）与社区组织的合作互动

### 1. 借助政府权威

加快服务型政府建设是市政府的重要工作之一，特别是"居站分开"以来，政府与社区居委会之间形成一种伙伴关系，政府继续加大公共服务投入，进一步完善公共服务体系。政府是社区发展的重要扶持力量，长安新城的社区发展离不开区政府和街道的大力支持和配合。财政上，居委会和工作站的主要资金来源是由街道下发的社区公益金和办公经费；公共服务体系建设上，居委会也是借助区和街道的权利以及社会网络争取到物业和社会单位为社会组织提供的活动场地。居委会是政府行政管理和居民自治之间的枢纽，政府是基层群众自治体制和社区服务体系建立的坚强后盾。居委会还积极利用政府与社会单位之间的良好关系为居民谋利益，比如社区的足球协会缺乏活动场地，而区政府主任与大成学校校长同是区人大代表，大成学校又是辖区单位，这就形成了社会网络资源。居委会与区主任一起跟大成学校校长协商，借用学校的操场作为足球协会的运动场，协会采取会员制，以较低的会费作为场地租借费，用来维持场地的清洁与维修。

### 2. 发挥企业资源优势

长安新城小区属于经济适用住房小区，产权是个人的，居民对维护社区环境要求较高，因为社区越好，住房才有升值的潜力。而这个环境是物业公司解决不了的，居民的需求与物业公司的服务是社区里的主要矛盾。为了解决矛盾，协调业主和物业关系，长安新城居委会发挥枢纽作用：一是利用企业资源优势，寻求合作治理平台；二是协调业主和物业公司关系。

（1）协调物业费的收缴。

物业费的收缴一直是业主和物业之间的矛盾焦点。物业的一些服务不及时、不到位，加上小区本来开发时配套就没有做好，

引起一部分业主的不满，拖欠物业费情况严重。居委会从中帮助协调。比如有一家住户装修时漏水，和物业有了矛盾，居委会帮助协调解决了，业主很感谢，觉得居委会对他们还是有用的。

又比如，为了让业主尽快缴纳物业费，物业曾经决定不给不缴纳物业费的人开采暖证明，这个业主就得不到政府的采暖补贴。这种做法引起了业主的严重抗议，认为补贴是政府给的，物业没有权利从中作梗。于是街道决定让居委会给开证明，可是这样物业对居委会又有意见。物业老总找到街道主任，要求让居委会别开，只要有人来就支到物业去。街道主任没有表态。居委会考虑到各方面的情况，向物业提出了一个变通的方法。只要来居委会开证明的人先让他到物业去缴纳物业费，然后物业开出业主证明，居委会看到证明就给开，看不到就不开。物业表示同意。这个变通方法促使一部分拖欠物业费的人缴纳了物业费。当然，实际操作中，那些不缴纳物业费的业主，居委会最终也给开了证明，这样使得业主和物业双方都得到了比较满意的结果。居委会运用社区内部的利益制衡关系，将业主和物业吸引成为居委会的战略伙伴。

（2）争取居委会社区用房和社会组织活动场地。

前文提到居委会通过和物业谈判获得1000多平方米的居民活动场地和400多平方米的办公用房，这是居委会充分发挥枢纽作用，积极开发社会资源，建立健全社区资源共享机制的体现。

随着长安新城社区房价的上涨，物业公司希望原来在居民楼内办公的居委会换个位置。第一次谈判时由于办公面积问题，双方没有谈成。后来北京市将长安新城社区列为社区规范化试点，要求居站分开，于是居委会主动去找物业商谈，开始物业公司不同意，居委会本着互惠互利的原则，经过多次交涉，物业公司提出条件交换，希望长安新城居委会说服蒋家坟居委会搬过来，不然其所在位置影响后期的开发工程建设。于是长安新城居委会找了街道，街道介入，把问题给解决了。居委会和物业公司初步达成协议，将 1 区 22 号楼 3、4 层的两个三居室（254 平方米）置换到 1 区 13 号楼 1 层（473 平方米），不仅方便了居民日常办事的需求，又扩大了居委会、服务站办公用房的面积，使服务站办事大厅达到 80 平方米，并完成了其他社区会议用房和文化室用房的要求。

而 1000 多平方米的社会组织活动场地的争取则与业主呼声有关。居委会书记说：

　　"我利用业主要求成立业委会呼声高涨的契机去找物业谈，说如果真等业主委员会成立，物业再拿出活动室的地方，就被动了。现在主动给我们，不仅化解矛盾，还树立了你们物业的形象，我可以宣传物业是积极支持社区的体育文化活动的。于是他们同意了。而且，那段时间物业方面跟居民有一些矛盾，希望居委会帮助解决，所以作出了让步。这个地下空间我整整要了 3 年他们才同意。"

**3. 筹建业委会**

自 2009 年 9 月下旬开始，居委会根据《北京市住宅区业主大会和业主委员会指导规则》，筹备建立业委会的各项工作，并对辖区 4700 余户发放"社区成立业委会征求意见表和业委会筹备组业主代表联名推荐表"，有 500 多户返还了意见。就目前情况而言，在居委会的努力下，长安新城社区业主和物业公司的关系还是相对和谐的。居委会以每年帮助业主和物业开交流会的形式为他们创造沟通渠道，减少摩擦。在会上物业听取居民意见，彼此沟通要求和想法。这样的方式坚持了两年，业主和物业已经商量着要聘请物业监督员。因此，业主要求成立业主委员会维权的呼声没有前几年强烈，特别是居委会以建立文体社会组织的方式将年轻居民团结到社区之后，周末，他们忙着休闲和参与社区活动，对筹建业委会并不太热衷。可见，居委会在协助业主维权，和物业沟通方面做得比较成功，这样也有利于社区和谐，真正实现居民自治。

长安新城的状况为我们提供了很好的合作治理范式，以居委会为社区枢纽与核心，多方共治：政府服务、企业参与、社会协助，各方力量本着互惠互利的原则，共同服务于社区民生建设。具体来说，居委会以为社区社会组织提供活动场地为契机，整合了多元动力。一方面利用市场契约原则，以社区的集体谈判达成公开契约，让企业（物业）参与到社区建设与发展中；另一方面，发挥辖区社区组织的志愿精神；而其间又借助政府的行政权威，对企业和社区组织进行协调，从而把社区居民，尤其是把占主体的年轻居民吸引到社区事务中来，构建和谐而有生命力的社区公共服务体系。当然，长安新城社区所做的只是起步，要真正发挥居委会社区枢纽型组织的作用，做好基层民生工程建设，还需要更多的努力。

## 三 居委会转型成为社区枢纽型组织的建议

长安新城作为一个以职场人员为主要人员构成的社区，居委会针对社区特点，形成以"健身为媒"，通过建立各种文化体育组织，把广大社区成员整合起来，实现"四自"（自我教育、自我管理、自我监督，自我服务）的工作思路。在具体工作中，居委会实际上成为社区枢纽型组织，协调、整合包括政府、企业、社会单位以及居民等各方面的关系，让它们参与到社区公益服务中来，有效地解决了我国多年来一直存在的居民社区参与不足的问题，是一种居委会自治组织功能回归的体现。这是一个好的开端，代表了一种发展方向。不过，就长安新城的情况看，居委会真正成为社区枢纽型组织还需要注意以下几个问题。

### （一）政府依旧没有摆正位置，强政府角色需要进一步转变

政府对居委会还是以命令和强制的方式为主进行管理，这不

利于居委会真正成为社区枢纽型组织，充分发挥作用。具体表现在以下几方面。

（1）社区公益金主要以"政府购买服务"的项目化方式使用，但是在具体申报和批复环节限制比较多。一般提出一个项目，要求居民代表签字，上交街道社区办，然后主管主任签字，这样才能生效。如果最后资金不够，还得补交申请，先申后用。实际上一些大的项目，居委会只能先垫着钱。

（2）街道组织机构人员换岗制给社区工作的持续性造成了不便。就在我们访谈的前几天，卢沟桥街道在搞换岗，过去负责社区管理的领导发生变动。但是随着社区管理的专业化，对主管者的专业素养要求越来越高，新换来的人可能对社区工作缺乏了解，他需要一个了解和熟悉的过程，但是等他了解和熟悉了，可能又要换岗了，这种机制上的问题不利于社区的发展。

（3）政府某些部门依然将居委会当做政府的"腿"，运用行政手段干预居委会的具体事务，缺乏服务意识。例如，居委会主任讲：

"国庆节要求各社区悬挂国旗，街道拉回来后，宣传部要求我们各社区去取，50个旗杆，我就觉得你们既然能拉回来就能分派到各社区或者是放在一个方便的地方我们去取，因为对于居委会来说，要组织人去取还要租车，很麻烦，车也不好找，也浪费资源，街道办事处应该是为社区服务的。于是我就对宣传部提出了这个意见，但他们说不可能，我就直接去找了负责社区的副书记，他说要考虑考虑，后来宣传部明确答复我说副书记不同意。我直接去找书记沟通，我说街道不是要让社区围着你转，而是要为社区服务的，书记说明白了。后来节前几天又补发了一次，那次书记在区里开会，回来看到各社区去领很生气，对宣传部说你们就是应该把这些直接发给社区，这样做不好。后来确实给我们送来了。这说明书记听我说过后确实意识到了问题。这样的事还有很多。"

（4）"居站分离"的具体运作模式形式化。随着经济体制改革和城市结构改革的深入，加速社会管理体制的改革成为大势所趋。政府在规范化社区建设中明确提出居站分离，工作站与居委会既要职责明确，又要相互配合。居委会摆脱沉重的行政负担，还位于真正的居民自治组织；从居委会剥离出来的行政职能，由社区工作站承担，成为政府职能部门在社区的"腿"，从而真正实现党和政府城市管理重心的下移和政府职能转变的要求。"居站分设"最关键的一点，就是要处理好社区工作站与社区居委会之间的关系，使其真正成为合作伙伴关系，各自发挥出自己的积极作用。但是实际操作中彼此职能交叉，站长和居委会主任也由一人兼任。居委会主任指出："更重要的是街道机构没有相应改变，都由社区办统一管理，从实际职能分工看，社区办不应该指导工作站的工作，只应该指导居委会，否则对街道不好，应该建立新的领导机构。"

## （二）居委会缺乏专业性培训，服务应该制度化

目前，居委会的工作更多是一种本能的服务热情和意识，缺乏专业的社区服务理念和技能。政府应该促进居委会和孵化器等社会组织培育机构的合作，加强社区参与相关的培训，使居委会的服务制度化，培育社区能力，从而真正成为社区枢纽型组织。

总体来说，一方面，我国的居委会自产生起就是一个半官方性质的组织，与政府有着天然的联系；另一方面，它又是一个"四自"组织，能更好地贴近基层民生。因此，与其他社会组织相比，居委会具有强大的组织优势，可以成为政府购买服务可依赖的社区枢纽型组织，作为政府、社会企业和单位、社会组织以及居民等力量之间的枢纽，充分了解各方面的利益和需求，进而加以协调、组织甚至是博弈，将原本冲突甚至对立的力量整合成共同体，利用社区平台与多重互动机制发挥"共同体"的效能，为基层民生建设作出贡献。

# 从直接服务向组织服务的功能性变革

## ——大兴区清源街道社区服务中心调研报告

### 冯晓英[*]

社区服务是我国改革开放后，为满足市场经济条件下社区成员多层次服务需求出现的产物，特指在政府倡导和扶持下，为满足社区成员多种需求，依托街道和居委会，发动社区力量开展的具有社会福利和社会公益性质的居民服务业，与我们今天所关注的民生工程相契合，至今已经走过了25年的发展历史。

北京街道社区服务中心作为街道社区服务工作的重要载体，正经历着由政府主办向独立公益性服务机构的改革尝试。依据国务院《关于加强和改进社区服务工作的意见》（国发〔2006〕14号），国家发改委、民政部《"十一五"社区服务体系发展规划》以及北京市民政局、北京市社区建设和城市管理体制改革领导小组办公室《关于完善街道社区服务中心服务功能和运行机制试点的意见》（京民社区发〔2007〕292号）有关精神，从2007年开始，北京市在18区县各选择一个街道社区服务中心作为社区服务中心服务方式创新的试点，进行三个拓展的改革尝试，即实现社

---

[*] 冯晓英，北京市社会科学院社会学所所长、北京社会管理研究中心常务副主任，研究员。

区服务由服务群众向服务组织拓展，由提供服务向组织服务拓展，由服务阵地向龙头带动功能拓展，通过街道社区服务中心的运作，形成政府的行政机制、企业的市场机制、社会服务组织的准市场机制等多种机制并存的社区服务发展格局。大兴区清源街道社区服务中心就是其中的一个试验点。

# 一　以"参与式社区服务项目化管理"
## 为突破口，推进"三个拓展"

清源街道位于大兴新城北区，总面积 30 平方公里，2001 年底成立街道办事处，现辖 24 个社区，9 万多人。作为大兴新城的组成部分，清源街道具有社区异质性强、人口需求多元化的特征。24 个社区中，新建小区、老旧小区毗邻，回迁楼、经济适用房、高档商品楼相近；户籍人口、流动人口混居，高收入阶层和低收入群体并存。面对这样一个异质性强，人口规模较大且需求多元化的社区，如何改变传统的"坐等上门"服务方式，在试验过程中找到适合本地区社区服务工作的运作模式，实现"三个拓展"的转化，对街道社区服务中心而言，关键是要找到服务方式"拓展"的突破口。

清源街道社区服务中心成立于 2003 年 5 月，是街道办事处直属的事业单位。试点前 13 个工作人员承担着街道办事处委托交办的 10 余项职能。由于人员少，服务项目受限，坐等服务是主要的工作方式。而社区服务方式"三个拓展"的核心——"由提供服务向组织服务拓展"，既是运作方式的创新，更是服务理念的创新，通过组织服务不仅可以克服工作人员不足导致的服务缺陷，在发动居民参与社区服务的过程中，也将"助人自助"的社区理念落在实处。于是以"参与式社区服务项目化管理"为突破口，从直接服务转向组织服务，通过龙头带动，实现由服务群众向服务组织拓展，成为清源街道社区服务中心试验创新的一条主线。

"参与式社区服务项目化管理"是指以社区为基础，以公共服务需求为导向，以项目运作为纽带，发动社区成员全程参与，实施网络化管理的组织服务模式。清源街道社区服务中心组织实施的"参与式社区服务项目化管理"有以下几个特点。

### （一）以"项目运作"为纽带，构建社区服务多元主体上下互动的网络平台

以公共服务需求为导向，自下而上由社区服务参与主体多方共同筛选服务项目，是"参与式社区服务项目"区别于传统的主要由政府决策，自上而下贯彻实施的"接受式社区服务项目"的显著标志之一。

所谓"项目运作"，是一个由"组织社区需求调查—提出项目方案申请—筛选审批项目方案—建立项目执行工作队—组织项目实施—监督实施过程—开展成果评估—推动项目扩展"等内容组成的项目实施全过程。项目运作方由居民执行项目行动小组、社区居委会、社区服务中心、街道办事处、社区参与行动（NGO）构成，其中，居民执行项目行动小组是项目运作的基础；社区居委会是沟通政府与社区组织的桥梁；社区服务中心是协调利益相关方，组织、监督项目执行的枢纽；街道办事处是把握公共服务方向、提供政策和资金支持的主导；"社区参与行动"是推进项目运作的助推器。参与主体彼此之间各尽其职，相互尊重，形成了互联互动的伙伴关系。

居民执行项目行动小组是在社区需求调查基础上，由社区居民自发组成，承担项目申请、项目执行功能的社区服务性组织。该组织以其项目决策主体的身份直接参与服务，改变了传统社区服务中居民"被服务"的工作格局，增强了社区服务的针对性，使居民在参与社区服务过程中，不仅提升了服务效能，也推动了社区的自治能力。

社区居委会是社区的自治组织。2009 年启动的"社区居委会

与社区服务站职能分开”，是北京社区管理体制的重大突破，它从制度安排上使社区居委会摆脱了长期以来“上面千条线，下面一根针”的被动工作局面，回归了依法自治的组织功能。“参与式社区服务项目化管理”是体现社区委员会自治功能的很好案例。在“项目运作”的过程中，社区居委会不再是具体事务的操办者，而是承担起协调政府和社区组织，支持社区组织实施服务项目计划的角色。例如，增设社区服务专管员配合开展组织工作，动员组织社区成员参加项目培训，参与筛选服务项目，争取活动场地，建立社区组织与街道、NGO 的沟通渠道等。

街道社区服务中心是“参与式社区服务项目”网络化管理的中枢。作为街道办事处的直属社区服务机构，街道社区服务中心是社区服务项目工作组的主要成员，承担着项目管理的日常组织工作，包括项目化管理的项目设计咨询辅导、项目监督以及项目资金使用的审计等职责。以“项目运作”为抓手，街道社区服务中心与“社区参与行动”联手主持“参与式社区服务项目”的全程管理工作，通过整合服务资源，协调在“参与式社区服务项目”中建立的多元利益主体关系，使街道办事处、社区服务性组织、社区居委会、社区成员、NGO 在明确各自职责的基础上，建立起平等互助、优势互补的合作伙伴关系，体现了由服务阵地向龙头带动的功能拓展。

清源街道办事处是政府驻辖区的派出机构，根据区政府授权，承担统筹辖区发展、监督专业管理、组织公共服务、指导社区建设的政府职责。在“参与式社区服务项目”的执行过程中，街道办事处的主要角色是通过主持社区服务项目领导小组和监审组，审定街道社区服务项目年度工作计划，提供项目资金支持，负责项目审批、监督、审计、参与评估验收等事宜，承担起组织公共服务的政府责任。

“社区参与行动”是致力于社区能力建设的专业 NGO。在整个“参与式社区服务项目”中扮演着助推器的重要角色。作为社区服务项目工作组的成员之一，它为项目运作提供参与式的工作理念和操作方法，通过对街道、社区工作人员和项目行动小组开展专业技术培训、提供全程指导服务，将参与式治理理念转化为现实行动，保证了"参与式社区服务项目"的规范化、科学化和制度化运作，在提高社区服务效能的同时，履行着提升"社区能力建设"的组织使命。

可见，以"参与式社区服务项目"为纽带，将居民执行项目行动小组、社区居委会、社区服务中心、街道办事处、社区参与行动组织（NGO）整合在一起，实现社区服务资源上的优势互补、协同互动，是新时期"清源模式"对建立政府调控机制同社会协调机制互联、政府行政功能同社会自治功能互补、政府管理力量同社会调节力量互动的社区治理新格局的一种实践解读。

### （二）重视能力建立，把提升居民社区参与能力放在首位

"参与式社区服务"重在社区居民的参与，即社区居民作为社区服务的主体，既是社区服务的决策者，又是社区服务的操作者。前者需要决策能力，后者需要服务技能，二者皆缺是制约社区居民参与社区服务的严重阻碍。因此，提升社区居民的参与能力是实现"参与式社区服务项目"的保证。为此，清源街道社区服务中心主动与致力于我国社区能力建设的 NGO——北京市东城区社区参与行动服务中心合作，在项目设计之初，率先启动培训工程。能力培训是包括从理念到方法，从技巧到实战的互动式系列讲座，每期四讲。主讲人是社区参与行动服务中心的专业人员，受训者是社区居委会成员、社区服务项目专管员和热心社区公益事业的居民领袖。通过采取集中授课和参观交流相结合、理论讲解和工作实例分析相结合的方式，特别是经历了从最初的接受培训到后期的互动式交流，使志愿参与社区服务项目的社区居民在自我学习、相互学习、实践学习的过程中，提升了领导力，增强了创新力，保证了"参与式社区服务项目"在科学化、规范化、制度化

下的正常运行。

## （三）突出社区特色，试点先行、循序渐进

社区服务千头万绪，需求千差万别。本着"服务急需、照顾弱势、引导助推"的原则，清源街道社区服务中心主动与社区组织合作开展社区参与式行动计划，在积极开展社区需求调查的基础上，将"参与式社区服务项目"的申请单位定位在社区层面，每年在众多项目申请中，经过评估筛选，优先确定4个具有社区特色，对社区发展有重要影响，可以满足相对多数社区成员需求，重点照顾社区弱势群体的服务项目给予资金和技术支持。通过试点先行、逐步推进，到2010年清源街道已经有16个社区服务项目纳入"参与式社区服务项目"计划，主要涉及社区老人服务、流动人口社区融合、社区环境保护和社区文化建设等领域。以2007年为例，在28个社区提交的项目申请中，结果筛选评定，最后确定的4个项目：一是金华里社区的"新居民之家"项目。金华里是一个只有300多户籍人口，流动人口多达2200人，户籍人口与流动人口比例严重倒挂的社区。该项目从"爱心超市"和"小小乐园"入手，在为流动人口提供低价的生活用品和为流动儿童提供一个娱乐空间的基础上，逐渐将服务项目扩展到书报角、洗衣店和服装加工，以弥补对流动人口公共服务不足的缺陷。二是郁花园社区的"文化活动中心"项目。郁花园社区有22个文艺组织，有一定的文化活动基础和水平。通过组建文化活动中心，将原来松散的组织通过项目整合起来，创建社区文化品牌，形成社区文化合力。三是金惠园社区的"'e'家亲服务社"项目。这是一个以联排独栋别墅居多的高档社区，家政服务人员较多。"'e'家亲服务社"项目是把家政服务人员组织起来，通过专业技术培训、建立家政服务人员理事会、组建家政服务人员与业主联谊会等途径，提高家政服务人员服务技能，维护正当权益，增进与业主间的相互理解，促进社区和谐。四是兴华园社区举办的"儿童

创意空间工作坊"项目。该项目针对孩子多的特点，与红黄蓝、家教协会合作举办专题活动，寓教于乐，引导未成年人增强团体意识和实践能力。2008年以来，又有12个"参与式社区服务项目"步入实施阶段。包括香留园社区的"老年健康俱乐部"、滨河北里社区的"社区自治组织能力建设"、滨河西里南区的"帮老助困社区参与服务总队"、郁花园二里的"靓丽家园社区志愿者"、康隆园社区的"绿岛生活馆"、学苑社区的"SPS（大学生社会实践）行动组"、金惠园三区的"爱心呼叫"、滨河东里社区"189（商户）联合会"项目等。

### （四）建立一套完整规范的社会服务组织管理模式

清源的"参与式社区服务项目"按照规范的社会组织治理结构，从项目申报、审批、实施、评估到资金管理，建立了一套完整的管理制度。一是建立工作机构，明确各自职能。工作机构由社区服务项目领导小组、社区服务项目监审组、社区服务项目工作组和社区服务项目执行小组组成，分别承担审定街道社区服务项目年度工作计划和项目资金安排计划、监督项目评选以及专项资金的使用、负责日常项目管理和组织、落实项目计划。其中社区服务中心作为工作机构的中枢——项目工作组的核心成员，发挥着日常管理和组织服务的重要功能。二是制定社区服务项目化管理办法，规定了项目申请、项目审核、项目实施、项目评估、项目监管、项目终止、项目资金管理细则，确保"参与式社区服务项目"管理的科学化、规范化和制度化。

## 二 "参与式社区服务项目化管理"的 实践效果

经过近三年的实践探索，"参与式社区服务项目化管理"在以下三方面取得了突破性的进展。

## （一）转变组织功能，实现服务方式的"三个拓展"

清源街道社区服务中心组织实施"参与式社区服务项目化管理"的过程，本身就是践行社区服务方式"三个拓展"的过程。在"参与式社区服务项目化管理"中，它们不再是社区服务项目的直接提供者，而是以"项目运作"为抓手，发挥上与街道政府相接，下与社区百姓相通，横与社会组织相连的组织优势，将参与社区服务的多元主体整合起来，通过在挖掘社会资源、开展能力培训、培育服务组织、提供服务阵地等方面的引领作用，实现了由传统"坐等上门"为部分居民提供有限服务，到"服务上门"为组织提供全方位服务，最终惠及社区多数成员的转变。

## （二）尊重社区多样性，满足社区不同群体的多样化需求

北京的社区服务虽然早已经历了由福利服务向公益性服务的转化，但是由于服务项目主要是针对个体需求而不是群体需求，因此，或者因为服务人员不足无法满足个体需求，或者更多关注传统的养老、家政服务而忽视了不同社会群体对公共服务的个性化需要，服务项目的"千区一面"导致的服务和需求失衡，是社区服务至今难以承担起政府公共服务职能的原因之一。

"参与式社区服务项目化"的实施，使生活在清源这样一个集多元化异质社区为一体的行政辖区内的居民们，开始享受到与以往不同的，能够满足群体需要的，更便捷、更有效的社区服务。（在香留园"老年健康俱乐部"里，既可以看到合唱团的老人们纵情高歌、洋溢着幸福的笑脸，也可以在健康知识讲堂里看见老人们与专家互动获取健康秘诀时的快乐。义诊送到床前，关爱送走孤独，彼此关心照料，已经成为香留园这个"老年之家"的社区风尚。"新居民之家"是流动人口的"心灵家园"。通过"爱心超市"和"小小乐园"，使生活在社区的流动人口不仅在一定程度上分享到市民待遇，感受到家的温暖，而且在参与社区服务的过程

中，增进了社区融合。康隆园是一个高档别墅型社区，能源消耗和碳排放量很大，不仅造成了资源浪费，也影响了居住区的生态环境。如果按照传统思维方式，这类问题是不能纳入社区服务范畴的。但是"绿岛生活馆"项目经过层层论证，以工作组、居民、专家打分排名第一纳入了 2009 年"参与式社区服务项目"计划。该项目从绿色环保着手，通过环保培训，组织社区居民将餐余废油制作环保肥皂、利用蚯蚓技术将餐余垃圾制成有机肥、进行无土水生植物种植和盆栽蔬菜实验等，使社区居民的生态环保意识在实践中得到提升。各种居民环保小组的涌现带动了越来越多的居民投身环保事业，"创建生态环保社区，倡导低碳绿色生活"已经成为康隆园社区居民的共同行动。）此外，"'e'家亲服务社"的家政服务，"帮老助困社区参与服务总队"的助老扶困，"189（商户）联合会"的商户自律和制度化的公益服务，由"同心同乐艺术团"、"养犬自律会"、"创业者联谊会"、"都市建设新一族"组成的"社区自治组织能力建设"项目，都成为"参与式社区服务"的品牌项目，赢得了所在社区居民的好评。

**（三）从"被服务"到助人自助，在服务中提高能力，分享快乐**

社区服务项目存在专业化程度上的差异。除了医疗护理、心理咨询、技能培训等专业化程度较高的项目（在香港称之为"正规社会服务"）需要由专职社会工作者承担外，多数社区服务项目是可以通过"社会支持网络"，即由家人、朋友、邻里和有意相助的人士提供的非正式照顾实现的。在香港，"社会支持网络"作为与正规社会服务互补的一种有效支持模式得到广泛采用，清源的"参与式社区服务项目"就是"社会支持网络"在北京的运用。

"参与式社区服务"本质上是一种建立在邻里互助基础上的志愿服务，它所体现的正是"助人自助"的社会工作价值特征。从接受培训到项目申请，从参与决策到项目执行，16 个社区服务项目吸引了数以百计的社区志愿者，他们在社会工作者的引导、启发和帮助下，不仅理解了参与式的发展理念，而且掌握了参与性的方法和工具，提高了社区参与的能力和服务技能；从"被动接受培训"到"主动要求培训"，从"上面要求做"到"我们申请做"，这些以志愿者身份出现的"社区领袖"和"社区能人"在助人的过程中，分享了"乐人乐己"的志愿情怀。曾经多次到金华里社区考察的德国顾问用"惊喜"表达他所看到的变化："开始他们是不自信的，现在我看到每个人的脸上是越来越多的快乐"，而这种变化在传统社区服务中是很难看到的。

创新的理念，出色的工作，为清源带来了诸多荣誉，在第五届"中国地方政府创新奖"的358个地方政府创新项目申请中，清源街道申请的"参与式社区治理与社区服务项目化管理"进入30个入围项目名单，获得了提名奖的荣誉。金华里社区以"新居民之家"项目为载体服务社区居民，因其成绩突出，先后获得中国社会工作协会2008年"优秀志愿者服务项目"、"北京流动人口出租房屋基础调查工作先进单位"和"北京市先进社区居委会"等荣誉称号。目前，"清源模式"已经得到社会认可，并在一些街道和社区复制传播。

# 三　启迪与探讨

## （一）"清源模式"的启示

社区服务体系建设是公共服务体系建设的重要组成部分，是深化民生工程将多元化公共服务需求落在实处的体现。改变传统服务方式，在社区服务体系中融入现代社会治理结构，是"清源模式"对完善社区服务体系建设的贡献。

### 1. 以"项目"替代"活动"，促进社区服务持续发展

传统的社区服务大多采取两种服务形式，或者"坐等上门"，或

者以"活动"方式在指定的时间、地点举办。由于前者缺少效果评估，后者缺少持续过程，社区服务总体效果不尽如人意。而"参与式社区服务"强调的是项目引导：在项目设计之初就有明确的项目目标、项目计划、项目实施时间和项目执行者，项目实施过程中有严格的项目监督，项目结束时还有包括对项目成果和问题的评估，通过评估再确定下一年的项目目标和计划，从而使社区服务摆脱了多年"供需脱节"的被动局面，呈现"螺旋上升"的发展态势，而这种可持续的发展模式正是社区服务长效机制的精髓所在。

**2. 政府重视，支持专业 NGO 发挥作用**

客观评价，"清源模式"的成功与"社区参与行动"的全程参与和支持密切相关。作为一个以推动社区能力建设为己任的专业 NGO，"社区参与行动"在"参与式社区服务项目"中，从项目管理培训、项目实施咨询到参与式技术指导，扮演着助推器的重要角色。而"社区参与行动"组织的进入得益于清源街道办事处的信任与重视。

在我国，专业化的 NGO 大多以服务者，或者培训者的身份进入公共服务领域，真正致力于社区能力建设，将培训和项目结合起来，通过全程参与，指导政府和社区互动的 NGO 尚不多见，传统思维下政府对 NGO 缺乏总体信任又使 NGO 的社区进入困难重重。而清源街道早在 2007 年就已经意识到专业 NGO 对社区建设的重要作用，他们在了解到"社区参与行动"的组织宗旨和实践活动，并得知该组织正在北京寻找合作伙伴开展社区能力建设时，主动邀请"社区参与行动"商讨合作途径。在确定"参与式社区服务项目化管理"为合作平台之后，街道办事处赋予"社区参与行动"全程指导项目运作的重要职能："社区参与行动"不仅与清源社区服务中心一起作为社区服务项目工作组成员，负责拟定社区服务项目总体规划和资金安排计划；受理社区服务项目的申请和进行初步审查；检查监督指导社区服务项目实施情况；协助项目监审组进行资金的监督管理，并且该组织的负责人以顾问身份进入社区服务项目领导小组，直接参与项目领导和决策工作。特别是在资金困难且缺少用途计划安排的情况下，为了支持"社区参与行动"的工作，街道仍然拿出部分资金，用于工作人员的交通、午餐补助和材料费支出。正是由于政府的信任和支持，"社区参与行动"充分发挥其功能，助推了参与式社区服务项目的成功运作。

**3. 延续志愿精神，促进新的社区服务组织成长**

奥运会后如何将社区志愿活动转化为持续性的志愿行动，"参与式社区服务"是一个很好的答案。"社区参与"是社区居民作为社区生活的主体，以主人翁的姿态自觉自愿地参加社区各种活动与公共事务的行为与过程。从这个意义上讲，"参与"与"志愿"同源。在"参与式社区服务项目"中，社区居民以志愿精神组成项目行动小组，在项目执行过程中逐渐形成团队意识。随着项目的延续和发展，在共同利益和共同目标下形成的项目行动小组就有可能转化为具有公益性质的社区服务性组织。这种因项目运作而逐渐形成的新型社会组织无论从专业服务水平还是社会奉献精神方面，都更加契合 NGO 性质，将会成为未来社区服务持续发展的中坚力量。

## （二）对街道社区服务中心功能定位的探讨与思考

清源街道社区服务中心在"参与式社区服务项目化管理"中的作用功不可没，有目共睹。但是当我们透过"清源模式"重新审视街道社区服务中心在北京公共服务体系建设中的角色时，却发现北京街道社区服务中心的功能定位仍然有些模糊不清，值得商榷探讨。

按照北京市民政局、北京市社区建设和城市管理体制改革领导小组办公室下发的《关于完善街道社区服务中心服务功能和运行机制试点的意见》（京民社区发〔2007〕292 号），街道社区服务中心为公益性服务机构，其主要功能是组织公共服务，开展公益服务，提供便民利民服务。尽管不同区县对街道社区服务中心三大功能下的职能定位略有差异，但是集"裁制员"、"运动员"于一体的传统功能定位却很难使社区服务中心走出现有的服务困境。

客观地说，社区服务中心作为街道办事处的直属事业单位，是20世纪80年代末期政府为了弥补公共福利不足，为社区居民提供"便民、利民"服务，依托街道开展公共服务的产物，曾经由政府授权，在开展基层社会福利和社会服务中发挥过重要作用。但是，如前所述，伴随着社区服务由福利服务向公益服务的转化，现有社区服务中心依附街道办事处所形成的行政主导的管理模式已经无法应对当前社区居民多元化服务的巨大需求。走"清源"之路，发挥街道社区服务中心在整合社区服务资源中的枢纽作用，变直接服务为组织服务已经成为一种发展趋势。

"清源模式"的实践证明，街道社区服务中心在组织开展社区服务方面具有独特优势，由社区服务的直接提供者向组织者的转变，不仅是服务方式的转变，而且是组织功能的变革，因为服务方式是为组织功能服务的。将社区服务中心"提供便民利民服务"的功能交给实体性社区服务组织，例如"清源模式"中的居民执行项目行动小组；保留"组织公共服务，开展公益服务"的社区服务"枢纽型"组织功能，是转变政府职能，对接公共服务体系的需要。

实现街道社区服务中心组织功能变革需要正确处理好以下几层关系。

一是处理好与街道办事处的关系。社区服务中心功能的转变意味着在政府职能转变的大背景下，"中心"将逐渐脱离行政化轨道，回归社会组织的原貌。但是与一般社会组织不同，社区服务中心作为街道辖区社区服务的"枢纽型"组织，依然承担着政府授权"组织公共服务，开展公益服务"的社会功能，因此，在街道办事处的指导和支持下，配合街道中心工作，参与制定社区服务规划，整合调配服务资源，培育社会服务组织，组织服务项目实施是社区服务中心义不容辞的责任。

二是处理好与辖区社会组织联合会的关系。社会组织联合会是近年来应运而生，负责对有关慈善公益类社会组织、行业协会、与原主管部门脱钩的社会组织和无法确定主管部门的新注册社会组织进行业务指导和服务的工作机构，一般是经民政部门的社会团体登记管理机关核准登记的非营利性社会团体法人。街道社区服务中心作为辖区内从事社区服务的公益类社会组织，可以自愿成为社会组织联合会的团体会员，在保持工作独立性的基础上，接受联合会的业务指导和服务。

三是处理好与社区服务站的关系。社区服务站是社区规范化建设中，"居站分开"后政府在社区层面设立的公共服务平台，承担着政府服务、便民服务、公益服务的职能，在街道办事处的领导和政府职能部门的业务指导下开展工作。社区服务中心与社区服务站是合作伙伴关系，本着"互惠互利、优势互补"的原则，社区服务中心重在组织服务，社区服务站协助社区居委会承担实践功能。

## 参考文献

北京大兴区清源街道办事处：《关于社区服务项目化管理的实施办法》（内部资料）。

北京市大兴区清源街道社区服务中心：《以人为本 立足需求——清源街道社区服务中心探索参与式社区服务项目化管理》，2009 年 6 月 10 日。

北京市社会科学院："民生课题研究组"，北京大兴清源街道社区服务中心访谈录音整理，2009 年 11 月 24 日。

◎分报告四

# 在单位型社区中发挥社区 社会组织作用

## ——丰台区洋桥东里社区调研报告

## 一　洋桥东里社区："单位物业型社区"

洋桥东里形成于清末，原来是方便北京人到马家堡火车站乘车，由英国人于 1898 年在凉水河上设计修造了一座水泥结构桥，当时老百姓称之为"洋桥"。后来桥南靠近马家堡火车站一侧形成一个自然村，以桥得名。洋桥于 1990 年拆除，在原桥址修建了新的钢筋混凝土结构桥，依旧称为洋桥。

丰台区西罗园街道洋桥东里社区是典型的"单位物业型社区"。社区基本都是单位宿舍，其中同仁医院有 10 栋，铁路宿舍 4 栋，电力部宿舍 1 栋，博兰特宿舍 1 栋，博兰特和雪花共同拥有宿舍 1 栋，共 17 栋楼。社区在 2003 年前，由同仁家委会、铁路宿舍家委会、菜蔬公司家委会、国电家委会等 4 个家委会管理；2003 年后由 4 个家委会合并成洋桥东里社区。

---

[*]　高勇，北京市社会科学院社会学所副所长、北京社会管理研究中心秘书长，副研究员。

2009 年上半年，社区常住人口为 4587 人，共有 1529 户。流动人口有 500 多人。社区内的共建单位以商业服务业为主，包括国美电器城、洋桥窗帘市场、中国书店储运部、京西宠物医院、格力空调专卖店等，此外还有一些餐馆酒楼。

## 二 社区里三大社区社会组织的作用

### （一）物业自律协会：促进物业之间合作

洋桥东里社区是老旧小区，居民楼分属于 5 家物业公司，其中有 1 栋居民楼根据不同楼层分属于不同物业公司管理。由于没有一定的自律协调组织，各家物业公司不仅彼此封闭、互不合作，而且在物业服务的过程中彼此之间还会产生分歧和矛盾，甚至存在一些互相扯皮和推卸责任的情况，最终导致居民因维修需求得不到及时满足而与物业发生摩擦。这一情况直接损害的是居民的生活利益和社区的和谐氛围。为了解决这个矛盾，社区干部与各物业公司一起反复协商，最终成立了"物业自律协会"。

社区先与各物业公司分别进行沟通，让物业公司认识到大家共同处在一个社区中，彼此应当是一家人。用社区张主任的话说："大家是一家人，就跟一个三居室一样，你住一居二居三居，但是开开门，我们是共用一个卫生间和厨房。因为你们共同享受一个社区居委会的服务。"

要真正实现不同物业公司间的自律协调，必须找到它们实现互利合作的实现点。物业公司规模不等，能提供的服务项目和服务质量相差很大，因此社区提议，如果所辖居民的维修问题在所属物业不能解决，可通过"物业自律协会"进行协调，其他物业派人援助，外援服务收费标准由自律协会统一协商。这样就使得各物业公司实现互助互利。此外，物业公司还可以共同进行原材料集体采购，在价格上得到优惠。因此，"物业自律协会"可以使物业公司之间有一个交流经验、共享资源、互通有无的平台。这种互利合作的想法得到了各个物业公司的赞同。

在此基础上，各个物业公司在社区的联络下成立了"物业自律协会"。通过"物业自律协会"，物业公司在服务上有所协调，利润上有所赢利，工作上有所借鉴，技术上还可以沟通，最后受益的是居民。物业、居民、社区居委会实现了"三赢"，物业增加了赢利，居民得到了更高质量的服务，社区居委会实现了为民服务的宗旨。借此平台，各物业公司现在为居民提供的服务更加及时和便利，在一定程度上缓解了目前普遍存在于业主与物业之间的矛盾。

## （二）爱心护聊队：促成居民之间互助

洋桥东里社区有一半以上的居民楼是各大医院的职工宿舍，很多居民都是退休的医务工作者，其中不仅有医生、教授，也有护士、内勤人员。如果能把这部分退休人员调动起来为社区服务，那么即或以利用他们的专业知识技能，实现"老有所为"，同时也可以为居民进行健康咨询，方便居民生活。要实现上述想法，就需要有一个组织平台，社区居委会因此成立了"爱心护聊队"。

社区先与愿意发挥余热的离退休医疗工作者协商，找到了几位离退休的护士长作为带头人，就此带动其他医生和护士，最终成立了包括教授、主治医师在内的"爱心护聊队"。"爱心护聊队"的定位就是以聊天的形式，达到健康咨询、预防疾病的目的，而不进行诊断和开具处方，以避免延误病情和产生医患纠纷。

社区为"爱心护聊队"的志愿者们提供了持证上岗的胸牌，使得志愿队伍的制度建设进一步规范化；还为他们提供了服务用房，使其既可定期定点地开展血压测量、病情咨询等基本医疗服务，又可为居民普及医疗知识、培训急救常识。如果有岁数大的或者行动不方便的居民需要健康咨询，"爱心护聊队"的志愿者还可以上门去服务。社区未来还计划把"爱心护聊队"的志愿服务与"志愿服务时间储蓄"结合起来，使得志愿者在奉献爱心的同时也将得到回报，使得志愿服务工作更加具有可持续性。

### （三）便民服务互助协会：促进驻区单位与居民合作

洋桥东里社区的周边单位主要是一些商业服务单位，如国美电器、洋桥窗帘市场、英智眼科医院及一些饭店酒楼。要与这些单位进行合作共建，实现资源共享，同样也需要一个组织平台，社区就此成立了"便民服务互助协会"。协会借鉴"合作社"的理念，以实现周边服务单位与居民之间的互利合作为宗旨。

"便民服务互助协会"的成立同样需要前期与相关单位的大量走访，找到彼此的契合点。社区居民一直有送餐到家的需求，社区居委会与周边餐馆进行协商后，决定可以对社区居民送餐到家，而且还可以享受打折优惠。这一方面给餐馆起到了促销作用，另一方面居民也得到了实惠。再如社区一直有举办消夏晚会的想法，而国美电器城前正好有相应场地，社区找到了国美电器城的管理人员进行了协商。通过这些活动的举办，电器城得到了很好的口碑和宣传效果，社区居民的文化生活也更加丰富。这正是双方合作的契合点。

通过前期的大量沟通和细致定位，最终社区需求与周边单位需求结合起来，社区居委会与相关单位举行了"便民服务互助协会"的成立大会。协会共包括了周边的15家共建单位，印制了统一的"洋东家园卡"发放给社区居民，社区居民可以持卡在协会成员单位享受优惠服务。协会的成立，不仅使居民大部分日常生活需求在社区得到满足，也为社区共建单位提供了固定的消费群体，大幅提升了社区居民和共建单位对社区的认同感与归属感。

# 三　社区党委、居委会、服务站
## 之间的沟通协调

### （一）"知情簿"和"知情台"的设立

社区党委、居委会、服务站之间的沟通协调是非常重要的，对此必须有相应的制度措施。洋桥东里在这方面的制度措施就是设立"知情簿"与"知情台"。工作人员参与的重要会议和工作，都必须记在知情簿上。由于平时工作忙没能彼此了解沟通的东西，大家现在可以通过翻阅知情簿得知。知情簿的设立更好地达到了工作上的沟通、办事程序上的协调，使社区党委、居委会和服务站之间形成了主动问之、主动告之的工作作风。

知情簿进一步扩大，就变成了知情台。知情台设在社区居委会一进门显眼的地方。知情台上除了知情簿外，还有所有社区工作人员的联系电话、街道办事处各个科室的电话、周边各个物业的电话、种种生活应急电话。这样就保证了为居民服务到位，保证了工作之间的衔接到位。

### （二）社区服务站"包楼包户"

居委会"包楼包户"的做法在北京是很普遍的，但是社区服务站也"包楼包户"，这是洋桥东里社区的独特做法。社区服务站的工作主要是给居民办一些具体事务，但是同样也需了解居民信息、熟悉实际情况，否则也是不可能为居民服务到位的。要提升为居民的服务，就要了解居民的实际情况。

因此，洋桥东里社区服务站要求居站共同包楼包户、联合工作。与居委会包楼包户相对应，服务站的工作人员也进行包楼包户。服务站工作人员虽然不进行直接入户，但是却要与相应居委会工作人员保持密切联系，熟悉所包楼户居民的实际情况。然后通过服务站工作人员的内部交流，达到社区服务站熟悉居民情况的效果。这样，就实现了居委会与服务站工作的无缝隙对接。

# 四　几点总结

## （一）社区居委会："自己找事做"

社区居委会是城市基层社区管理体系中的重要部分，在一定程度上，它在国家和社会之间充当了连接者的角色。根据 1989 年公布的《中华人民共和国城市居民委员会组织法》，居民委员会的法定性质是城市居民自治组织。但是，在单位制管理功能削弱的改革背景下，居委会不得不应对单位制改革所造成的管理和服务真空，进而承担了大量的行政管理服务职能。这种状况随着社区建设工作的展开有所改变，居民委员会的自治性得到了一定程度的增强，居民委员会的运行逐渐实现了民主选举、民主决策、民主管理、民主监督。在逐渐成型的中国城市基层社会自治管理体系中，居民委员会的地位和作用得到了进一步巩固和加强。

一个明显的表现是，社区已经基本摆脱了"等事做"的阶段，而进入到"找事做"的阶段，如洋桥东里社区张主任所说："我们现在强调你要去找事做，这是个工作态度问题。你找事的过程，看起来是给自己增加负担，实际上是为未来减少更多的事铺垫了一个途径。"只有社区居委会进入"找事做"的阶段，才有可能真正结合本社区实际情况，挖掘本社区潜在资源，培育发展社区社会组织。

社区居委会能动性的发挥，离不开近年来北京市社区工作的改革进程。通过前期的推进社区规范化建设试点工作的展开，居委会职能更加明确，逐步回归到"基层群众性自治组织"的定位上来。通过"社区公益事业专项补助资金"，社区也有了一定资金来从事公益性社区社会组织的培育和发挥。通过公开招录社区工作者、提高社区工作者待遇等手段，社区工作者的工作能力和水平进一步提升，工作思路和视野进一步开阔，在实践中也敢于和善于创新。

## （二）"治理型"社会组织：促进单位整合资源

洋桥东里社区的"物业自律协会"从类型上讲，属于"治理型社会组织"。由家委会合并而形成的社区居委会，大多在物业管理上仍然隶属于各自单位的物业公司管理，因此在许多情况下存在"分而治之"的局面，矛盾冲突和一些不协调现象时有发生。社会治理往往靠居委会单一主体是不能完成的，必须与物业公司等进行协调、形成合力。居委会牵头，物业公司成立"物业自律协会"是一种创新的做法。有这样一个多主体之间的沟通协商平台，各自的权利义务可以更加明确，一些原先大伤脑筋的问题可能会因此迎刃而解，一些冲突和矛盾也可能会消解于无形。这对于和谐社区的构建具有积极意义。

## （三）"参与型"社会组织：挖掘社区人力资源

单位宿舍型社区，往往聚集了相当一批拥有特殊技能的人才。挖掘这些社区人力资源，使他们参与到社区建设中来，是非常有意义的。在这方面，"爱心护聊队"是一个成功的实践例子。长期以来，如何吸引居民参与社区活动一直都是社区建设中的难点问题。这其中的关键就在于如何找到居民参与的兴趣点，在于如何结合本社区居民人力资源的特点、找准定位、找到突破口。"参与型"社会组织还要求能够找到热心公益事业、有群众威信的带头人。因此，结合社区特点，深入挖掘社区人力资源，是搞好"参与型"社会组织的必要条件。

## （四）"服务型"社会组织：引入外部服务资源

传统单位制下，单位后勤体系为职工提供了完善的生活服务资源，单位宿舍型社区的居民对外部服务的需求水平不高。但是在市场经济条件下，单位制功能逐渐削弱，后勤服务体系日益解体。在这种情况下，单位宿舍型社区的居民也必须依靠外部来获得生活服务资源。"服务型"社会组织的功能就在于实现服务企业与社区居民的互信和合作。社区周边商家与社区居民的关系不仅仅是简单的商品买卖关系，不是在买卖完成之后就再无互动关系。他们同处一个地域中，往往既有利益合作关系，也有利益矛盾之处。这正是"服务型"社会组织的生存空间，即去促成社区周边商家与社区居民的互惠合作关系，去避免和解决他们之间的利益冲突之处。

# 发挥支持型社会组织在社会组织培育中的重要作用

## ——公益组织发展中心（NPI）调研报告

韩　君[*]

　　随着"小政府、大社会"目标的提出，政府职能转变的进一步加快，各级政府部门对其承担的社会管理和公共服务职能正在进行全面梳理，对可由社会组织承接的社会管理和公共服务职能，将逐渐转移或委托给相应的社会组织来承接。但目前出现的问题是，政府的公共服务职能要转移出去，却找不到足够数量的、有运作能力的社会组织来承担，对于社会组织增量的培养和 NGO 组织能力建设的提升成为目前业界亟须解决的突出问题。因此，现阶段支持型社会组织在社会组织培育中可以起到非常关键的作用。本文将以公益组织发展中心（Non-Profit Incubator，NPI）为例，具体说明支持型组织的运作流程和作用功能。

　　公益组织发展中心是在政府主管部门和国内外资助型机构的支持下，于上海市浦东新区正式注册的民办非企业单位，旨在为中小型民间公益组织初创提供关键性支持。2007 年 4 月，公益组织发展中心在上海浦东率先运作公益组织孵化器，应用"民间力

---

　　[*]　韩君，北京大学社会学系硕士研究生。

量兴办、政府支持、专业团队管理、社会公众监督、公益组织受益"的模式，对被孵化机构提供包括场地设备、能力建设、注册协助和小额补贴等公益组织创业期最亟须的资源，扶助这些初创的民间公益组织不断成长。这一带有示范性的创新模式已经获得了来自政府、资助机构、业界、媒体以及各方专家的关注和肯定。2009年3月，公益组织发展中心成立了北京办公室，6月接受了6家孵化机构入壳。

## 一 针对初创期 NGO："公益组织孵化器"

公益组织孵化器，毫无疑问借鉴了"企业孵化器"的概念。"企业孵化器"是培育和扶持高新技术中小企业的服务机构，通过为新创办的科技型中小企业提供物理空间和基础设施，提供一系列的服务支持，降低创业者的创业风险和创业成本，提高创业成功率，促进科技成果转化，帮助和支持科技型中小企业成长与发展，培养成功的企业和企业家。公益组织孵化器则专门培育新的有创新性的公益组织，发现和支持有潜力的社会人才。通过对初创和中小型社会组织提供关键性的支持，包括办公场地、办公设备、能力建设、小额补贴、注册协助等，给被孵化机构提供专业的指导，减少它们在后勤、办公方面的困难。让优秀的项目赢得时间和机会去成长，探索自己独立发展的道路。公益组织孵化器与企业孵化器的最大不同是孵化对象，即企业孵化器的孵化对象是营利性企业，而公益组织孵化器的孵化对象是非营利组织。

民间公益组织在初创期遇到的困难大同小异：无正式的办公场地、业务开发和执行能力不足、缺乏资金和专职工作人员、与政府主管部门的沟通差、资源吸引力低等。公益组织孵化器应用"政府支持、民间力量兴办、专业团队管理、政府和公众监督、民间公益组织受益"的模式，对被孵化机构提供包括场地设备、能力建设、筹资协助、注册协助和小额补贴等公益组织创业期最亟

须的资源，扶助这些初创的公益组织茁壮成长。这一模式的具体
内容是：设立董事会领导下的执行机构负责日常管理；向社会各
界募集运作经费；与资助型组织建立合作伙伴关系；由专家组成
顾问团并借助管理咨询、会计、法律、宣传、营销等专业机构的
志愿力量向被孵化的公益组织提供一流的咨询服务；政府提供政
策支持并以购买服务等形式给予一定补贴；受益方为创业和发展
期的民间公益组织。

公益组织孵化器对申请入驻的社会组织进行严格筛选，通过
全面的评估标准和专业的评估工具来选出最具代表性和最具潜力
的公益组织入驻孵化器。评估的标准主要体现在社会影响力、运
作模式、组织力量、契合度四方面。①社会影响力：主要考察入
驻机构对社会需求和社会问题的把握，现在已经或者未来可能产
生的社会推动作用，是否符合政府的扶持政策或者说是否会影响
扶持政策的制定。②运作模式：主要考察入驻机构的运作模式是
否具有创新性、可复制性和可持续性，以及社会对其的认同度等。
③组织力量：主要考察入驻机构创始人的使命感、意愿和能力，
管理团队的能力，理事会的组成与作用。④契合度：主要考察入
驻机构的专业化程度和需求，以及政府和 NPI 团队对其的认同度。
通过 NPI 层层筛选并最终得以正式入驻的组织，一般来说，自身
有着比较大的发展潜力，机构的领导人能力强、综合素质高、计
划运作和正在执行的项目具备很高的可行性、创新性，预期能产
生可观的社会效益，且在政府相关部门大力扶持的领域范围之内
（如公共服务和社区服务）。

经过一年左右的孵化服务，这些组织可以初步建立一个较完
善的治理结构，一支精干、高效的团队，具备清晰的社会使命和
战略规划，具备一定的项目开发和可持续发展的能力。组织出壳
以后，还有一个"辅助跟踪"的环节，对于出壳的组织给予后续
的帮助和指导，协助它们得到更加完善的发展。公益组织孵化器
为这些组织提供的不仅仅是硬件设施及能力建设方面的帮助，更

有公益理念、社会责任等深层次的交流和学习。

为了帮助被孵化机构拓宽筹资渠道，公益组织孵化器借助平台优势，主动或间接邀请各类资助型机构进行座谈与交流，积极推介被孵化的组织与项目。同时，通过邀请访问、召开座谈等主动的方式，积极搭建政府主管部门与被孵化机构之间的交流平台，促进政府与被孵化机构之间信任关系的建立，为入驻机构创建了良好的政府关系，减少了入驻机构申请注册时不必要的沟通障碍。

# 二 针对成熟期 NGO："公益创投"

"公益创投"（Venture Philanthropy）起源于欧美，是一种新型的公益资本投入方式。它为初创期和中小型的公益组织（尤其是社会企业和社会企业家）提供"种子资金"。除了资金，它还提供管理和技术支持。通过与被投资者建立长期的合作伙伴关系，达到促进能力建设和模式创新的目的。作为民间初创及中小型公益组织的支持性机构，公益组织发展中心深切体会到公益组织十分需要资金、经营管理咨询和能力建设方面的帮助，于是积极地同企业及政府开展合作，探索建立适合中国国情的公益创投模式，为公益组织打造一个有效的支持和展示平台。公益组织发展中心同联想集团合作设立了联想公益创投计划，策划和承办了上海市民政局主办的上海社区公益创投大赛。

## （一）联想公益创投计划

联想公益创投计划是由公益组织发展中心建议并设计，并由联想集团出资，在中国境内为优秀民间公益组织提供机构发展的资金和管理咨询等帮助的公益资助计划。该计划引进"公益创投"方式，即为初创和中小型的公益组织提供创业及发展资助，包括综合性能力建设及员工志愿者在内的全方位协助。NPI 之所以积极推动联想集团建立这个公益创投基金，是因为深切地体会到草根公益组织是多么缺乏资金、经营管理咨询和能力建设的帮助。同时，联想公益创投基金也是联想集团承担企业社会责任的创新性探索，并希望通过这一创举带动中国企业界的力量推动公益事业的发展。

公益组织发展中心作为联想公益创投计划的委托执行方，协助联想集团聚焦"缩小数字鸿沟、环境保护、教育、扶贫赈灾"四大领域，将联想的企业优势与这四大领域的公益组织充分分享，为有志于在中国公益领域创业的个人和机构提供关键支持，促进中国公益事业的发展。NPI为"联想公益创投计划"制定了资助制度、机构申请书及受助公益组织协议书。"联想公益创投计划"的资助制度，包括总则、资助资金标准、征集与评选、法人负责制、资助资金的拨付、监督、检查、审计、奖惩。机构申请书的内容包括申请公益组织与主要合作机构介绍、组织介绍、专项资金预算和补充信息。

联想所拥有的一些优势，可以嫁接到公益组织，帮助其更好地成长。在了解公益组织发展需求后，联想将对其展开有针对性的支持，除资金支持外，联想还对公益组织展开了定制式的帮助。联想的管理团队成员，带领联想内部志愿者组成的综合性能力建设团队，包括战略规划、市场营销、人力资源、财务管理以及IT技术等方面的专家，将帮助公益组织诊断并支持他们进行能力建设。联想的战略规划能力，能够帮助公益组织更加清晰地制定公益使命和愿景，更加有序、有步骤地实现公益目标。联想的市场营销能力，能够帮助公益组织树立公益品牌，吸引更多的社会资源，产生更大的社会影响。联想的人力资源管理方法，有助于公益组织更好地开展志愿者管理，让公益组织的工作更加高效。联想在财务管理上的方法，可以让公益组织的筹款更加规范，让它们拥有透明的"钱口袋"。联想在IT技术领域的优势，可以有效提升公益组织的信息化水平。

公益组织发展中心为申请机构提供相关咨询服务，接受公益组织的项目申请书。同时，及时将收到的申请机构的数量和情况进行整理。活动共收到来自全国各地公益组织的申请书 96 份。经过初评和终审，于 2008 年 4 月份确定了 16 家民间公益机构作为资助对象，对每家受助公益组织的资助金额为人民币 10 万～20 万元，总额为 236 万元人民币。本活动是国内首次进行的公益创投实践，其摸索出的一系列经验具有宝贵的借鉴意义。

### （二）上海社区公益创投大赛

上海社区公益创投大赛由上海市民政局主办，公益组织发展中心承办，以"和谐城市"建设为目标，在上海地区推广社区服务的现代理念，面向全社会征集社区服务的创意金点子和操作方案，并从福利彩票募集的慈善资金中安排部分资金用于资助和扶持符合"扶老、助残、救孤、济困"宗旨的公益服务项目和公益服务组织，同时带动公益基金会、爱心企业等社会各界的力量广泛参与。

大赛由公益组织发展中心承办，负责大赛的创意策划、项目征集、组织评审、媒体宣传等相关工作，并为优秀项目提供能力建设。资助的领域包括：为老服务、青少年服务、残疾人服务、就业服务、帮教服务、其他公益服务，获得资助的机构可获得 5 万～20 万元的创业投资奖励。

### （三）小额公益创投基金

公益组织孵化器项目对进入到壳内的被孵化机构进行小额补贴，旨在帮助初创期公益组织解决因为资金匮乏找不到工作团队或资源的困境。实际上，被孵化机构在一年的孵化期结束后，因为不能继续使用免费的场地、设备，小额补贴也终止了，所以组织发展很多时候还会经历一个磨合期，或者称为"不稳定期"。在这个阶段，被孵化机构虽然已经具备了清晰的业务模式，掌握了资源整合的能力及筹资技能、组织管理技能，但还需要公益组织发展中心再"送一程"。在公益组织发展中心项目中，引进小额创投基金的概念，对同期出壳的被孵化机构进行评估，组织发展潜力最好的被孵化机构将有机会获得项目设立的实验性小额公益创投基金，以鼓励更多的组织健康发育和发展。

## 三 贡献：重塑公益产业链

根据其在产业链条中的不同位置和功能，社会组织大致可以分为如下几类。

（1）自发型社会组织：主要是人民群众自发形成的休闲娱乐类的兴趣组织，如读书会、俱乐部、气功协会、观鸟协会、集邮协会、钓鱼协会等。

（2）操作型社会组织：主要是社区服务类组织，如养老、助残、救孤、济困、环保类组织等，它们专注于某一特定领域需求的满足，NPI 孵化出的大部分组织属于这一类型。

（3）支持型社会组织：主要是为操作型组织提供能力建设、孵化托管、筹资平台等服务，NPI 是其典型代表。

（4）资助型社会组织：不关注具体项目的运作，专注于"散财"的社会组织，如南都基金会、友成企业家扶贫基金会等是其中的典型代表。

（5）枢纽型社会组织：以北京为例，首批认定的 10 家市级"枢纽型"社会组织有市总工会、团市委、市妇联、市科协、市残联、市侨联、市文联、市社科联、市红十字会和市法学会。

支持型社会组织的重要贡献就在于，在资金的提供方（资助型社会组织）和资金的需求方（操作型社会组织）之间建立起制度化的联系的同时，通过帮助操作型社会组织加强能力建设，提高了公益资金的使用效率，成为公益产业链条上的重要一环。

# 以推动社区能力建设为己任

## ——NGO 案例:"北京社区参与行动 服务中心"调研报告

冯晓英[*]

社区参与是指社区居民作为社区生活的主体,自觉自愿地参加社区各种活动或事务的过程,它意味着社区居民对社区责任的分担和成果的共享,它使每一名居民都有机会为谋取社区共同利益而施展和贡献自己的才能,是促进社区融合的重要途径。社区参与不仅需要关注居民参与度的高低,更应追求社区参与效能的提高,而效能的提高在很大程度上取决于社区参与能力的水平。在国内已经具有一定影响力的 NGO——"北京社区参与行动服务中心"就是一个致力于社区能力建设,促进城市社区参与式治理的非营利民间机构。该组织成立于 2002 年 12 月,2003 年 9 月工商注册,2009 年 2 月在北京市东城区完成民政注册。

北京社区参与行动服务中心的工作领域包括:①向城市社区提供社区参与的信息、咨询和培训;②开展中国城市社区参与式治理试点的行动研究;③传递社会创新理念和实践;④收集城市治理案例和出版物出版;⑤在政府、专家学者、NGO 和城市社区间建立

---

* 冯晓英,北京市社会科学院社会学所所长、北京社会管理研究中心常务副主任,研究员。

沟通、交流网络与合作平台；⑥培育社区自组织发展。其中，与地方政府有关部门开展不同内容的城市社区参与式治理的实践合作是北京社区参与行动服务中心的一大特点。从 2004 年初开始，它相继在宁波市海曙区望春街道和段塘街道、辽宁省鞍山市铁东区站前街道、北京市大兴区清源街道、东城区建国门和交道口街道等发展了不同模式的城市社区参与式治理模式，在社区能力培养方面成绩显著。

## 一 组织特征：民间能力支持型社会组织

支持型社会组织（Support Organizations）是专门为其他社会组织提供服务和支持的一类社会组织，它们的目标和宗旨是服务于其他民间组织，是其他社会组织的网络平台。[①] 支持型社会组织按照功能不同，大体分为七种类型，即资金支持型组织、能力支持型组织、信息支持型组织、智力支持型组织、综合管理类支持型组织、传统服务机构转型组织和非组织化的支持型网络。"北京社区参与行动服务中心"属于民间能力支持型社会组织，但是它与NPI 这样为不同成长期的民间组织提供能力支持的支持型社会组织的不同之处在于，他们的服务对象是城市社区组织，旨在帮助中国城市社区建立和提高社区参与能力，推动持续性的社区参与式治理，促进和谐社区的建立。

相对于大量从事社会实践服务的 NGO 而言，我国支持型社会组织数量很少。由于缺乏能力建设，目前我国的社会组织还难以承担起与政府、企业共同推进社会发展的重任，支持型社会组织的短缺已经成为我国社会组织结构中的一块短板。因此，以推动社区能力建设为己任的"北京社区参与行动服务中心"（以下简称社区参与行动）的出现，不仅搭建了政府与社区组织的沟通平台，促进了

---

① 徐宇珊：《社会组织结构创新：支持型机构的成长》，《社团管理研究》2010 年第 8 期。

政府与社区组织互动，而且拓展了支持型社会组织的服务对象，在一定程度上开了 NGO 在社会治理结构中扮演助推器角色的先河。

## 二　组织架构、工作与成效

### （一）组织架构

社区参与行动实行理事会领导下的执行主任负责制，下设行政、培训、项目、研究和发展交流 5 个部，其组织结构如图 1 所示。

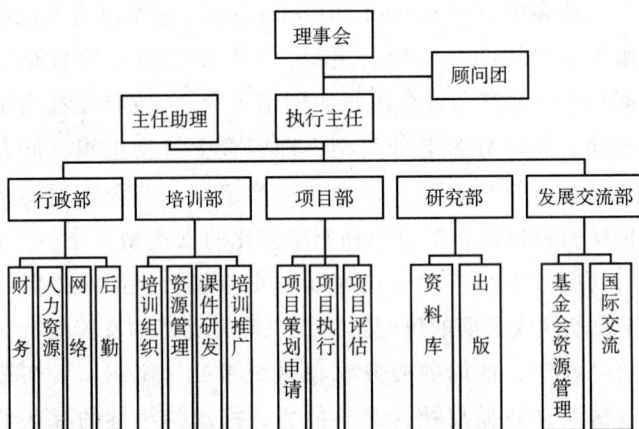

图 1　社区参与行动的组织结构

### （二）重点工作

本着"平等、尊重、互助、合作"的价值观，社区参与行动围绕推进社区参与和加强与政府合作两条主线，重点开展以下工作。

**1. 广泛开展社区发展能力建设培训**

20 世纪 90 年代以来，伴随着我国城市社区的蓬勃发展，社区参与式治理和社区自治组织发展受到广泛关注。然而由于传统的社会管理方式无法满足社会治理对社区发展的新要求，而社会治理又缺乏在社区层面具体落实的方法，社区发展能力严重不足已经成为制约社会进步的一大障碍。为了改善这种局面，社区参与行动自 2002 年成立开始就以推动社区能力建设为己任，以政府相关部门工作人员、社区工作者、社区自治组织领袖、居民积极分子、促进社区发展的 NGO、高校学者和学生、关注社区发展的企业等为培训对象，面向城市社区提供由多个模块组成的城市社区参与式治理能力建设系列培训。该系列培训提倡"社区参与"理念，以开放性、互动性、创新性及可操作性为设计原则，提高培训对象挖掘社区潜力和资源的能力，充分调动社区多元利益主体的能动性，推动自上而下与自下而上相结合的参与式治理模式。

　　培训课程包括理论和实务两个部分，理论部分主要介绍社区参与思想、参与式社区服务项目、社区工作者价值观和社区自治与社区自治组织发展；实务部分重点讲解动员社区参与的方法、社区需求调查、社区领导力发展与社区组织培育、社区工作技能、社区服务项目管理与执行、社会创新等。培训课程具有针对性和实效性两大特点，例如针对新时期社区建设面临的困惑而设计的"社区参与思想与方法"课程，在传递"社区参与思想"这一新发展观的同时，借助实例详细讲述了"沟通技巧"、"参与式会议"和"需求调查"等参与式方法，帮助参与者掌握参与式的技能和方法，以便有效解决社会问题或社区里的矛盾。而在"社区项目与社区服务项目化管理"培训课程设计上，不仅让参与者对"社区项目"从产生到申请，从管理到评估的各个环节有一个完整的认识，而且指导参与者在培训之后实践自己发起、申请并协调完成社区项目。"参与式社区服务项目化管理"流程见图 2。

　　目前，社区参与行动的培训课程已经形成品牌效应，受到国内许多地方政府和社区的欢迎，自 2002 年初创至 2010 年，社区参与行动在全国各地组织的培训共计 380 余次，受益人数达到 35280 人次。①

---

① "社区参与行动服务中心"网站。

项目流程

居委会是否进行过需求调查和
社区参与思想与方法培训

否

进行相关培训

是

介绍如何申请项目

需求调查、能力调查
（针对目标群体或针对全体居民均可）

项目申请书

社区走访

完善项目申请

项目评选会

项目领导小组审批

社区能人工作坊

推选项目，制定小组成员分工职责

项目管理培训

拨付资金

开始实施

执行过程中的监测

财务审计、项目评估

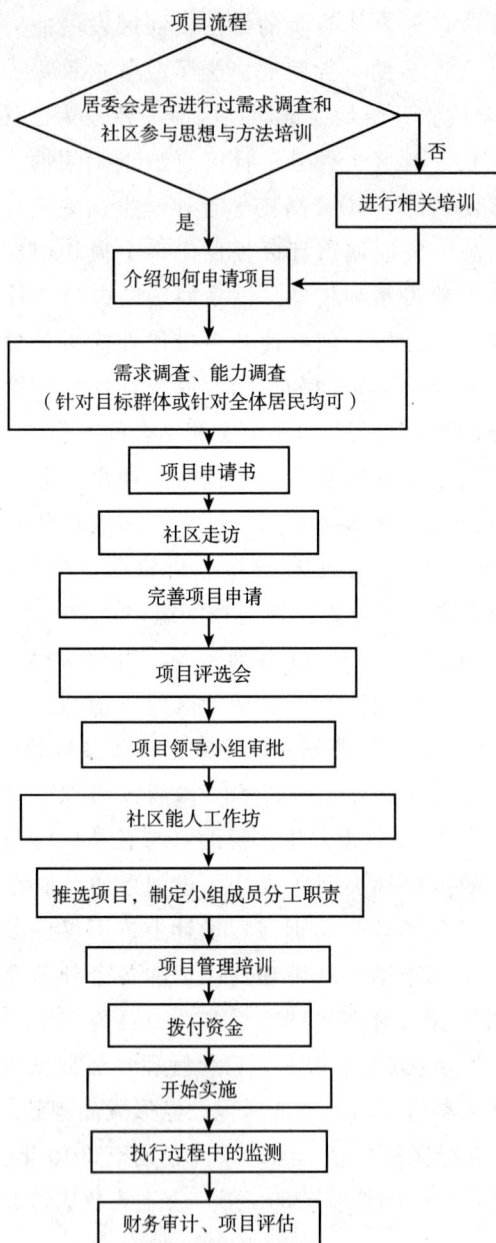

**图 2 "参与式社区服务项目化管理"流程**

## 2. 建立"地方城市社区参与式治理行动模式"试点

致力于与地方政府合作推动不同形式的城市社区参与式治理实践，是社区参与行动的工作特色。从 2004 年初开始，社区参与行动就相继在宁波市海曙区望春街道和段塘街道、辽宁省鞍山市铁东区站前街道、北京市大兴区清源街道等近 10 个试点单位探索出了不同模式的城市社区参与式治理模式。其中，社区参与行动与北京市大兴区清源街道合作开展的"参与式社区治理与社区服务项目化管理"① 从改变传统社区服务方式入手，在社区服务体系中融入现代社会治理结构，实现了街道社区服务中心"由提供服务向组织服务拓展"，是"清源模式"对完善社区服务体系建设的贡献。经过 6 年多的试点实践，社区参与行动已经建立了一整套包括咨询、培训、社区项目管理和社区参与机制等在内的完整的城市社区参与式治理模型，这些模型在实践过程中不断得以完善并逐步扩展到更多的地区。

### （三）实践效果

作为一家致力于推动社区能力建设实践的专业 NGO，社区参与行动 8 年的工作成效有目共睹，概括起来，一是通过参与式课程培训和实践运用，试验点的社区能力建设明显提升，一批"社区能人"脱颖而出，成为社区建设的带头人；二是参与式治理的实施过程，改变了"全能型"政府的管理模式，一定程度上助推了政府从管理型政府向服务型政府的转变；三是参与式治理机制的建立，畅通了利益相关方参与社区事务的渠道，提升了公民的主体意识，凸显了治理中民主的价值；四是以需求为导向，依据社区特色确定社区服务项目，使社区服务既体现了社区特色又有针对性地满足了社区居民的需求，实现了社区服务项目的可持续发展；五是参与式方法使政治经济权利向有利于弱势群体的方向调

---

① 具体内容详见本课题的分报告三《从直接服务向组织服务的功能性变革——大兴区清源街道社区服务中心调研报告》。

表1 "地方城市社区参与式治理行动模式"部分试点情况

| 试点名称 | 试点地区/合作地方政府 | 资助方 | 实施时间 | 试点成果 |
|---|---|---|---|---|
| 街道与社区参与式治理：海曙模式 | 浙江宁波市民政局/海曙区政府 | 美国百花研究会 福特基金会 海曙区政府 | 2004~2006 年 2006~2008 年 2008~2010 年 | 最早开始实践社区服务项目化运作 |
| 构建公众参与战略伙伴机制项目 | 辽宁鞍山站前街道办事处 | 亚洲基金会 | 2007 年 7 月~2009 年 5 月 | 在社区、政府和企业之间建立了良好的合作关系 |
| 城市社区参与式治理项目化管理——清源试点 | 北京大兴区清源街道办事处 | 福特基金会 | 2007 年 8 月~2010 年 12 月 | 地方政府与民间组织合作并达成战略伙伴关系；创立了"社区服务项目化管理"的参与式治理模式 |
| 城市社区参与式治理项目化管理——交道口试点 | 北京东城区交道口街道办事处 | 福特基金会 交道口街道办事处 | 2009 年 4 月至今 | 公众参与协商讨论机制的建立；社区发展主体有意愿参与社区事务决策过程 |
| 城市社区参与式治理项目化管理——参与式社区重建试点："老人之家"社区养老机构发展与扩展 | 四川绵竹剑南镇政府 | 福特基金会 南都公益基金会 | 2009 年 2 月至今 2010 年 1 月至今 | 利用协商讨论机制化解社区冲突，促进社区良好秩序的尽快恢复；寻找挖掘资源促进社区经济型组织发展，帮助恢复社区活力 |

整，让弱势人群分析他们所处的真实状况，在决策中参与，并在整个变革过程中发挥作用；六是参与式服务的目标群体不仅是服务的受益者，也是项目决策、实施、管理、监督和利益分享等过程的参与者。这种依托社区内部资源，满足社区需求的项目实施，基本实现了发展社区和培育社区自治组织的目标。

社区参与行动的卓有成效的工作不仅在实践中得到验证，也获得了社会的认可，2010 年，该组织所倡导和践行的"城市社区参与式治理能力建设"项目荣获首届"中国社会创新奖"和 2010 年度"环球慈善奖"。

## 三　启示与建议

### （一）政府与社会组织的相互信任是建立社区参与式治理模式的基础

参与式治理是与政策有利害关系的公民个人、组织和政府、志愿组织一起参与公共决策、分配资源、合作治理的过程，是参与式民主在治理中的运用，① 其中政府和社会组织的相互信任是决定治理效果的重要因素。作为参与式治理中政策的最终制定者，政府的公权力和公信力决定了它在利用经济、社会、法律手段，实现利益再调整、权力再分配时具有的优势和责任。社会组织具有专业特长，在参与式治理中不仅承担着培训教育提升社区发展能力的功能，同时通过构筑参与式治理平台，促进了政府与社区组织和成员的互动，其助推角色不可替代。"城市社区参与式治理能力建设"试点之所以成功，正是基于地方政府和社区参与行动在目标一致下具有的相互信任与合作，其中社区参与行动的"主动"和地方政府由"配合"到"互动"是试点成功的关键环节。

与我们以往在调查民间社会组织时发现一些机构在"抱怨"政府不信任的同时强调自身组织的独立性有所不同，我们看到的社区参与行动是在保持组织独立性的同时，积极并善于与政府进行沟通。访谈中社区参与行动执行主任宋庆华说过："不与政府合作做不成事。NGO 和政府的合作是国际趋势，这样的发展才能推

---

① 赵光勇、陈邓海：《国内"参与式治理"综述》，《中国劳动关系学院学报》2009 年第 4 期。

动社会进步。"她认为，民间社会组织与政府合作不仅需要真诚，还应在提升专业素质、寻找与政府合作的共同点、建立合作机制上下工夫。而政府对民间社会组织的信任和支持在很大程度上决定着参与式治理试验的成败。由于众所周知的原因，通常政府对民间社会组织的信任度不高。但是在"社区参与行动"案例中，我们发现试验点的地方政府对社区参与行动的"主动沟通"都给予了"积极回应"，政府不仅作为参与主体积极承担应有的政府角色，给予政策和资金上的支持，同时开始由初期的"配合"向主动要求合作的"互动"方向转化。北京市东城区政府就是在看到交道口街道和东直门街道的"试点"成效后，不仅接受"北京社区参与行动服务中心"在东城区民政局注册，而且主动邀请社区参与行动与区政府合作推动全区的参与式治理。这种建立在信任基础上的政府与社会组织的互动关系相得益彰，为中国社会服务管理体制创新开了一个好头，值得借鉴与推广。

### （二）专业民间社会组织在社区建设中的助推作用不可或缺

参与式治理是社区建设中具有创新意义的新型民主治理模式，它不仅需要创新的理念，更需要创新的行动，而这都有赖于专业民间社会组织的指导。专业民间社会组织是指具有专业技能的社会组织，其主要功能是发挥专业优势，通过能力建设、技术支持、实践推动等途径，提升社区建设整体的水平。国际经验表明，专业民间社会组织在社会发展中的助推作用无论是现在还是将来都是一笔不可替代的宝贵财富，社区参与行动的实践也证明了这一点。在现阶段我国社区居民自治能力和社区参与水平有限的情况下，作为专业民间社会组织的代表，社区参与行动通过他们扎实有效的工作，在提升社区成员参与能力、拓展社区服务对象、增进不同社会群体对社区的归属感和认同感、促进政府职能转变、推进社会进步上的作用显然是仅靠政府、社区组织、社区成员自身努力难以达到的，应给予足够的重视和支持。

**（三）培育与监管并重，加大政府购买民间社会组织公益项目的力度**

如前所述，社区参与行动作为一家民间社会组织之所以能够取得这样的发展，除了自身的努力之外，离不开政府的政策和资金支持。但是由于众所周知的原因，我国对民间社会组织的监管重于培养，大多数民间社会组织的发展主要依赖于境外或者国际组织的资金支持。然而，伴随着北京奥运会的成功举办，境外和国际组织开始认同中国的经济实力，据此缩小对中国民间社会组织的资金支持将直接影响到这类组织的生存与发展，这种情况在我们调查的民间社会组织中并不鲜见。事实上，在我们接触过的民间社会组织中，多以服务社会、服务民众为己任。对于这类服务型民间社会组织，政府通过购买公共服务给予资金扶持，既可以使他们不再依靠境外资金生存，避免"颜色革命"的发生，又可以弥补公共服务组织严重不足导致的服务缺陷，同时还可以促进服务型社会组织的健康发展，应该是一举多得。而且从全球范围来看，各个国家实际上都越来越倾向于采纳由政府出资购买服务，再由 NGO 等社会组织提供社会公共服务的形式，以激活社会的活力。有调查显示，中国的社会组织资金中，只有 9.8% 来源于政府，与发达国家的 NGO 相比，这个比例非常低。例如美国 NGO 的资金来源中政府占 30.5%，德国更是高达 64.3%。[①] 应该说，北京在政府购买公共服务方面已经先行一步，2010 年政府出资 1 亿元购买由北京社会组织申报的社会公益服务民生类的 300 个项目，每个项目给予 3 万~30 万元的资金支持。但是相对于社会服务需求而言，这种资金支持还有很大发展余地，特别是面向民间社会组织购买公共服务还比较欠缺。因此，建议政府以国际组织缩减对国内民间社会组织资金支持为契机，对民间社会组织实施

---

① 《北京将出资上亿元购买 300 个社会公益项目》，新浪网 2010 年 7 月 13 日。

监管并重，通过"购买服务"将民间社会组织纳入旗下，发挥他们在社会服务中的组织化、专业化、社会化优势，用以满足广大人民群众日益增长的服务需要。

## 参考文献

徐宇珊：《社会组织结构创新：支持型机构的成长》，《社团管理研究》2010 年第 8 期。

赵光勇、陈邓海：《国内"参与式治理"综述》，《中国劳动关系学院学报》2009 年第 4 期

"社区参与行动服务中心"网站，http：∥www. communityaction. org. cn/index. asp。

北京市社会科学院《民生课题研究组》：《北京市社区参与行动服务中心主任宋庆华访谈录音大兴清源街道社区服务中心访谈录音整理》，2009 年 12 月 7 日。

# 以志愿者协会为引领，
# 推动社会组织发展

## ——朝阳区团结湖地区司堃范
## 志愿者协会调研报告

王 煜\*

我国自改革开放以来，社会结构发生了巨大的变迁，人的社会归属由单位制向社会制大转变，由这种转变，使得中国社会产生了"社区"这一概念和操作系统（虽然与西方社会的"社区"概念不完全相同），社区成为今日中国城市社会最基础的组织形式。

今天，随着社会建设理念的提出，中国社会的社区概念正在不断深化。北京市社会工委"4 + 1"文件提出的以构建枢纽型社会组织工作体系为核心的五大体系正是社会建设理念的具体化、操作化，是社区概念在一般理论基础上的进一步扩展和深化。

社会组织的培育和壮大是社会发展进步的必然要求。从国际情况看，社会组织的发展以其独特的社会动员机制、独特的组织方式和资源筹集方式形成了庞大的社会资源网。英美等发达国家均把原来由政府承担的服务项目转移到由市场或非政府组织提供，

---

\* 王煜，北京市社会科学院社会学所副研究员。

形成了"小政府、大社会"的成熟社会管理框架，并不断加以升级和完善。上海、广东等省市近年来也在积极培育发展社会组织，并且取得了很好的社会效益。

建立枢纽型社会组织，实现社会组织登记和管理的全覆盖，从而有利于加强对社会组织的管理，有利于社会组织的规范化，是北京市社会工委提出的设想和决策，但是具体到街道层面和社区层面如何做，还没有现成的经验。在社会组织大量产生的地区，如何把政府购买服务与社会组织的作用挂起钩来，也是需要探讨和实践的问题。朝阳区团结湖地区司堃范志愿者协会的做法或许可以提供一些启示。

# 一　现状和特点

## （一）团结湖街道的现状和特点

团结湖街道 1981 年成立办事处，辖区 1.23 平方公里，面积比较小；现在常住人口 4.4 万人，加上流动人口，共计 6 万多人，人口密度非常高。辖区内基本上都是居民住宅楼，属于全居住型社区。辖区内基本上没有大的单位、大的企业，有名一点的，如中国青年出版社，电影研究所等。只有几家稍大的餐饮业和众多小的零售服务业。60 岁以上的老年人约 9900 人，占常住人口的 22.4%；空巢家庭老人 2600 人，占老龄人口的 26.1%；80 岁以上高龄人约 1500 人，百岁老人 5 人；低保老人 20 人，人口老龄化程度远远高于北京市的平均水平。街道建成比较早，是 20 世纪 80 年代建成的老小区，已经比较固化。小区里有外交部和政协等单位的居民楼，部分居民素质和要求都比较高。

面积小，人口密度高；建成早，没有物业管理；大单位少，社会资源缺乏；人口老龄化程度高，这些构成了团结湖街道的基本特点。

### （二）团结湖地区社会组织的现状

团结湖地区社区社会组织发展迅速。到 2009 年，共有 102 个登记备案的社区社会组织。其中，按照类别划分：公共服务类 35 个，文体活动类 39 个，权益保护类 25 个，行业自律类 3 个。按照规模划分：小型社会组织 27 个，中型社会组织 25 个，大型社会组织 49 个。按照成立方式划分：自发成立的 17 个，居委会牵头成立的 84 个。社会组织中以老龄为主体的组织多。2009 年参加活动总人数约 1.2 万人，约占地区总人口的 1/4。

这些社会组织初期多为群众自发组织的。他们搞活动，联系到社区，社区或者牵头，或者为其提供一个展示的平台，协助组织一些活动，也有可能设立一些奖项，借以活跃社区生活，然后街道再给予扶持。这些社会组织登记是在社区，由社区再上报街道，在街道备案。备案后的社会组织首先是便于管理，其次是会得到街道、社区在资金、活动场地、信息和其他方面的支持。这样，这个社会组织的规模就逐渐扩大，并逐渐规范起来。

在团结湖地区的社会组织中，司堃范爱心工作室是比较突出的一个。司堃范是原北京朝阳医院的护士长，曾获联合国"南丁格尔"奖。1988 年退休后将护理工作带到社区，转向家庭，至今已有 17 年。为弘扬司堃范为老服务、无私奉献的精神，团结湖街道中路北社区成立了司堃范爱心工作室，开通了司堃范为老服务热线，旨在解决老年人更多的实际问题，将社区为老服务工作引向深入。现在，工作室已由成立时的 16 人发展到上百人的志愿者队伍。通过热线服务，了解老年人的更多需求，为老龄工作和社区帮扶工作提供更多的信息，更好地发挥社区志愿者安全保障网、生活照顾网、医疗保障网、精神慰藉网 4 个为老服务网络的作用，搭建起社区志愿者与空巢家庭老人之间沟通的桥梁。一年来，为老服务热线接到医疗咨询、心理咨询、法律咨询、护理需求、家政服务、寻求帮助的热线电话上千个。

以老年人为主体，以志愿者服务为特色，这是团结湖街道社会组织的基本特点。

### （三）团结湖街道政府购买服务的现状

在团结湖街道，政府购买服务大致分三个类型。

第一类：政府全额买单的购买服务。团结湖街道是老旧地区，不像新建小区都有物业管理公司。团结湖街道辖区内的环境、保洁、绿化等都是由政府来购买的，整个地区都是如此，都是政府出资组织保洁队伍、绿化队伍为辖区的环境卫生、绿化美化提供服务。现在，绿化保洁项目已交由企业运作。

第二类：政府补贴的购买服务，即街道根据地区居民的实际需求，向企业或社会组织提供补贴，换取它们对居民需求的服务，如老年餐桌。

2007 年，社区通过入户走访、问卷调查、专题座谈等了解到，近一半空巢老人为午饭发愁，因此决定开办老年饭桌，解决空巢老人吃饭难的问题。团结湖地区通过整合社会资源，政府购买服务，依托现有辖区内的餐饮企业，向他们做适当的投入和改造，由他们来提供就餐服务。从政府来说，关注的主要还是弱势群体，是低保、孤寡、高龄老人，对没有收入和收入低下者补贴，补贴是针对这个层面的。餐馆是要赢利的，所以政府对企业有前期投入，如设备改造、装修等。要求他们保本微利，把企业的利润降到最低。这就是整合社会资源，实际上企业也在作贡献，也是对社会作贡献。2007 年 4 月，中路北社区与北京一点盐餐饮公司合作开办了第一家老年"餐桌"，10 月，一二条社区与北京富润泽酒店合作开办了第二家老年"餐桌"，目前已有两个老年餐厅。老年餐厅平均每天接待老人 80 人，每月接待老人就餐约 1900 人次，开业以来累计接待老人就餐约 4.5 万人次。政府在资金方面给予大力支持，其中朝阳区商务局先后投资 20 万元，区红十字会支持 1.5

万元，朝阳区财政局投资 20 万元。现在有不少地区办事处也效法这一做法，而且效果都不错。

第三类：政府奖励的购买服务，即针对社会组织的工作给予奖励，以利于它们的生存和发展。主要是一些民间的自发组织，只要对社会建设有利，居民又有需求，对构建和谐社会有益的，街道都给予奖励。比如英语协会，2008 年服务北京奥运会，为外国人当导游、当翻译，获得国务院颁发的"特殊贡献"奖。由于吸纳了大量的老年人，把老年人组织起来响应市政府的号召学外语，是有益社会的有意义活动，街道就给予支持。对英语协会，提供场地，给予教学设备的支持。在获奖后奖励 30000 元，使这一组织发展壮大，并注意给予指导，不让它自生自灭。再比如养犬自律协会，养犬人越来越多，不加以自律就会妨害不养犬人，有的还吓着老人、孩子，污染环境，令人反感。有了这个协会，就有了群众的监督与个人的自律，这也是有益于社会的，像这种组织也要给予一定的补贴作为活动经费，这些组织都是非正式的社会组织，它所做的事情、所倡导的理念有利于和谐稳定，有利于社区建设，有利于居民健康，活跃社区生活，待发展到一定程度，街道自然而然地就引导他们建立党支部，去正式注册登记，给予培育与扶持。

政府购买服务是多元的，购买服务的对象既可以是企业，也可以是社会组织，依实际需要而定。分类型购买、多元化实施，是团结湖街道政府购买服务的基本特点。

## 二 探索与思考

### （一）探索

#### 1. 根据发展状况建立枢纽型社会组织

团结湖地区培育枢纽型社会组织的做法具有一定的探索性。

枢纽型社会组织如何建立，目前的做法基本上是任命。一般需要这样几个条件：一是官方或具有官方背景的（半官方）有一定管理职能的社会组织；二是大型社会组织，有较大的规模和较强的实力。然而在街道和社区层面，却不具备这样的条件。街道范围的枢纽型社会组织如何产生，如何培育，就成了问题。一种做法是官方自己筹建，一种是在已有的社会组织中培育。团结湖街道的做法是后一种。

司堃范爱心工作室是团结湖地区较早发展起来的社会组织，成立于 2005 年。由于司堃范的巨大影响力和她所提倡的志愿服务的理念，司堃范爱心工作室不断发展壮大，尤其是在志愿者协会成立后，成为地区为老服务的一面旗帜。根据这种情况，在各级领导的重视、关心和培育下，2007 年 10 月街道成立了具有法人资格的"团结湖地区司堃范志愿者协会"，统筹管理社区社会组织。通过不断完善，逐步向枢纽型社会组织发展，拓展协会影响力。在司堃范志愿者协会的统一管理下，对地区英语协会等规模大、人数多的社会组织加大扶持，协会通过定期召开理事会，逐步完善章程、制度，进行项目规范化管理；对于刚起步、规模小的棋牌协会、舞蹈协会等组织，采取边扩大规模，边完善管理的办法，加强对社会组织的管理；对于专业性强、人员范围小的手工编织社等小团体，加强对外宣传力度，提高组织水平，扩大影响力，使志愿服务向规范化、制度化、经常化发展。现在，团结湖地区的社会组织，已经形成了以司堃范爱心工作室、团结湖英语协会、七姐妹环境监督岗为代表的志愿服务品牌，成为团结湖地区社会组织的一大特色。目前纳入司堃范志愿者协会的还有一二条社区合唱队、一二条老年餐桌、水碓子养犬自律协会、三四条帮困助学互助会等社会组织。团结湖地区司堃范志愿者协会的建立，整合了社会组织的资源，促进了社会组织的发展和规范化，确实起到了枢纽的作用。

**2. 紧密结合地区特点和优势发展社会组织，用政府购买服务促进民生建设**

紧密结合地区特点和优势，把社会组织的活动与政府购买服务挂钩，促进民生建设，也是团结湖街道培育社会组织的好做法。

团结湖地区人口密度高，老龄化程度高，低收入家庭多，残疾人多，空巢老人多。人口老龄化程度远远高于北京市平均水平的现实，使得在社会组织的培育和政府购买服务上，街道都要紧紧围绕这一特点。助老，是团结湖街道民生建设的突出问题，而司堃范爱心工作室正是以为老服务为中心，以志愿服务精神为理念，这样高度结合形成了团结湖街道社会组织的最大特色。在政府购买服务时，街道注意把志愿者的服务年限直接与政府购买服务挂钩，取得了很好的效果。

团结湖地区以为老服务为中心，以志愿者精神为主要特色，打造枢纽型社会组织的做法是创新型的。

团结湖地区主动运用政府购买服务这一新形式，并与社会组织的活动结合起来，在实践过程中不断加以完善，使得政府购买服务既是分类的，又是多元的，也是互相是结合的。在政府购买服务问题上，团结湖街道不断深化管理，进一步完善其准入、管理、考核、监督、补贴方式等相关机制。如对老年餐桌，逐渐改变补贴方式，将对供方的补贴转变为对需方的补贴，根据老人收入的不同情况进行不同程度的补贴。建立群众监督机制，由社区党委牵头，社区居委会、餐厅和用餐老人三方代表共同组成监督委员会，对饭菜质量、食谱制定及餐桌的运作情况进行监督、管理和评议。同时，团结湖街道也把社会组织活动与老年餐桌的政府购买结合起来，使老年餐桌成为志愿者服务基地，让社会组织的志愿者定期中午来餐厅为就餐老年人服务，搀扶老年人，为老年人打饭等。

总之，团结湖地区通过转变政府职能，从扶持具有地区特色，有奉献精神的志愿者组织入手，逐渐扩大志愿者组织的影响，形成以志愿者协会为龙头的地区枢纽型社会组织，为建立地区枢纽型社会组织提供了有益尝试。

## （二）思考

区域性社会组织的培育和发展总体上有助于转变政府职能，创新社会管理体制，实现市场、政府和社会组织三者之间的优势互补与良性互动；有助于拓宽社区居民参与渠道，提高居民自治能力，促进社区居民有序参与社会建设，扩大基层民主；有助于强化社会组织党组织的建设，完善社区党建工作体系，进一步提高党在社会领域的影响力和凝聚力。但是区域性社会组织的培育和发展也会带来新的问题，引发新的思考。

### 1. 政府购买服务的规范化问题

政府购买服务，一般来讲是政府说了算的，社会组织和企业只是被动的接受者。为了更多体现公平、公开、公正，为了更多发挥社会组织和企业的主动性、创造性，显然还需要建立一套招标、评审、监督的流程。当然，初始的政府购买服务应从实际出发，根据自己的需要和实际可能运作，而非学究式的、不切实际的申报、认证、评估等完整程序。而政府购买服务发展到一定程度，特别是出现多个社会组织和企业竞争的状况，则严格必要的程序，保证公平、公开、公正是必不可少的。

### 2. 枢纽型社会组织的管理职能问题

枢纽型社会组织一旦建立，必然具有管理其下属其他社会组织的功能，这就产生了问题：第一，它有多大的职权？第二，它是否具有相应的能力？第三，街道应否参与进去？如果按照社会工委对枢纽型社会组织的要求和定位，街道下的枢纽型社会组织显然还不具备条件。因此，枢纽型社会组织在自然发展、精心培育基础上产生之后，还需要积极引导、自我完善、提高能力。从某个角度讲，街道应该有所参与，适当加强管理，特别是党建工作。

### 3. 枢纽型社会组织与街道的关系问题

根据目前的情况，街道是登记单位，也是业务主管，似乎实现了一元化管理。这不是刻意追求，而是自然形成的。这虽然突破了目前的管理规定，但却是合理的、简化的、可行的。广东省正在市级层面，在经济、科技等领域试行一元化管理。北京市也可以在社区层面做一些试验，是有一定需要的。

# 以"115"模式整合街道 社会组织资源

## ——朝阳区朝外地区社会管理中心调研报告

李伟东[*]

朝外地区位于朝阳区的核心区域,面积2.2平方公里。常住人口4.5万,流动人口近2万。辖区国家机关多、外国使馆多、文化文物古迹多、商厦写字楼和服装贸易市场多,使地区政治敏感、成分复杂、需求多元。随着社会的发展,朝外地区各类社会组织发展迅速,但在社会组织建设与管理方面,还存在着发育不完善、管理无序等问题。为创新社会管理模式,建立社会管理、服务体系,完善社会动员参与机制,构建"党委领导,政府负责,社会协同,公众参与"的新型社会管理格局,朝外地区2007年1月20日正式成立社会管理中心,开始了所谓"115"社会管理模式的探索。

"115"社会管理模式以社会管理中心为龙头,通过把政府的部分社会管理职能剥离给中心所属相关社会组织,既减轻了政府的社会管理负担,也调动了社会组织参与社会管理的积极性,改善了群众的生活,提高了社会管理的效率,从而实现了在社会管

---

\* 李伟东,北京市社会科学院社会学所副研究员。

理上的制度创新。在具体管理实践上，朝外地区社会管理中心依托社区内各社会组织，实行 "165" 便民工程，深入了解群众需要，积极整合社区内的社会资源，采取了一系列具体的便民措施，在改善民生方面取得了一定的成效。以下就是朝外 "115" 社会管理经验的初步总结。

# 一 "115" 社会管理模式

## （一）何谓 "115" 管理模式

"115" 管理模式中的第一个 "1" 是指社会管理协调委员会，第二个 "1" 是指社会管理中心，"5" 是指社会管理中心下设的 5 个协会。这个模式的核心是社会管理中心，对政府而言，社会管理中心承上启下，承接了一部分剥离出来的政府职能，起到连接政府管理和社会需要的纽带作用；对社会而言，社会管理中心通过其下设的 5 个协会，整合了各类社会组织资源，凝聚了各种民间力量，起到的是一个街道层面的枢纽型组织的作用。

### 1. 街道社会管理协调委员会

由街道工委、办事处领导和街道城建、城管、民政、卫生、文教等职能部门的负责人组成。其主要职能是对本地区的社会事业进行统筹规划，整合相关部门职能，协调处理管理中心与街道各职能部室、与上级相关职能部门、与街道所属事业单位的关系，并对社会管理中心的工作进行有效的监督与指导。

### 2. 朝外地区社会管理中心

中心的性质为接受街道社会管理协调委员会监督指导的社会组织，通过发挥其培育社会组织，整合社会资源，加强社会协同，强化监督管理的职能，搭建社会管理和社会服务平台，协助政府履行并强化社会管理和公共服务职能，充分发挥社会组织作用，为居民提供更为便捷的公共服务。

### 3. 中心所属 5 个功能协会

结合辖区实际，成立了管理中心所属 5 个功能协会，即文化协会、社会经济协会、社会管理协会、社会工作者协会和社会互助协会。这些协会在区域范围内，为发展各类社会组织发挥龙头和带动作用，成为发展社会组织的载体，为社会组织参与社会管理与公共服务提供有效途径。

### （二）"115"社会管理模式运转的机制保障

为了确保"115"社会管理模式的顺利推进，朝外街道从加强制度建设入手，通过制定保障措施，完善运行机制。为此，街道工委、办事处出台了 4 个文件：一是《关于推进社会管理模式创新的实施意见》，对此项改革的指导思想、工作内容、操作程序等提出了明确要求，加强指导与统筹；二是《关于培育、扶持、发展社会组织的意见》，明确了"115"社会管理模式的运行目标，使其有章可循，提供政策支持；三是《朝外街道采购公共服务试行办法》，针对居民的公共需求，由街道出资，委托社会组织承接政府职能，向居民提供公共服务；四是《朝外地区社会公益服务管理试行办法》，广泛动员社会力量，参与地区的助老、助困、助残、助孤、助学等公益活动，通过实施积分管理，建立志愿服务、社会回馈的良性互动机制。

### （三）"115"社会管理模式的核心：社会管理中心的建设

朝外地区社会管理中心坚持以发挥社会组织"掌握需求、提供服务，畅通渠道、反映诉求，完善制度、规范行为"的职能为出发点，始终将加强自身及各功能协会的能力建设，作为创新社会管理模式的主要方面，先后制定了社会管理中心三年发展规划和年度工作计划，在把握长远发展方向的基础上，将年度重点工作分解到各功能协会，做到任务明确、分工具体。同时，在建立健全中心和所属协会的内部运行制度和规范，建立正常的工作机制的基础上，进一步理顺街道各业务科室与管理中心的关系，明确街道对中心的指导、中心协助街道行使社会管理职能的关系，按照政社分开、管办分离的原则，依托街道社会管理协调委员会，对街道各职能部门可以剥离的职能进行了梳理，将原来由街道承担的 19 项社会公共事务[①]移交至社会管理中心，与中心的职能进行有效对接，进一步强化了对社会组织的引导、培育和管理。

在推进"115"社会管理模式的运行中，朝外地区社会管理中心坚持以加强社会管理中心的能力建设为切入点，着重进行了以下四项工作。

**1. 加强人员队伍建设**

为了确保社会管理中心正常运转，朝外地区社会管理中心采取街道公务员与社会工作者相结合的方式组建中心管理队伍，坚持运行初期由街道公务员主导，逐步向社会工作者过渡的原则，并通过社会招聘的形式吸收社会工作者进入管理中心。目前，朝外地区社会管理中心通过社会招聘，已有 6 名热心社会事业、有一定社会管理经验且工作能力较强、工作积极性较高的人员走上中心或协会工作岗位，并在其中较好地发挥了中坚和骨干作用。

**2. 加强中心阵地建设**

朝外街道在办公用房紧张的情况下，整合场地资源，投资 150 多万元，将规划建设的 1200 平方米的街道文体中心改建成集办公、活动、培训、阅览、健身于一体的多功能的社会管理中心。近期，朝外街道通过多方运作与协调，又为社会管理中心添置了 2000 平方米的房产，为社会管理中心深化发展奠定了物质基础。

**3. 加强活动载体建设**

社会管理中心依托功能协会，开展系列品牌创建活动，力争使每个协会都有 1~2 个品牌作为支撑。如依托地区文化协会，开展了"春分朝阳文化节"、"洋小品进社区"和"人文奥运文化沙

---

① 19 项社会公共事务的细目见附录。

龙"等活动;社会工作者协会启动了"志愿行动在朝外,我为奥运做奉献"活动;社会互助协会通过流动人口互助分会、宠物爱好者分会等,开展了各具特色的互助活动,不仅增强了成员的自律意识,而且提高了居民的参与率。

**4. 加强信息平台建设**

为了在街道、社会管理中心、各功能协会、社会组织和社区居民之间建立起交流互动的关系,朝外地区社会管理中心开发建立了社会管理中心网站,通过定期发布信息,实行网上办公,实现在线服务等方式,发挥多功能信息服务平台的作用。社会管理中心还开通了管理服务热线,在社会管理中心建立了接待窗口,全天候接受群众诉求,从而提高了社会管理中心的工作效率和管理服务水平。

# 二 "115"社会管理模式的运作效果

朝外街道在创建了"115"社会管理模式后,依托社会管理中心和各功能协会,着力进行了旨在提高社会组织参与、改善社区民生的"165"工程。

所谓"165"工程,指的是发放一张公共服务卡,开展"六送工程"和实施"五助服务"。社会管理中心通过推进"165"工程,以求进一步完善"幼有所托、老有所养、孤有所扶、残有所助、贫有所济、难有所帮、学有所教、需有所供"的公共服务体系,打造社区"一刻钟便民消费服务圈"。

## (一)六送工程

"六送工程"主要是以政府购买服务的形式来满足社区居民尤其是困难居民的基本生活和生产需求。主要内容包括送菜工程、送医工程、送文化工程、送教育工程、送技能工程、送家政服务工程。

（1）送菜工程是以解决居民买菜难的问题为核心，以社区为单位，以专业配送为主要服务形式，以满足居民日常买菜需求和为需要帮助买菜的老人、残疾人送菜为主要服务内容，送菜进社区、进家庭。

（2）送医工程是指以保证居民基本医疗、预防、保健、康复需要为出发点，树立以"政府主导为核心，体制创新为突破，服务优化为根本，救助弱势群体为己任"的改革思路，在每个社区建立一家社区卫生服务中心，为每一户困难家庭提供基本的医疗救助，对特殊群体提供送医上门服务。

（3）送文化工程是以丰富社区成员业余文化生活为目标，开展歌咏比赛、京剧演出、绘画比赛、电影欣赏、读书会等形式多样的文化活动，定期或不定期为社区成员送上精彩纷呈的文化盛宴。

（4）送教育工程是指针对存在家庭教育问题的家庭和弱势家庭提供送教上门服务。家庭教育援助，是为辖区内有需要的家庭提供家庭教育帮助，协助解决亲子关系问题、学习问题、情绪及压力问题、青春期问题、教育子女的方法问题等诸多方面，促进家庭、学校与社区的合作，营造良好的成长环境，避免家庭教育的盲目性、盲从性和随意性，提高家庭教育的质量。弱势群体家庭主要是指隔代教养、单亲家庭、困难家庭，主要提供包括课业指导、英语教学、才艺辅导、小团体活动、假期托管、家庭教育咨询等服务。

（5）送技能工程是针对就业困难的应届大专毕业生，为其提供技能培训。采取直接培训和委托培训相结合的模式推进此项工程。直接培训，即由社会管理中心根据现有设备、师资资源提供技能培训；委托培训，即根据受助对象的需求，由其自行选择培训机构，在取得相关资格证书后，由街道报销其培训费用。

（6）送家政服务工程是以 70 岁以上残疾人和 90 岁以上的老人为主要服务对象，由政府购买家政服务，每周为上述老人提供 1 小时免费的家政服务。

## （二）五助服务

"五助服务"是以社会公益服务的形式，帮助困难群体解决其所面临的生产、生活和学习等问题。主要包括助老服务、助孤服务、助残服务、助困服务和助学服务。

**1. 助老服务**

为有需要的老人提供安全服务、温情服务、生活服务和健康服务。

**2. 助孤服务**

为孤寡老人提供温情服务、生活服务以及经常性的探访与陪伴服务。

**3. 助残服务**

为残障居民提供康复服务、情感服务、技能服务和生活服务。

**4. 助困服务**

为困难群体提供生活服务、技能服务和专项服务。

**5. 助学服务**

为困难家庭的学生提供资金援助、家教服务。

## （三）"165"工程的工作成效

通过"115"社会管理模式的运行，朝外地区社会管理中心初步形成了社会动员参与机制、社会组织管理机制和公共服务产品社会采购机制，为建立新型社会管理模式进行了有益的尝试和探索，也为地区百姓带来了实实在在的实惠，取得了一定的工作成效。

如社会管理中心大力整合地区近 20 家公共服务商，为地区的低保人群、残疾人、困难群体、空巢老人等特殊群体和普通群众，发放一张享受指定服务商提供的包括健身医药、美容美发、家政服务、法律服务、老人托管、心理咨询等众多优惠和便利的服务项目与服务设施的公共服务卡，先期启动的面向特困群体的 1047 张公共服务卡、送药和上门体检服务、暑期托管班以及青少年素质拓展夏令营、居家养老试点工程,均受到了辖区百姓的欢迎。

在民生改善方面,为了满足社区居民的实际生活需求,社管中心还会同社会互助协会,在辖区开展了 42 项涉及社区居民生活需求的调查活动,根据调查结果,将居民群众需求按日常生活、行政事务、公共事务划分为三大类,并根据 70% 以上参查百姓对建立便民菜站的需求,协调北京中瑞公司,先期在 4 个社区建立了"便购连锁便民菜站",并延伸爱心家园救助功能,使持爱心救助卡的特困家庭,享受到更加优廉的生活物品。同时,对孤残特需家庭提供爱心代办上门服务。便购连锁便民菜店建成以来,先后为吉庆里、三丰里、雅宝里、芳草地近 6000 户居民解决了买菜需求问题,为特困孤老家庭提供上门服务 256 次,为辖区 52 户持爱心卡的居民提供 563 次优惠服务,受到了辖区居民百姓的欢迎和好评。

在改善民生方面开展的相关服务活动还包括:"96156"热线自 2007 年 5 月 17 日转移到中心以来共接听 782 次;民生热线"65513333"自开通以来共接听处理来电咨询 818 次;社管中心通过启动助老服务,爱心助老 110 人;还为辖区持公共服务卡的特困群体 78 人每月一次免费理发;开展送药服务 400 余人,送医上门 26 人;居家养老服务对象 64 人,服务达 1000 余小时,受到了辖区居民的欢迎;春节送"福"进社区 2000 人;"服务奥运,改善民生,和谐朝外"系列活动正式启动,社会管理中心联合旺市百利超市开展送温暖活动,为 20 户特困家庭送米、面、油;为公共服务卡持卡人及其他社区成员发行台历 2000 份;等等。

此外,依托各功能协会,社会管理中心还举办以"春分朝阳"民俗文化节和雅宝路国际服装节为代表的丰富多彩的文化活动,致力于发展民俗文化、时尚文化和公益文化;与雅宝城合作,开展"关注环保,关注生活"送环保袋活动,共发放环保袋 2000 余个;先后提供各种会议、培训、展览等共 76 次,先后开办各类培训包括奥运英语班、国画班、京剧班、舞蹈班、模特班、武术班等十余个活动培训班,接待参加各种健身活动人员 5280 人次。与此同时,社区图书馆自开馆以来，接待阅览人员 2520 人次、借阅图书人员 1000 余人次、办理借阅图书卡 300 余人，丰富了地区居民的文化生活。

## 三 "115" 社会管理模式运作中 遇到的问题

首先，职能剥离问题。在确定哪些功能事项需要从政府职能中剥离出来，可由社会组织承接的问题上存在模糊性，缺乏明确的操作依据。另外，职能剥离问题在政策上没有刚性要求，在实践中，区政府包括主管部门考核的是职能部门，不是社会组织，这样在"责、权、利"的分配上就比较模糊，造成"具体工作的部门不受考核监督，受考核监督的部门不负责具体工作"的尴尬局面。这样，在依托社会组织进行社会管理的过程中，运行机制和管理体制上都存在问题。

其次，完善公共财政体系的问题。首先是财政体系问题，社会管理中心的办公费用依靠的是街道的支持，在财政体系里没有相应的支出立项，社会管理中心的财政来源缺乏稳定性；同时因为没有公共财政的支持，社会管理中心也无法延揽优秀人才，打造高水平的社会组织管理团队。

再次，涉及人才队伍建设。目前，大学毕业生急剧增加，就业相当艰难，社会组织中却出现了人才匮乏现象，症结就在于待遇问题。社会组织工作人员普遍待遇过低，导致的结果是优秀的人才不愿意来，来了也留不住，而社会组织要高效工作对人才的要求又很高。一个真正合格的社会组织的负责人或工作人员，需要一定的社会经验和工作能力。真要承接项目，社会组织的负责人就是一个公益项目的项目经理，目前的人才配备远远达不到这个要求。除了待遇问题外，在社会组织工作缺乏相应的晋升机会，缺乏职业前景也是人才难留的原因之一。人才问题的第三个方面是业务培训，基层社会组织工作繁杂，对人才的综合能力要求较高，即便是社会工作专业背景的大学生也茫于应对，需要进行相应的培训。但是人才队伍的不稳定增加了培训的成本，提高了培训工作开展的难度。而对于工作人员来说，相对较低的待遇和不明确的职业预期也降低了他们接受培训的积极性。

## 四　建议

针对以上三个问题，本报告的建议有以下几方面。

### （一）职能剥离制度化

在朝阳区的层次上对基层涉及民生的社会管理职能剥离出政府的问题给予政策上的肯定，涉及已经从政府部门剥离出来的职能的考核，不再考核原政府部门，而对承接了政府职能的社会管理中心的相关协会直接进行考核，同时与此职能有关的相关资源也直接由该协会掌握支配，做到"谁工作，谁负责"、"谁掌握资源，谁实施管理"，使社会管理中心真正实现"权责一体"。

### （二）财政支出预算化

完善公共财政支出体系，在区级财政预算上把对社会管理中心的支出列入，实现其待遇常规化。

### （三）人才待遇人性化

努力改善人才待遇，首先是工资待遇，解决起薪过低的问题；其次解决优秀人才晋升问题，对于确有才干的人员要创造晋升渠道，择优吸纳入公务员队伍；再次解决人才培训问题，针对基层社会组织工作的实际情况，设立专项资金，积极培训社会工作师。建立职业标准和职业晋升等级，而且要在具体待遇上体现这一资格的不同，这样才能促进基层社会工作者队伍提高业务能力和自我完善的积极性。

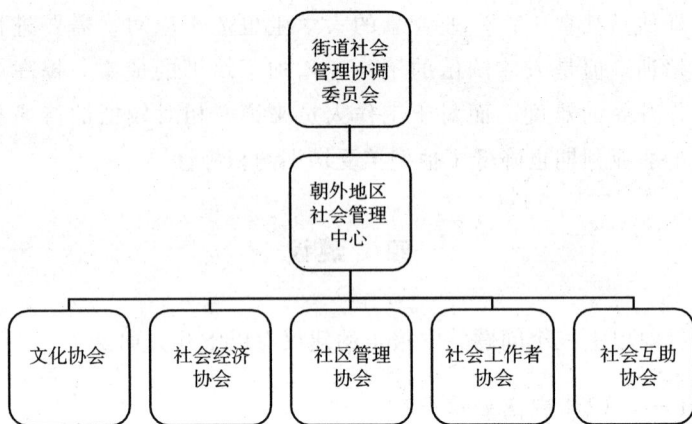

图1 朝外街道"115"模式

表1 朝外地区社会管理中心整合相关部门职能及工作内容

| 科室 | 职能 | 工作内容 | 对应协会 |
|---|---|---|---|
| 党群工作部 | 1. 党建指导委员会工作 | 《双向服务、共驻共建》工作中，社会单位党组织与居民群众服务需求信息的收集、反馈；搭建单位间横向沟通联系的平台 | 社会经济协会 |
| | 2. "两新"组织党建工作 | 建立行业协会，为健全"两新"组织的党建三级网络奠定组织基础；定期提供单位变化情况的信息 | 社会经济协会 |
| | 3. 志愿服务工作 | 健全以青年志愿者为主体的各类志愿者队伍并发动志愿者参与志愿服务活动 | 社会工作者协会 |
| 宣教工作部 | 4. 群众性文化、体育工作 | 组织开展健康向上的群众文体活动 | 文化协会 |
| | 5. 中小学生校外教育工作 | 做好中小学生校外教育的组织发动工作 | 社会工作者协会 |
| | 6. 科普工作 | 发挥社会管理中心教育功能，将科普内容纳入年度教育计划 | 社会工作者协会 |
| 城管工作部 | 7. 综合环境治理工作 | 组织发动社会单位积极参与综合环境治理及爱国卫生运动；落实门前三包责任 | 社区管理协会 |

| 科室 | 职能 | 工作内容 | 对应协会 |
|------|------|----------|----------|
| 社保工作部 | 8. 社会救助、慈善协会朝外分会和爱心家园工作 | 发动社会各界积极参与社会救助活动 | 社会互助协会 |
| | 9. 老龄工作 | 发动组织老年人积极参与精神文明建设各项活动;反馈老年人服务需求 | 社会互助协会 |
| | 10. 社保所工作 | 将社保所各类失业人员再就业工作纳入社会管理中心整体服务职能中 | 社会经济协会 |
| | 11. 残联工作 | 组织残疾人文体、康复、职业培训 | 社会经济协会 |
| 社会治安部 | 12. "双拥"工作 | 根据需求为优抚对象提供多种服务;"五双"工程的落实 | 社会互助协会 |
| | 13. 社会治安工作 | 组织发动治安、扫黄打非、禁毒志愿者队伍,参与群防群治工作 | 社会工作者协会 |
| | 14. 法律服务和法律援助工作 | 协调律师事务所为居民提供法律服务 | 社会工作者协会 |
| | 15. 矛盾纠纷调处化解工作 | 发挥民调队伍和各类社会组织作用,体察民情、反映民意 | 社会工作者协会 |
| 公共卫生部 | 16. 计生协会工作 | 依托行业协会,开展计生工作 | 社会工作者协会 |
| | 17. 社区医疗服务 | 利用辖区卫生资源为居民提供健康医疗服务,开展健康教育 | 社会工作者协会 |
| | 18. 红十字救助工作 | 依托红十字志愿者队伍,参与赈灾救助工作 | 社会互助协会 |
| 社区工作部 | 19. 社区服务中心的管理工作 | 社区服务中心工作纳入社会管理中心整体服务职能之中;社区服务志愿者队伍的建设和管理 | 社会互助协会 |

# 以社区建设协会为龙头，培育多种形式的社会组织

## ——西城区月坛社区建设协会调研报告

包路芳 *

当前，随着经济社会的迅速发展，我国公共需求呈现增长迅速、主体多元、结构复杂、需求多样的特点，人民群众日益增长的公共服务需求与供给不足之间的矛盾日趋突出，迫切需要扩大公共服务，改善民生。政府组织由于其有限性，无法在社会问题的解决和提供公共服务上满足人民群众日益增长的需求；而企业组织由于其追求市场价值和利润最大化的本质不会改变，因此也很难真正在公共服务尤其是涉及弱势群体的公共服务中发挥作用。具有非营利性和公益性特征的社会组织很好地承接了这一功能。政府只是社会建设的核心主体，社会组织与更大范围的公众参与一起构成社会建设中不可或缺的主体。

加快推进社会组织改革与发展，对于加强社会建设，构建"党委领导、政府负责、社会协同、公众参与"的社会管理格局具有非常重要的意义。北京市西城区月坛社区建设协会以加大社区民生服务力度为目标，大力培育和扶持发展公益性社会组织，充

---

* 包路芳，北京市社会科学院社会学所副研究员，社会学博士。

分发挥社会组织优势，初步形成与本地区经济社会发展相适应的、多样化、多层次提供社会公共产品和公共服务的运作模式"月坛模式"，不断满足社区居民多元化的民生需求，民生工程中社会组织品牌效应凸显。

# 一　月坛地区概况

## （一）月坛地区的特点

月坛地区因京城著名的五坛之一的月坛而得名。月坛街道办事处早在 1958 年的 9 月就已成立，它位于北京市中心城区——西城区的西南部，东面是西城区的金融街街道，西面是海淀区的羊坊店街道，南面是宣武区的广外街道，北面是西城区的展览路街道。它的辖区面积为 4.13 平方公里，常住人口为 13 万人，现有社区居委会 26 个。常住人口中，大专以上学历的有 4.5 万人，占总人口的 32%，老年人口比例达 23% 以上，已步入老龄社会。

月坛地区的特点是政治氛围浓厚，经济相对薄弱。辖区是国家党政军重要机关集中所在地，是我国中央政务办公区，内有各级各类单位 500 多个，其中副部级以上单位 23 个，是国内外交往的重要场所和窗口。有市区单位 200 多个，早在 20 世纪 50 年代末就形成了有别于旧城区的新兴街区，是北京市最早形成的新街区之一。50 年代，随着以"四部一会"（第一机械工业部、第二机械工业部、重工业部、财政部和国家计划委员会）为代表的中央国家机关办公楼和宿舍区的陆续建成，形成了机关集中、楼房林立的新街区。90 年代，中央国家机关"八部委"着手改造 50 年代的住宅楼，大片新楼竣工，还有相当数量旧楼存在，呈现出了新旧楼参差、新旧小区交错的格局。月坛街道是首都的中心街区之一，距离天安门广场只有 3 公里，神州第一街长安街的延长线——

复兴门外大街纵贯全境。

月坛地区分布着月坛、白云观等文化古迹，历史、宗教和民俗文化资源丰富，形成了深厚的文化积淀。月坛的定位是人文、自然、生态和谐统一的居住区，月坛文化的核心是"和谐、融合、领跑、人文"，具有发展社区文化的良好基础和条件。

### （二）月坛地区社会组织概况

社会组织的产生、壮大和发展，根植于当地的土壤，也服务于当地的社会和经济发展，必须适合于当地社区建设的发展程度及其模式。打造街道和社区社会组织的品牌，实质就是培育和发展社区社会组织、帮助其树立社会形象的过程，也是促使社区社会组织不断自我完善、增强能力的自我发展过程。月坛地区的社会建设在北京乃至全国一直处于"领跑"地位。20世纪 90 年代，月坛地区作为全国社区建设的试点及可持续发展的试点，以社区服务中心为依托，积极开展社区服务，成为我国社区建设的先行者。2004 年底，月坛地区在民政部门注册登记的民间组织共有 148 个，其中民间社团组织 136 个，民办非企业单位 12 个。据不完全统计，截止到 2009 年底，月坛地区共有在册社会组织 260 余个，其中事务类 58 个，文体类 110 个，服务类 34 个，志愿服务类 54 个，民办非企业社会组织 4 个。初步形成了覆盖面广、功能相对稳定、管理较为规范的网络体系。这些社区社会组织通过整合社区资源、发展社区公益事业、拓展社区服务等方式，在解决基层民生问题方面发挥了积极作用。

月坛街道把社会组织作为改善民生和社区建设的有生力量，积极引导扶持，使社会组织成为发展社区公益慈善事业、满足社区居民物质文化生活需求，组织居民参与社区事务的重要载体，发挥着越来越重要的作用。其中，枢纽型社会组织"月坛社区建设协会"发挥作用尤为显著。

## 二　社区建设协会改善民生的实践

在街道层面，社会组织的培育发展和发挥作用，实际上与社区建设、与为社区服务的改善民生活动密不可分。月坛街道大胆尝试"以社会组织培育社会组织"的方法，探索社会组织发展新模式。以社区建设协会为龙头，对社会组织实施"枢纽型"管理，带动地区各类社会组织的不断发展。

### （一）协会的成立及宗旨

月坛社区建设协会成立于1998年，由月坛街道办事处和驻区有关单位联合发起成立，其宗旨是：团结组织辖区内的单位和居民，通过依靠社区力量，利用社区资源，解决社区问题。本着便民利民和为政府分忧、为群众解愁的精神，通过建立健全社区服务、社区教育、社区文化体育、社区卫生等社区服务功能，构建和谐社会，发展社区事业，促进本社区经济与社会进步的协调发展。

协会成立之初，就地区行业联合服务进行了探索与实践。至今已有100多个团体会员，其中80%登记在册，20%的准会员单位，没有登记但是参加活动。个人会员15个。会员单位包括中央国家机关、市区属单位、中小学及文艺、体育、卫生等专业机构和餐饮、服务、商业等企业，以此为基础在这一大法人下建立了各自的分支机构，专业的分支机构既是协会开展工作的基础，又是培育发展社会组织的具体体现。分支机构包括月坛老龄协会、月坛文化联合会、星月艺术团、民间工艺和书画等专业分会以及正在筹备建立的地域性社区分会。

协会现有6名专职工作人员，其中办公室3人，主要职责是发展会员，组建分支机构，协调关系，承接项目，开展活动。财务核算中心3人，负责街道敬老院、建协、汽南建协、汽南无围墙敬老院 4 个单位的财务，税务申报、单位执照、机构代码的年检、财务审计送审；审核敬老院一次性购物预算项目；承办社区居委会办公经费的报销；代收代支助残款、捐资助学款、培训费和文化奖励等款项。

### （二）协会的主要工作内容及活动领域

协会开展的主要工作及活动领域可归纳为以下几点。

**1. 承担养老服务项目**

（1）居家养老服务项目。月坛地区老年人口比例达 23% 以上，已步入老龄社会，为老人生活服务类的项目纳入重点考虑范围。协会从 2005 年开始承担街道委托的居家养老服务项目，办理月坛街道敬老院开业的各种证照，设施设备、物品采购及验收，协调联系资金使用，以及各项制度的建立和完善等前期工作。2006 年 1 月 11 日敬老院食堂开火，"老饭桌"开业。月坛街道敬老院暨居家养老服务中心站建成并投入使用，为不能自理和半自理老人提供机构养老、老饭桌、送餐和居家养老护理、家政服务等，使一些需要特殊关怀和帮助的老年弱势群体得到了及时有效的服务。

（2）促成街道与专业社会组织的养老合作。2004 年汽南社区"无围墙"敬老院成立后，月坛街道在其管理模式做了有益尝试。月坛街道办事处通过社区建设协会与专业组织"天津鹤童老年福利协会"在养老服务方面的成功合作，被民政部领导、有关专家视为政府与社会组织合作伙伴关系确立的典型范例。在优势互补的基础上，双方利用各自优势互相配合共同完成公共服务，即对无自理能力老人及其家庭提供的公共服务。经过半年多的相互沟通和谈判，2006 年底双方开始合作，月坛街道敬老院入住率提升，供不应求；管理水平和员工的专业能力明显增高；无自理能力老人的晚年生活质量改善，社会效益显著；敬老院不再是政府的负担，而且为养老事业的拓展提供了新的资金来源。天津鹤童老年福利协会正在注册申请建立北京鹤童协会，解决劳动用工等一系列问题，实现本土化。月坛街道也将其在机构养老领域的合作引向更为广阔的居家养老领域，不断创造着社会效益的最大化。把公办养老机构交给民间非营利组织运作，创新政府委托和社会组织参与的模式，这种形式被学术界称为"公共服务外包"。月坛街道在养老服务领域的新探索，在社会组织建设模式上的新尝试，在全国开创先河，树立了政府与社会组织合作伙伴的典型范例。

（3）开展文化养老。社区建设协会除了承担政府的居家养老服务项目、促成政府与"天津鹤童老年福利协会"合作之外，还通过培育分支机构——老龄协会，让有自理能力的老人，通过老龄协会组织起来，自我服务，自我教育，倡导健康生活。针对月坛地区居民多为国家干部及其家属，文化水平高的特征，协会尤其注重文化养老，引领老人健康养老和科学养老。与盛和玖玖文化有限公司、汽南社区建设协会合作开展文化养老等活动，已经召开两届"月坛夕阳金辉老人"评选和宣传活动；"老年五友会"的创建，使歌友会、舞友会、京剧票友会、牌友会和球友会形成了活动时间稳定、活动地点稳定、成员稳定、活动资金有保障的联谊活动。红五月的"红歌会"，中央国家机关离退干部局和社区共23个合唱团800多人，连唱3场。协会组织的一系列活动密切了社区与社区，社区与中央国家机关的联系，为老年人提供了更多的展示空间，更加丰富了老年人的生活，深入了文化养老的探索与实践。

### 2. 丰富多彩的文体活动

本着社区活动社会办的宗旨，协会依托社会力量在月坛地区开展活动，为居民提供文化娱乐、体育健身、科普宣传、素质培训和兴趣培养等社区文化服务。先后与北京市体育记者协会、恒安集团等社会各类组织合作，得到金龙鱼有限公司、索德士体育用品公司等企业的赞助，承办扑克比赛、羽毛球比赛、乒乓球比赛等各类社区文体活动，累计举办30余场，参加居民近万人。

2006年举办的首届"月坛建设协会杯"扑克大赛暨"姚记扑

克"杯北京扑克大赛预赛，从80多支代表队260多人中选出10名（5队）选手参加了北京市总决赛，其中桥牌获得总决赛的冠、亚军；2007年4月份成功举办了"SOTX—索德士"杯北京社区羽毛球友谊赛的首场比赛。共有30个代表队360名队员参加，获得前三名的代表队将代表月坛赛区参加北京市的总决赛。通过依托社会力量开展社区活动丰富了社区居民的业余生活，搭建了社区居民的交流平台，提高了社区的凝聚力，受到居民一致好评。

协会注重与其他社会组织合作交流。通过与其他社会组织合作，增进社团间的协作交流，相互促进。协会先后与街道妇联共同举办月坛各界妇女"庆三八迎奥运"健身风采展示活动；与首都金鹰文化公司共同举办书画展；与首师大月坛项目部共同举办"月谈"大讲堂；与月坛葫芦丝俱乐部爱好者进行演奏交流；与科瑞生物技术有限公司和天安康健公司联合举办健康讲座；与北京凯美啦排舞俱乐部举办排舞培训班，极大地丰富了群众的文化生活。

### 3. 与高校资源相结合

自2009年开始，社区建设协会还积极探索高校与社区文化相结合的新型模式。通过街道与高校合作成立了首都师范大学科技园月坛分园，国学研究中心，中国女性问题研究中心，音乐科技中心，心理教育研究中心等几大机构，并相应成立社区工作室，定期开展活动，以音乐、心理工作为纽带，带动月坛地区文化内涵的提高。并定期开展活动，使高校文化融入社区文化。

在双方合作协议中，明确要求各工作室在推动活动开展的同时，必须着手培育相关的公益民间组织，并逐渐将他们推向前台。在此基础上，心理健康协会、我爱书法、Flash动漫、DV视角等社团应运而生，逐渐发展壮大。通过新瑞时尚的"Flash动漫、DV社团"来重新体现"活力月坛"、"动力街区"，带动月坛地区青年人的热情，吸引更多的青年群体参与社区文化建设。街道以月坛社区建设协会为基地，广泛吸纳辖区内外致力于社区文化建设的团队，"星月艺术团"、"常青藤剧社"等文化社团组织，使社区内文化活动更加丰富多彩。

协会与中国人民大学、首都师范大学、北京建筑工程学院等专业力量合作，共同参与地区社会组织建设。开发社区文化、居家养老、公共服务、公益服务等与月坛地区特点相对应的多个项目，用专业化管理提升地区社会组织运行水平和服务效能，也借此不断拓展"基地"和"孵化器"的功能，在社会组织和社区建设中架起了一座沟通和联系的桥梁。

此外，协会发挥社会组织的优势，开展海峡两岸和国际民间文化交流活动，2009年1月8日，协会和台湾弘道老人福利基金会、天津鹤童老年福利协会共同举办了"老骥伏枥，志在千里——海峡两岸共同传递不老精神"的活动；协会与会员单位和旅游公司合作，已经在多样性方面深入推进。通过游学和旅游、考察参观的形式，通过开展国际社区民间文化交流活动，先后接待法籍学员入住居民家庭，接待"美国教育代表考察团"，组织中法青年联欢活动，让外国朋友走进社区，走进家庭，体验北京文化。奥运会前夕，组织"法国青年旅游团月坛一日游"活动，参观首都博物馆，参与民俗活动项目的表演和书法工艺展示，举行联欢活动。

### (三) 协会的活动特点

社区建设协会通过一系列活动，有效地丰富了社区居民的文化生活，为社区居民提供了有效服务，推动了社区建设水平的提高。综上所述，协会的活动特征可归纳为：以分支机构为基础；与专业组织合作；依托社会力量；与高校资源相结合。

以具有法人资格的社会组织为依托建立各类分支机构来发展社会组织，是使公益性组织能够可持续发展的有效途径，通过活动与会员和地区单位建立联系，沟通信息，协会才有凝聚力和生命力。如老龄协会、文联都是公益性组织，没有经济收入，不具备独立运行的能力。作为建协的分支机构，由建协统一争取政府的支持，整合社会资源，争取社会赞助，为分支机构提供活动经费，分支机构开展的活动又为地区单位和社区居民服务，既能够满足社区成员的需求，又能够促进社会组织发展。

社区建设协会总领各分支协会转承街道公共服务项目，包括各项政府补贴下的居家养老服务，文化养老项目，大型社区文化体育活动，与天津鹤童老年福利协会委托管理等项目均落实到位，已逐渐成为地区社会组织的"枢纽"。协会与专业社会组织合作，依托社会力量，与高校资源有效结合，实现了政府外围职能的逐步承转，政府与社会组织之间的枢纽作用。协会通过组织地区单位和社区开展活动，开展国际民间交流，组织协调其他社会组织开展服务，为单位之间、社会组织之间、社区之间、单位与社区、企业与社区、社会组织与社区的信息沟通、资源共享搭建平台。10年的实践证明，协会的成立丰富了社会组织的培育渠道，分担了政府的工作，在切实改善民生方面效益显著。

## 三 社区建设协会存在的不足及建议

当前我国社会组织的发展培育还处在初级阶段，比较薄弱。在这样的大环境下，月坛街道虽然在社会组织发展和培育方面走在全市前列，但社区建设协会作为月坛地区的一个枢纽型社会组织，在资金来源、自身管理、运作和组织机构等方面仍存在许多不足之处，而这些困难和问题恰恰很具有代表性。

### （一）面临的困难及存在的不足

**1. 缺乏资金保障，尚未建立正常的运行机制**

社区建设协会几乎完全依赖政府的资金。而政府支持的经费及项目经费不到位，政府资金使用的审批手续烦琐，不利于协会工作的开展。政府支持社会组织的资金无法转移到协会的账面，协会无自主权，无法聘用人员，连一顿午饭都无法解决。像搞任何活动必须提供人员名单，手续烦琐，根本无法独立运转。如街道办事处补贴协会承办"红歌会"时，街道有800多名居民参加，协会必须提供这800多人的姓名和身份证复印件。

协会本身是社会团体，受业务范围制约且没有可运作的资源，目前都是无偿服务。由于协会的影响力还不够，尚不能收取会费。因此，虽然组织机构基本建立，但协会及分支机构没有独立运行的机制，在活动经费、活动场地、设备设施等方面过分依赖政府。协会的分支机构老龄协会、文联都是公益性组织，没有经济收入，不具备独立运行的能力。作为建协的分支机构，由建协统一争取政府的支持，整合社会资源，争取社会赞助，为分支机构提供活动经费。此外，协会市场化运作程度低，管理和运营方式滞后，筹资渠道和功能不足。由于不能申办免税捐赠发票，无法发挥社会组织自身的优势争取社会捐赠。

### 2. 缺乏专业化人才，人员待遇低下

协会现有专职工作人员6名，其中3名办事处退休返聘的老同志，1名企业退休人员和1名失业人员，2009年录用1名社区管理专业毕业的大学生。存在人员结构不合理、人员工资低等问题，完全依靠退休人员的工作热情维持。办事处给每人每月1000多元的补贴，刚录用的大学生还是在区社团办的帮助下申请了社团编制后，每月给1400元工资。此外，分支机构虽已建立，但是还不能够独立开展活动。分支机构都是退休老干部担任名誉会长，没有任何工作补贴，以会长办公会的形式，共同商讨工作。会长都不坐班，每周例会碰一次，日常的具体事务都是协会办公室承担，占用了大量的时间和精力，影响到其他工作的正常开展。

### 3. 协会组织结构不健全

1998年协会刚成立时，没有专职人员，一直没有独立开展工作，只是挂靠在社区服务中心，基本是个空架子。直至2005年才开始有专职人员，开展了一系列活动。2005年从承担街道委托的

居家养老服务项目开始，逐步开展协会工作，通过发邀请函、开展活动发展会员，筹备组建分支机构。多方合作，开展活动，扩大影响，增加凝聚力，打基础，建队伍。2007年8月成立分支机构月坛老龄协会，2009年4月成立月坛文联，文联内又组建了书画社、诗社，正在筹建工艺社，将文学艺术爱好者组织起来并开展活动。

协会组织机构不健全、管理粗放，难以很好地形成组织和团体的力量，制约其可持续发展的能力。协会理事会不健全并已届满，没有发挥理事会的作用。协会从成立至今，一直没有召开过理事会，更谈不上换届选举，很多理事已经到了退休年龄。由于社区建设协会自身结构比较松散，对开展党建工作认识不足，意识不强。2006年12月才建立党支部，在党组织机构建设、运转方式和发挥作用上滞后。

### （二）相关建议

#### 1. 建立政府购买社会组织服务制度，制定扶持性政策

社会组织缺乏收入，既反映了自身"造血"功能的不足，也制约着其发展。社会组织的培育发展仅仅依靠政府推动还远远不够，无法满足社会对社会组织日益增长的需求。要进一步完善以项目为导向的政府购买公共服务机制。民间组织大多资金不足，不能一味拨款维持，要靠项目发展和培育，整合社会资源。由对组织的扶持培育，再到组织的发展壮大，最后进入市场运行。以项目化方式对不同类型民间组织进行引导，引导社会组织提高项目运作、策划组织、协调服务等方面能力，树立品牌意识，加强自律和诚信建设。

建议政府向社会组织购买服务规范化，解决政府对公益性组织经费支持渠道，减少烦琐的审批程序。如与社会组织签订合同并给予预付款作为项目运行经费，项目完成并达到要求给付全部资金；通过合同立项、委托管理、购买服务等方式，探索政府购买

公共服务的制度。建立政府对社会组织的资助机制，制定政府购买服务的项目管理方法，实行"费随事转"，变拨款为付款。对于教育、文化、卫生、体育、老龄、服务、救助等公益性的民间组织，以公开竞标、购买服务、签订协议等手段，借助奖励性、补贴性、委托性、购买性的投入方式，吸引民间组织参与提供服务。

在公共财政中，建立专门的项目经费，鼓励社会组织以项目申报和评估方式参与项目实施；街道层面对外以统一社团法人设置账号，吸引社会资金投入和捐赠，并制定规范基金的使用办法。在街道层面可结合社区建设联席会议制度，定期讨论培育扶持政策，研究规范管理、改善服务的办法。可采取"以奖代补"的方式设立"月坛和谐社区建设创新奖"，或者设立"社区社会组织奖励基金"。围绕和谐社区建设工作，不断创新体制机制，探索建立"社会组织扶持激励机制"和社区社会组织发展的培育、规范、扶持长效管理机制，制定对社区社会组织的扶持性政策。

**2. 解决社会组织及从业人员实际困难，建立人力资源管理体系**

研究、探索社会组织工资福利、社会保障、人事档案、职称评定、岗位培训、入籍立户等相关政策。探索适合社会组织管理要求的人力资源管理体系，规范聘用人员的聘任方法、薪酬体系、用工合同范本、评价办法。建立对社会组织及其人员的考评体系，尤其要注重对其价值观和事业心的评价。可参照北京市"4＋1"文件为社区社会工作者设计薪酬体系方案，发展会员，建立志愿者队伍，逐渐让专业化、职业化的社工充实到协会。

**3. 发挥理事会的决策和领导作用**

社区建设协会要更好发挥职能必须要健全组织机构，发挥理事会的决策和领导作用。当前要抓紧筹备理事会换届，适时召开会员代表大会，为使协会可持续发展奠定基础；完善党组织的建设和职能发挥，发挥社区党组织的骨干核心作用。充分发挥分支机构的作用，协会办公室负责指导、管理和协调分支机构开展工作。

# 四 "月坛模式"的启示

月坛街道立足社会组织发展的实际，围绕街道管理体制改革逐步深化和政府职能转变的深入推进，在重点分析区域人口结构和人力资源特点的基础上，经过反复调查研究，确立了以街道社会组织建设与街道管理体制改革、社区民主自治管理三者并进为目标，将社会组织的扶持培育放在凸显位置以寻求重点突破。"月坛模式"带给我们以下几点启示。

## （一）理念更新

政府的工作思维由管理向服务的方向发生转变。政府向社会组织购买公共服务，背后的理念就是一个负责任的政府并非要做包办一切的全能政府。政府要从主角向配角转化，由社会组织任主角，从组织服务向提供服务转化。从全能政府转向鼓励社会组织参与社区民生服务，完善民生服务社会化运作机制，推进以民生为重点的社会建设发展，形成政府主导、社会参与、运作规范的民生服务格局。近年来，月坛街道在明确辖区民间组织社会化发展与管理方向的基础上，提出社会组织培育发展以"文化突出、促进公益、多元服务"为核心内容，通过多点的社会组织培育，牵动政府职能的转变。

2004年至今，月坛街道先后对地区社会组织发展现状做了12次相关调查，包括座谈、访谈和问卷调查，了解地区百姓对社会组织建设的发展诉求。2006年，街道还成立了"社区民间组织的培育和良性发展机制"课题研究小组。街道邀请人大、北师大、北京建筑工程学院等高校和专业机构的专家学者参与研究社会组织建设和培育，已经被纳入月坛街道社会组织发展培育的模式机制中。街道以转变政府职能，加强社会管理和公共服务为契机，积极探索地区社会组织发展的新模式。

## （二）成立"基地"和"孵化器"

月坛街道在办公用房紧张的情况下，将原面积 2000 平方米的街道办事处旧楼腾空，是将其用来出租获取经济效益还是用于培育社会组织获取社会效益的激烈争论后，最终定为社会组织服务楼，专供地区各类社会组织开展活动使用，成为月坛地区社会组织的"基地"和"孵化器"，为社会组织提供综合性培育场所。

2006 年 7 月，月坛社会调查队成立；2008 年 7 月，月坛社会调查队申办了民办非企业独立法人单位，成为北京市在统计调查领域注册的第一家街道层面的社会民间组织，已经走上市场化运作道路；2009 年 7 月，北京建筑工程学院社会工作系毕业生自主创业，申请成立了北京市西城区悦群社会工作事务所，落户月坛街道。这是西城区第一家由民政部门核准成立的民办非企业性质的社会组织。之后进驻月坛街道的三里河第三小学，设立"社工驻校服务基地"，这是悦群社会工作事务所与当地政府部门和学校共同开展的第一个服务项目。

现在社区建设协会、月坛社会调查队、悦群社会工作事务所、青少年中心等 9 家社会组织已入社会组织服务类，随之成立的社会组织服务楼物业管理中心，将统筹社会组织所有相关设施的日常事务，使之纳入有序管理，高效使用。

通过对人力资源及其机构的整合，包括与"首师金鹰"、"鹤童老年协会"等专业组织合作，以及与中国人民大学、首都师范大学等专业力量合作，共同参与地区社会组织建设，开发社区文化、居家养老、公共服务、公益服务等多个项目，用专业化管理提升地区社会组织运行水平和服务效能，也借此不断拓展"基地"和"孵化器"的功能。除提供必要的硬件设施支持外，街道从财政上给予社会组织资金支持，每年给社区建设协会财政投入 20 万元，街道还专门设立社区文化项目基金 30 万元，用于开展各类活动的项目委托费用。同时，将 8 万元社区公益资金，更多用于支持社区民间组织的培育和发展。

### （三）组织保障

月坛街道积极寻求社会组织建设与街道职能转变，引导街道管理体制和工作模式向开放性、综合性、服务性和社会组织化的进程转变。从实际出发，细化政策措施，加大扶持力度。从社会组织的机构设置与人员编制入手，培育社会组织，使之自律、自治、自我服务。2005年为贯彻北京市第五次城管会议精神，月坛街道进行"大科部制"试点，在"七部两室一厅"的体制调整中，将原社团单项工作调整为由一名科长专职负责的科室建制。

2009年为贯彻《北京市社会建设实施纲要》"4+1"系列文件，街道于2009年5月新增设社会组织管理与服务办公室，专门负责推进地区社会组织的发展培育工作，致力于破解社会组织建设难题。办公室将发挥统筹协调作用，包括工作例会制度、服务项目研发及商议制度、项目运行体系、项目资金的使用程序、项目评估。在推广成熟的社会组织模式的同时，建立一套完备的管理体系，包括社会组织的培训、注册登记、人员管理、监督评估等。从基层公共管理和服务角度来讲这个做法可以推广，让社会组织形成合力，与政府的工作形成一种优势互补的合作伙伴关系。当前，街道对社会组织建设已经纳入重点突破性工作，正在完善"规划制定，完备体制机制，建立管理体系、服务体系、培训体系、奖励评价、监督体系"。对规范社会组织的登记、备案及日常管理工作已进入日常工作状态。2006年成立的街道民间组织服务中心，在公共服务、公益服务和承接政府转移职能中，已开始发挥重要作用。

### （四）制度创新

政府及其作为派出机构的街道办事处，往往过分重视政府的"行政化推动"，忽视社区民间组织的培育发展和功能发挥。月坛街道及其各职能部门将社会组织培育发展纳入社区建设的总体规划，纳入行政管理体制改革和建立服务型政府的通盘规划中。各科室基本建立起培育和发展社会组织的规划和方案，对本行业、本部门的社会团体和民办非企业单位发展予以规划，积极探索社会组织的作用。

月坛街道各职能科室加强各自系统内社会组织建设，在培育社会组织的实践中拓展或转变职能。街道团工委与北师大白鸽志愿者协会、中国青年政治学院、北京四中志愿者协会、万通公益基金会积极合作，成立英语志愿者服务队、绿色环保志愿队、心理辅导志愿者队等5个志愿者队伍，实施延伸服务；公共安全办公室组建地区安全健康促进协会；街道综合监控指挥中心发动群众和居民组建月坛监督者协会；社保所成立地区就业指导中心；司法所成立地区社区矫正阳光扶助中心；地区工商联分会、侨联分会、文联分会在一步步发展壮大。待这些社会组织成熟发展后，将纳入社区建设协会作为会员，接受协会的指导和管理。

此外，街道进行系统资源整合，加大对社会组织发展工作的扶持力度。已经将月坛地区公共服务资源和辖区单位可利用的科教文卫老龄等资源，纳入统筹协调的管理系统。通过整合各类社区文化、体育、健康教育等社会组织，扩大了群众参与率和受益面，深化了服务水平和能力。随着各类社会组织的成长，推动了街道行政部门工作模式和工作方式的改革，最为显著的标志是社区文化科逐渐从一线组织推出，更多致力于年初策划、项目招标和评估、督导和总结，以项目经费支持社会组织在承接政府公共服务中快速成长。

社会组织的发展需要良好的社会环境和政策环境，月坛街道紧密结合当地社会、经济发展的实际，充分调动社会组织的积极主动性，投入到民生问题的解决中，可以提高公共服务的效能与效率；积极开展社区社会组织的探索实践，为社区建设搭建了参与平台，凝聚了社会力量，积累了实践经验，提供了有益的启示。社区建设协会蓬勃发展，成为整合社区资源、加强社区建设、完善居民自治、服务社区居民的一支新生力量。

# 以行动研究的方式服务农民工

## ——北京社科院流动人口教育与
## 行动研究中心案例研究

韩嘉玲*

近年来，政府出台了一系列有利于农民工的政策，如子女教育、收容救助、工伤保险、技能培训等，这些政策对改变农民工弱势地位，促进社会公平与社会稳定，起到了积极的作用。但是，中国有2.25亿农民工，其中在城市的有1.4亿。① 面对如此庞大的群体，一些人士意识到政府可能没有足够的能力来解决他们所面临的社会问题，而非政府组织在支持和服务农民工群体上有着很大发挥力量的空间。

农民工进城以后，由于离开了原来生活居住的社区，他们在社会交往、角色转换、心理调适等方面都容易出现问题。所有这些，都使得农民工在就业、子女教育、居住和社会保障等方面有着很大的需求。在缺乏城市社会组织服务的条件下，这些城市中的流动人口主要依赖血缘、地缘等原有的社会关系解决实际生活中遇到的困难，这种情况大大弱化了他们对城市社会的认同感和归属感。在此情况下，以流动人口居住社区为载体，向他们提供

---

* 韩嘉玲，北京市社会科学院社会学所研究员。
① http://news.qq.com/a/20090804/001163.htm.

支持和服务无疑是一种较好的方式。北京市社会科学院流动人口教育与行动研究中心正是这样一个在流动人口社区开展服务的公益性社区组织。

## 一　基本情况

流动人口教育与行动研究中心（以下简称"中心"）成立于1999年，是由关注农民工及其家庭的研究人员与大学生志愿者共同推动成立的。自成立以来，该中心就一直扎根于流动人口聚居社区，以农民工子女为服务主体，开展流动儿童课外学习辅导、课外知识扩展等活动，并逐步将服务延展到家长及打工青年，为他们提供免费的讲座、培训及信息支持，以帮助他们更好地适应、融入城市生活；并通过活动把社区中的流动人口动员起来，帮助他们形成自己的互助网络。另外，中心还将研究与实践相结合，通过对农民工子女的调研与行动研究向相关部门提出政策建议。

自成立10余年以来，流动人口教育与行动研究中心逐步摸索出了一个在服务实践中进行研究，并以研究成果推动实践的流动人口社区服务模式。

## 二　流动人口社区服务

中心最初设立于清华大学附近的农民工社区，随着城市改造和拆迁，中心也跟着流动人口迁移的脚步一次又一次地搬家。几经搬迁，在当地居委会的支持下，中心终于在位于城乡结合处的海淀区田村街道半壁店社区稳定下来。

半壁店也是一个流动人口聚居社区，社区前部分为贸易市场，出售日用百货、服装鞋帽等商品，另外有一些小饭店及食品店。后半部分为居住区，住房基本上都是平房，还有一些比较简陋的二层楼建筑，室内空间都比较狭窄。社区内本地居民（有北京户口的）1300 人，700 多户；流动人口 3000~4000 人。居委会工作人员 5 人，户籍管理 1 人。周围有 4 所学校，其中 2 所是打工子弟学校。

中心成立之初，主要是针对打工青年中文盲较多的情况，在他们下班后的晚上，组织大学生志愿者对其进行识字教育，帮助他们脱盲。在不断的服务和探索当中，中心逐步形成了以流动儿童为主要服务对象，同时针对流动儿童家长和打工青年开展支持和帮助的服务形态。

## （一）流动儿童社区服务

社区中的流动儿童大多数处于放养状态，他们的父母基本上工作时间较长而且不固定，没有太多的精力好好地照顾他们。一方面，限于自身的受教育水平，他们没有能力去辅导孩子的学习，关注他们的教育问题；另一方面，由于我国现行的教育制度，使得大部分流动儿童不能进入公立学校接受教育，而只能在教学质量较差的打工子弟学校学习。流动儿童的受教育状况将对他们未来在城市中的生活起着重大的影响。

中心的创办者是北京市社会科学院的研究人员，在长期关注和研究农村扶贫及进城务工农民生活状况的过程中，发现流动儿童问题特别是教育问题已经成为农村劳动力流动过程中亟须关注和改善的重要问题，因此，如何在社区中针对流动儿童开展服务也成为中心关注的重点。

**1. 针对流动儿童，中心开展了丰富多彩的流动儿童社区教育活动**

（1）固定活动：每周的周二到周五下午 4:00~6:30 的学习和课业辅导。由大学生志愿者负责对孩子进行学习和作业辅导，检查孩子的作业，帮助孩子答疑、复习功课。

（2）周六一帮一辅导。一个志愿者负责几个相对固定的孩子，通过学习辅导、谈心等方式全面了解、关心儿童的成长，及时发现问题进行跟进。

（3）周末兴趣小组学习和主题活动。周末兴趣小组主要是绘画课、舞蹈课、手工课、英语口语、电脑培训等等（以黑板报的形式提前通知）。主题教育活动则主要根据社区孩子所存在的问题设计相关的教育活动，包括对孩子进行文明礼仪、健康教育、卫生环境教育和生活教育等，希望通过教育活动可以解决问题或对其产生一定的影响。

这些活动常常不是单一学科，而是把多学科综合在一起的，如培养儿童的理财意识的"我的零用钱"活动；培养儿童协作精神和表达、创造力等多方面能力的成语故事表演活动。首先，这些活动是针对社区里流动儿童真实发生的问题进行的，具有现实意义。其次，它适合儿童的特点，运用多种形式来调动儿童的参与，如用头脑风暴的方式创造一个人人都能提供正确答案的"零风险"环境，用提问的方式引起孩子对零用钱的思考。再次，它综合发展了流动儿童各方面的能力。如在计算零用钱过程中他们锻炼了相关的数学技能，改变了原有的思维方式和态度，启发了初步的理财意识；在绘画和描述过程中，他们发展了想象力和创造力，锻炼了绘画技能和对公众演讲的能力。最重要的是，孩子们是活动的主角和中心，他们是推动活动前进的人。

（4）流动图书室。此外，中心还有一个小型图书室，其中有适合各年龄段孩子及家长阅读的各种图书，并定期更新。工作人员还定期组织儿童开展读书活动，通过主题阅读、讲故事、故事表演等活动，培养儿童的阅读兴趣。此外，图书室的书籍面向社区成员开放借阅并定期举行交换借阅活动，通过书籍的流转丰富他们的文化生活，并形成社区成员的沟通平台。

**2. 社区中心所开展的服务对社区内的流动儿童产生了积极的影响**

（1）增强了儿童的自信心，形成了朋友网络。通过参与活动，这些儿童逐渐发掘出自己的潜力和兴趣，在不断地参与中得到了锻炼，增强了自信心。继而，他们还会更深入地参与到活动的策划与组织过程中。在这个过程中，他们更加感到自己是社区中心重要的一分子，他们可以通过中心发挥自己的才能，组织自己喜爱和需要的活动，这就更加增强了他们的信心，提高了他们各方面的能力。而且在策划和组织活动的过程中，他们需要同其他小朋友、父母以及其他社区成员交流，这无疑对于促进流动儿童与社区成员之间的了解与沟通、形成自己的朋友网络大有裨益。

（2）促进了流动儿童的社区融合。流动儿童增强信心、提高能力、建立更广泛的朋友网络后，他们对社区的归属感也在提升，更加感到自己也是社区的一分子，希望为社区贡献自己的一份力量，在社区更大的空间内发挥自己的能力。这样，就实现了中心进行社区教育的最终目的——加强与流动儿童和社区其他成员，尤其是与本地人口的联系，更好地融入社区。

### （二）流动儿童家长社区服务

除针对流动儿童开展社区服务之外，中心还通过板报宣传和访谈等方式为流动儿童家长提供就业、维权和子女教育等方面的信息支持。另外，中心还定期开展讲座，包括饮食营养与卫生保健、子女教育、安全、法律等等。例如，为了纠正家长们的教育观念和教育行为，中心开展过针对家长的"子女教育讨论会"等经验交流活动，家长们通过自由讨论，自己解决自己的问题。这样，在家长获得了别人的知识和经验的同时，还促进了他们之间的交流，便于形成互助网络；在交流的过程中，也增强了家长的信心和在公众面前讲话的能力。

不仅如此，中心还为流动儿童及其家长的亲子互动提供平台。如"心有灵犀一点通"等活动让亲子双方都认识到彼此了解的重要性。通过开展家长和孩子都能参加的活动，促进家长和孩子之间的沟通与了解。

通过参加中心组织的活动，流动儿童家长们不仅掌握了一些对自己有用的信息，还学到了一些解决某个问题的方法，提高了自己的能力。同时，在参与讲座和讨论的活动过程中，他们也得以更便捷和广泛地结交朋友，逐步地建立起了他们自己的互助网络。社区流动人口互助网络的建立有助于弥补他们在城市社会关系的不足，对于他们在城市中生存有着重要的意义，不仅表现在找工作和提供相关的工作信息方面，而且在帮助农民工解决生活中的困难和提高生活技能方面也提供了有效的支持，同时它还是强大的心理安全支持——相似的工作环境、相似的经历和生活条件、相似的价值观念和人际关系，这种文化同质性有利于提高流动人口在城市中的适应能力。

### （三）打工青年社区服务

社区中的很多青年流动人口是从小就随父母来到城市的，成为新生代的农民工。一方面，由于在城市中长大，他们对故乡没有太多的印象和概念，认为自己就是城市人；另一方面，由于他们的特殊身份和经历，又使得这些青年流动人口不能像城市户籍人口一样获得学习和工作的机会，无法真正地融入城市生活。因此，对他们进行支持和服务是非常有必要的。中心针对这一群体的服务主要是为他们举办青春期健康教育讲座，提供职业教育、就业等方面的信息支持；并举办讨论会，组织他们一起就某些话题进行讨论，为他们提供心理支持，帮助其在城市中更好地生活。

### （四）其他成员社区服务

社区中除了流动人口之外还有另一重要成员——北京本地人口。他们代表了和流动人口不同的另一个群体，打破两个群体之间的隔阂、促进两个群体之间的了解与互动、创造社区成员生活的融洽环境，也是中心开展社区服务的一个重要目标。基于这样的目标，中心同样开展了一系列活动，如鉴于社区落后的卫生条件导致的社区成员普遍的一个困扰——公共厕所，中心便把流动人口和本地人口组织到一起开展了关于改善社区卫生及改善公厕的社区讲座活动，并引导他们就该问题进行讨论。使他们认识到：不论是流动人口还是本地人口，大家生活在同一个社区，拥有共同的地理空间、利益和规范，就必然会面临同样的问题。这些问题是中心促进流动人口和本地人沟通与交流、帮助流动人口融入社区的切入点。类似活动起到了消除隔阂，融合不同群体的作用，这样就为流动人口的生活和流动儿童的成长创造了一个相对健康的社区环境。

## 三　组织特色

### （一）研究人员介入，研究与实践相结合，根据行动实践进行政策倡导，以研究推动流动儿童教育状况和流动人口生活状况的改变

中心是由研究人员创立的，其在流动人口社区开展的服务也一直是在研究人员的指导下开展的。研究人员的介入是流动人口教育与行动研究中心实施服务的重要特色，也在中心开展的活动中起到了重要作用。自1999年创建以来，中心尝试通过行动研究的方式，从社区里走出一条服务流动人口的社区支持的创新之路。

一方面，中心依托研究人员丰富的理论知识和实践经验，对中心的活动进行整合监督，确保中心所开展服务贴近目标人群的需求，而且能够合理有序地进行并取得良好效果。另一方面，积极发挥研究人员的政策倡导作用，主要是利用自身优势，在与政府官员（如教育部门）和新闻媒体及其他公众的接触过程中，或通过撰写文章的方式，对中心及其工作进行宣传，倡导政府及公众关注流动人口议题，改善流动人口及其家庭的生活状况。

## （二）与社区居委会合作，结合国家政策开展宣传和服务，促进本地社区和社会公众对流动人口的理解和支持

农村流动人口的进入给城市社会生活带来了很大的冲击和影响，一方面，大量的流动人口导致城市社区总人口的增加，使城市基础设施如用水、用电、道路交通、环境维护等供需矛盾加剧。另一方面，流动人口又是城市中的弱势群体，是需要服务的，城市公共服务应该逐渐覆盖流动人口，以适应新的形势。而社区居委会是直接与流动人口打交道的基层组织，如何发挥居委会的作用，服务流动人口及其子女是中心考虑和关注的重要问题。

一直以来，由于工作方式的不同，中心的工作人员与流动人口保持着紧密的联系；而居委会的工作人员对于流动人口持的只是管制的态度，对他们了解甚少，社区服务也很少惠及流动人口。在此情况下，中心工作人员主动帮助居委会开展国家的流动人口政策宣传，并把居委会所了解的政府提供给流动人口的各种免费服务（如儿童免疫、孕产妇体检等）向社区中的流动人口宣传。同时，还动员居委会开展与流动人口的交流活动，积极促进了社区居委会和社区流动人口之间的了解和认识，推进流动人口社区服务的开展。

## （三）重视利用社区资源，注重社区成员的参与和自我管理

中心走的是一条因地制宜、因陋就简的发展道路，这就需要发现并充分利用社区内的现有资源。

首先，社区不是活动的被动接受者，社区本身也存在着很多可利用的资源，中心坚持活动的资源尽可能取之于社区，用之于社区，不但可以物尽其用，而且也增强了成员对社区的认同感。例如社区开展的环保手工活动就事先请儿童收集自己身边的废塑料瓶、纸盒、酸奶盒等，最后手工制作了各式各样的房子、汽车等模型。而大家都喜欢的捏橡皮泥活动用的则是用家里过期的面

粉和上水，捏成各种可爱的小动物、小汽车等形状，再用水彩涂上各种颜色。

中心还有一面五彩缤纷的板报墙，板报的设计、选材、绘制都是儿童在中心工作人员的指导下独立完成的，既锻炼了他们的动手能力，又开发了他们的创造力；更难得的是，下次再用时只要用水擦去板报上的内容就可以继续用，用起来十分简单。

其次，儿童的创造性和参与性也是很好的资源。中心的活动守则都是经过和儿童的讨论，由他们记录下来共同遵守的。2009年，图书室新到了很多书，怎么更好地管理图书室、有序看书呢？志愿者发动孩子参与了图书的整理、分类，一起讨论阅览室守则，并制作了代书板，规定借书时必须使用代书板。在以后的活动中，通过志愿者的反复强调和小朋友的互相监督，现在大家看书时都能自觉地使用代书板，有序摆放，安静阅读。遇到新来的小朋友，还会热心地介绍这些规则，带领他们一起看书。到社区学习活动中心的儿童来自不同地方，年龄差别也很大，在平时的活动中，有意识地养成互相学习、互相帮助的习惯，大帮小，会的教不会的，既减轻了志愿者的负担，也取得了共同进步的效果。社区的很多孩子都很会折纸，有的时候比志愿者老师折得好，这个时候，老师就会鼓励他们教给其他的小伙伴。另外，在教国际象棋的时候，几个学会的小孩为了和更多的人切磋，竟然自己教起了志愿者和新来的小伙伴，渐渐地常来中心的小孩也都学会了国际象棋。为了开发儿童的能力，中心也会鼓励儿童策划和组织活动，例如每年的六一儿童节联欢会就是由这些孩子自己策划和主持的，并邀请志愿者参加，受到大家的好评。

中心的工作人员负责中心的日常管理，为中心的持续运作作出了重要的贡献。当人手不够时，中心工作人员就动员社区成员中的积极分子参加到中心活动的设计和组织实施当中来。虽然他们的文化程度可能不高，但他们具有丰富的生活经验和阅历，能够促进活动更好地展开。同时，活动也使他们的能力得到了提升。

现在的工作人员就是来自本社区的退休教师。

### （四） 发挥高校大学生志愿者的作用

由于资金不足，中心只有 1 名专职工作人员，而面临众多的服务对象，人员显然是不足的。在此情况下，中心负责人及工作人员积极发掘资源，重视发挥高校大学生志愿者的辅助作用。自成立以来，中心就与高校社团保持着紧密的联系，组织和协调大学生志愿者在业余时间来社区为流动儿童及其父母开展志愿服务活动。

中心在志愿者的管理和协调上有着一整套的环节，包括：招募、甄选、培训、上岗、沟通、退出等。经过长期的摸索，中心已经在志愿者的管理上有了独特的经验。

首先，中心根据目标人群和自身的活动需求，确定需要什么样的志愿者，并以此作为招募和甄选志愿者的要求，以保证能够满足自己所需，同时又能够使志愿者发挥自己的所长。志愿者必须坚持到承诺时间（至少一个学期）的结束，是中心对于志愿者最基本和不可变更的要求。

志愿者提供志愿服务之前，中心会对志愿者进行岗前培训，内容包括中心的历史、工作理念、工作方法、志愿服务技能以及每个人的具体职责，还特别包括中心目标群体——流动儿童及其家长的情况和相关知识，让志愿者充分理解和了解这份工作的意义。此外，中心还为志愿者发放《志愿者工作手册》，详细列明志愿者的行为规范，哪些行为是对的，哪些行为是错的，甚至还列有哪种情况下可以取消志愿者资格的条款。

在开展志愿服务的过程中，中心十分注重与志愿者的沟通。一是工作本身的沟通，志愿者可以很方便地了解到中心近期的工作和活动，并参与到活动的设计和决策过程中，使他们觉得自己是中心工作发展和决策的参与者。需要志愿服务时，中心会把具体的工作和要求列明，让志愿者按照自身情况自愿报名。二是中心还保持着与志愿者情感上的交流，关照他们的生活点滴，使他们每个人都感受到温暖和自身的价值，这是影响志愿者长期性、积极性的关键因素。

志愿者在对社区人群服务中发挥了积极的作用，同样他们也在志愿服务中获得了快乐和成长。中心通过基础性的培训使志愿者获得了相关的知识；通过例会、聚会等让更多的志愿者成为朋友；通过鼓励志愿者参加其他 NGO 举办的各种丰富多彩的活动和会议，让大家获得更多的技能和体验；此外，他们在服务中接触到了不同的人群，对于社会有了更多的认识和领悟，看待问题的视野也变得更为开阔。

由于机构人力和资源所限，中心在志愿者的管理上还存在很多不足和有待完善之处，但在活动过程中促进志愿者的成长，使双方达到共赢，是其一直以来追求的目标。

### （五）整合一切可以利用的资源

中心还充分整合各种社会资源，例如，科研院所、大学生社团和社会人士也为中心提供力所能及的物质支持。如今中心的图书、电视机、电脑、玩具、学习用品等基本设施常常由他们捐助而来；专家、学者、国际友人为社区的流动人口提供自己专业领域的智力支持等。

## 四　问题与挑战

### （一）参与者的流动性较大

#### 1. 生活地点的不固定

流动人口的职业多为临时性，更换频繁，居住地也不固定，所以儿童也会跟着流动。另外，有些儿童是暑假在社区中心，假期结束就要回老家上学。如此一来，就给活动的连贯和深入带来不利的影响。

**2. 参与时间的不固定**

由于非正规社区教育不具有较强的规范性和约束力，社区每个成员对社区教育的参与完全建立在自愿和兴趣的基础上，因此，如何形成规范又不失灵活的制度、选择大多数人都适合的时间、让更多人员能够长期坚持参与活动，是需要今后进一步探索的问题。

### （二）社区中心的流动性较大

由于流动人口比较集中的社区往往位于尚不发达的城乡结合处。随着社会城市化进程的发展，城乡结合处往往成为重点发展的地区，由此就需要对社区重建、修整等。于是，不仅流动人口面临着搬家的问题，中心也面临着同样的问题。搬迁不仅为寻找新社区带来不便，更重要的是失掉了在原来社区已经积累的大量经验、人力资源，失掉了在原来社区已经建立好的网络。而在新社区中，中心工作人员要从宣传中心，以及和社区成员建立友好关系等最基本的事务重新开始。

### （三）参与者的基础不一

由于中心在社区开展服务的非正规性和开放性，常常会出现活动参与人员基础不一的情况。其中，流动儿童的活动中最为突出的是混龄现象严重。

## 五 政府可以提供的支持和帮助

政府首先可以提供资金上的帮助，可以通过相关基金会调拨资金扶持社区教育的发展，或者对进行捐助的企业团体提出表彰和奖励；同时在人力资源上，可以帮助宣传招募志愿者，联合各高校制定相关政策，为参与志愿活动的大学生提供减免学费或学分奖励等；将对社区教育的贡献纳入慈善筹款活动，并且将对社区教育的帮助作为相关慈善排行榜和社会贡献排行榜的考量因素之一。

　　社区中心往往活动空间不足，针对这点，政府可以通过居委会协调，以较低的价格或免费将房屋租给活动中心，让儿童享有更多活动空间。另外，中心所在社区一般环境较差，卫生条件不好，政府可协调相关部门投入更多精力整治，为儿童创造一个尽量安全、干净的活动环境。

　　此外，针对儿童家长和其他社区成员的需求，政府可协调相关专业人员为这些群体提供所需帮助，如法律顾问为社区成员普及维权知识，提供法律咨询；协调医生为流动人口社区成员进行定期体检等。

# 自我服务，在生存中求发展

——流动人口自组织案例："同心希望家园<br>文化发展中心"调研报告

曹婷婷*

　　流动人口是北京人口的重要组成部分，是北京发展不可缺少的建设力量，然而从总体上，他们仍然是弱势群体，一方面，因为流动人口中的大部分人受教育程度低，大多从事体力劳动，利益申诉的渠道不畅，经常成为利益受到侵害的群体；另一方面，流动人口给城市资源带来的压力以及部分流动人口对社会治安造成的威胁，使得人们潜意识里对之有种歧视和排斥，流动人口难以真正融入城市生活体系。因此，管理和服务好流动人口成为构建和谐社会的重要内容。

　　近年来，北京市政府不断推出流动人口管理的新举措，以人为本，大力改善流动人口的生存状况。而流动人口内部也开始出现自我服务、自我管理的草根组织，探索符合自身发展的模式，为改善自我生存处境、维护社会安定团结作出努力。同心希望家园文化发展中心就是这样一个扎根于流动人口聚居社区的组织，其模式为流动人口管理与服务提供了新的思考方向。

　　自2009年9月至12月期间，我们就同心希望家园文化发展中

---

　　*　曹婷婷，北京市社会科学院社会学所博士后，助理研究员。

心的具体情况做了详细调研，对其爱心超市等项目进行了实地考察，并对其主要负责人马小朵进行了访谈。目前，同心希望家园文化发展中心受到流动人口的欢迎和积极参与，并越来越得到社会的关注和支持，是改善流动人口民生状况的有益尝试。

# 一 以自我组织、自我服务的方式改善民生

## （一）从流动人口民生现状出发的探索

同心希望家园文化发展中心以城乡结合部流动人口集中的社区——石景山区雍王府村为平台，服务流动人口群体，并自己组织起来，走一条属于自己的可操作、可持续、可发展的道路，帮助流动人口解决具体困难，提高流动人口的归属感。其创办人马小朵尽管如今已在北京安家落户，但曾经的经历使她与流动人口有一种天然的联系，对流动人口的困难和需求有着切身的体会。她说："我们流动人口来到北京，遇到困难不知道找哪里，没有谁来管我们。我一直想要在城市里找到我们的归属。"因此，2005年初，马小朵带着从美国 NGO 实习的经验找到石景山区雍王府村居委会，提出合作意愿，植根于这个以流动人口为主的社区，建立了同心希望家园文化发展中心，调查流动人口的需要，为之提供交流的平台和生活服务，将松散的流动人口组织起来实行自助、自救。

这个组织的成立与发展是为了弥补社区对流动人口服务的不足。《南方周末·冰点特稿》在对同心希望家园文化发展中心的专题报道中如此形容："这个社区有温度，但不属于打工者"。确实，公共设施是按照常住人口数量规划设计的，而此地居住的流动人口数量是常住人口的 10 倍；液化气、电等供应价格也大多对流动人口存在歧视……对流动人口而言，衣食住行、教育、医疗卫生

等民生需求基本得不到保障和满足，精神层面也面临着边缘化的尴尬，有些人即使在此生活了很多年，还是被称为"老外地"，疏离于社区之外，没有归属感。

为了改善流动人口生存状况，同心希望家园文化发展中心在自上而下的民生服务体系尚难以实现全覆盖的情况下，积极探索自我组织、自我服务，让流动人口自我发声，自我发展，以能力建设为突破口，从根本上提高流动人口素质，促进社区融合，为创建和谐社会作出努力。

### （二）以"参与式"理念为核心，切实开展流动人口自我服务

同心希望家园文化发展中心以社区流动人口的需求为导向，通过行动与支持，提高流动人口的社区参与能力，使之平等参与社区建设，共享社会文明成果，成为传统社区服务对流动人口服务不足的有效补充。

#### 1. 重视能力建立，培育流动人口参与能力

同心希望家园文化发展中心的第一次活动就是举办关于怎样做一个好妈妈，关于子女教育的讲座，此次活动受到了流动妇女空前的欢迎。马小朵说："第一次搞活动，当时居委会主任还担心没有人来，我也心里没底，我只是挨家挨户通知了，然后发了宣传材料。后来来了六七十人，我们的小屋子以及走道都挤满了人，会后还有好多人留下来咨询。"流动人口自发的参与意识给了马小朵信心，中心开始不定期邀请专家与妇女进行参与式的培训和座谈，每次活动的主题都要根据社区外来务工妇女的需求而定，比如妇科病预防、子女教育、社区参与、性别意识等，另外还组织大学生志愿者来帮忙进行体检，资助贫困孩子的学费。

参与式的服务和培训不仅为流动人口提供了许多实际的生活帮助，更重要的是培养了他们服务自我、提升自我的意识和能力，增强了对这个群体的社会认同感和归属感。这些流动妇女在参与的过程中开阔了眼界，学到了知识。好多妇女说以前就听丈夫的，

连地铁都没坐过，现在中心常常组织她们参观别的机构、听讲座等，开阔了她们的眼界，现在在家里，有时知道丈夫说得不对可以跟他顶了，在教育子女上也知道怎么做了。

一个接受义务体检的妇女说，她真的没想到有这样一个机构在关心他们农民、打工者，如果有机会她也愿意为社会贡献力量，做一些好事。而一个孩子接受学费资助的母亲则说，谢谢中心，谢谢政府，以后她有能力了也会服务社会。

在中心参与式培训中，一些妇女骨干也慢慢成长起来，马小朵常常去她们家与她们沟通，鼓励她们走出家庭为社会做一些事情。有的妇女甚至考取社会工作证书，成为真正的社会工作者，成为社会建设的重要力量。

**2. 整合社会资源，依托社会志愿精神**

2007 年 8 月，同心希望家园文化发展中心在打工者社区成立爱心超市，长期向企业、高校、社会募捐二手闲置物品，以低价出售给打工者，降低其生活开支。同时，爱心超市发动当地社区外来妇女完全参与到募捐、分类、整理、标价、消毒、出售、财务等一整套经营管理体系中来。

爱心超市到如今已经开了 3 家，并形成一套独特的运作体系。爱心超市实行店长负责制，每个店由一个店长管理，店长都是本社区妇女，且当做骨干培养，将来这些妇女到别的社区也完全可以开展工作。运输方面，中心找到社区流动人口中搞运输的人，给他们运输费。爱心超市还有严格的财务制度，首先，有财会专业人员负责 3 个超市的财务和库房，每个店还有小库房，月底要清库、盘点。其次，每天在店里买衣服的人要签字，作为对店长的监督，每天要结账，周一开例会报账，卖了多少件，收了多少钱。爱心超市的钱每次都让儿童中心的一个妇女去存，到年底，除去店面房租、库房费、人工工资等，剩下多少钱，都会财务公开。而爱心超市管理委员会的成立更使其管理规范化，具体的收入、开支，每笔钱怎么花都要由委员会讨论、监督。

爱心超市的成立不仅利用了被闲置和浪费的社会资源，成立三年来为打工人群减少60多万元开销，而且是解决流动妇女就业问题的一种尝试。现在中心创办的3个爱心超市共有正式员工4人，这就解决了4名妇女的就业问题。还有一些临时的工作，比如每次衣服拉来了，要整理，这就是社区里谁有空，谁就来帮忙，还能得到一定的报酬。如今的爱心超市已经可以自负盈亏，除了运作费用外，还能有积蓄用于社区公益事业，探索出一条流动家庭妇女寻求自我生存和发展的新路。爱心超市为流动人口搭建了一个平台，一方面是献爱心的场所，有的人不一定需要买这个衣服也来买，甚至送人，目的就是也想为公益事业贡献点力量；另一方面，流动妇女在这里聚集，一家一户的妇女和孩子间有了交流，成了好朋友，一些诸如夫妻闹矛盾等问题，相互倾诉，帮助出主意，也有利于家庭的和睦与稳定。

同心希望家园文化发展中心还计划在未来的几年进一步开拓流动妇女就业渠道。例如开办生产合作社，她们介绍："我们做过一些市场调查，觉得有活儿来做。原来国营服装厂都倒闭了，很多活儿都在郊区小作坊做，他们很多活儿做不完，我们可以接受来料加工之类的。还有很多做出口的服装厂也可以合作。"

### 3. 项目化的实际运作

同心希望家园文化发展中心通过开展实际的支持性项目，为流动人口家庭服务。目前，中心的项目主要服务对象是比较容易组织，也更需要帮助的妇女和儿童，以妇女儿童带动整个流动人口家庭的参与。

（1）妇女儿童中心。

在打工者社区随处可见没有人照应看管的学龄前儿童，父母忙于工作而无暇顾及。2009年9月1日，同心希望家园文化发展中心成立第一期免费的幼儿班，招收社区学龄前儿童，由幼教老师以幼儿园的模式上课。

流动人口子女学前教育一直是一个有待解决的社会问题，城乡结合部有学前教育的特殊性，条件上达不到城市水平，但与农村留守儿童又不一样。同心希望家园文化发展中心借鉴积水潭农贸市场流动人口学前儿童教育试点的经验，成立了妇女儿童中心。中心组织社区的妈妈们去积水潭试点学习，也让积水潭派志愿者来帮助培训，一周3次。妈妈是学前教育最好的老师、是教育的主体，中心充分发挥母亲的作用，通过有组织的培训让她们参与到孩子的学前教育中来，将她们分工，带领孩子参加不同的活动。这样的模式将家庭教育、社区教育和学前教育结合了起来，有效改善了流动人口学龄前孩子教育不足的状况。妇女儿童中心的教育目标不是要让孩子背诗认字，而是要让孩子养成良好的习惯，教会他们将来如何做人。流动妇女在参与过程中也在改变，以前她们的孩子随地大小便，现在知道把孩子的便物收拾干净，夫妻也很少吵架了，搬家的也少了。妇女儿童中心在摸索中寻找适合流动人口聚集社区的模式。

（2）三点半学校。

雍王府村好多流动人口的孩子放学后没地方写作业，就趴在床上，而且因为是工业用电，电费很贵，好多人舍不得开灯，室内昏暗的光线影响孩子们的视力。同心希望家园文化发展中心提供场地，组织孩子们放学后聚集在一起做作业，让志愿者辅导功课，这就是三点半学校。三点半学校是为打工子弟开展的课后辅导及课外活动项目，旨在为孩子们提供免费的做作业场所，培养他们良好的学习习惯，促进其身心的健康发展。三点半学校的组成部分还有一个同心图书角，为孩子们提供免费的图书借阅活动，每个月还组织一次书友会，组织35个孩子读同样的书后交流感想、写读书笔记。

三点半学校和图书角不仅为流动人口子女提供了帮助，而且得到了社会的广泛支持。好多人捐图书到中心，还有诸如北大、清华、北师大等的志愿者来支教、帮助服务。

同心希望家园文化发展中心开展的各项活动在鼓励流动妇女

和孩子参与的同时也感染了他们的家庭。比如中心要去拉捐献的
衣服、组织孩子出去看表演等，都是社区搞运输的家长免费出车。
大家都在参与，大家都在改变。那些妇女骨干成为新的"社区服
务者"，"她们对新事物有热情，也渴望通过帮助别人去证明自
己"，希望将来到了新的流动人口群体中可以独立开展社区活动，
帮助更多的流动人口自我发展、自我建设。中心撒播了一些种子，
培养了一批骨干，马小朵说："她们将来就是马小朵，像我这样服
务于社区和流动人口。只要政府给我们一个空间，支持我们一下，
而且经费不需要很多就可以做起来。现在那么多城乡结合部，需
要做的事很多。"

## 二　流动人口自组织发展的意义和困难

同心希望家园文化发展中心以流动人口聚集的社区为依托，
通过一系列社区行动将流动人口组织起来，实现自我管理、自我
发展。其主要目的有以下三方面：①提升外来妇女的参与主体意
识、合作意识，获得自信心；②探索流动人口妇女如何通过行动
来改变自己的生存环境，改善社区氛围和家庭关系；③摸索出一
套在外来工聚集地开展妇女儿童工作的经验。

目前，中心的活动已经得到了社区流动人口的广泛认同。马
小朵说："流动人口这个群体平常遇到的就是一种排斥、剥夺和歧
视，而我们一开始受到他们怀疑，但慢慢觉得是真的，内心感到
认同和温暖。我们不是政府行为，作为真正的草根组织能深入草
根基层，真正服务于普通农民和打工者。如果是政府行为，他们
可能觉得是应该的，而我们现在做的事，他们觉得是一种爱心行
动，是有爱心的人在关心他们，有一种感恩和感化。我们做了四
年，觉得很有意义，对流动人口群体、社区、家庭、孩子，包括
对我自己都很有影响，是一种爱的传播，即使辛苦也很快乐。"

同心希望家园文化发展中心作为纯粹意义上的流动人口的自

组织，其发起者有十几年的打工经历，对于流动人口的处境有深刻体会；其参与者完全是流动人口，因此在流动人口群体的管理和服务方面有着天然优势。中心通过调查，知道流动人口需求什么，然后想办法筹措资源为之服务，赢取了民心，化解了矛盾，让流动人口找到归属感，增强了这个群体对党和政府的向心力，那些受益者感受到社会对他们的关怀，纷纷表示感谢政府、回报社会的意愿。马小朵说："我们可以不断地做很多的事。比如争取政府公共服务，路啊、垃圾站啊、公共厕所啊等，都要加强建设。我们流动人口不是本来就脏乱差，而是配套服务没跟上，没有人管。我们通过努力，流动人口开始有主人翁意识，开始社区参与，关注周围环境，发出自己的声音，在争取权利的同时也会承担相应的义务。"

同心希望家园文化发展中心的努力代表了我们今天在寻找的一条路，通过调动流动妇女的力量，发展流动儿童教育，维护流动家庭和谐，进而维护社会稳定。"城中村"的治理是流动人口管理工作的重要内容，政府对于同心希望家园文化发展中心这样深入社区、深入流动人口基层实实在在做服务的组织，应该予以扶植和支持，使之与基层居委会、流管办等机构发展合作，共同做好流动人口的管理工作，实现流动人口与社会的融合。

目前，中心的发展主要存在以下一些困难需要政府的帮助。

（1）雍王府村面临拆迁的问题，中心需要重新寻找新的流动人口集中的社区开展活动。另外，爱心超市、妇女儿童中心等项目的活动场地也需要政府自上而下地与街道或村委会沟通，进一步给予支持。

（2）中心的经费主要来自一些基金会的资助，比如乐施会，这些基金会不干涉中心具体做什么，只是要个项目书，不过运作手续十分烦琐，三个月交一次财务报告，每花一分钱都要报告，然后基金会审查后，每三个月给中心拨一次款，这对于缺乏专业人员的流动人口自组织来说很麻烦，项目书他们不会写，而且基金会的资金一般只提供 2~3 年，对于组织的持续发展来说没有保障。作为服务于流动人口的社会组织，政府可以以购买服务的方式帮助其发展。五年多的活动表明，同心希望家园文化发展中心是一个可持续、可操作、可发展的模式。

（3）中心的活动相对独立，缺乏与社会和政府的对接。比如中心的办公用房是自己租的，而实际上居委会有三四间闲置办公室。另外，除了中心成员，如街道、居委会工作人员也需要接受一些培训，增强一些社会工作的理念，实现政府由管制向服务的转变。

## 三　流动人口自组织模式的启示

同心希望家园文化发展中心是组织流动人口服务自身的一种尝试，作为传统的自上而下式的政府服务和社区活动方式的有效补充，它积极调动流动人口自身的志愿精神和服务意识，实行自助助人，从提高自身素质入手，改善流动人口生存状况，促进流动人口和社区居民的融合，为实现流动人口有序治理提供了有益的借鉴。

### （一）参与式理念的培训与推广

流动人口是城市建设不可或缺的重要力量，随着城市化进程的不断推进，流动人口的生产、生活以及民生保障越来越与城市密不可分。但是，在流动人口聚居区，却会发现他们大多游离于社区服务体系之外，即使有的人居住了十几年，甚至几十年，流动儿童生于斯、长于斯，却依然如外来者，与整个城市和社区格格不入。脏乱差、高犯罪率等与流动人口联系在一起的现象随处可见，而其背后重要的原因是他们缺乏归属感，他们的民生问题很多得不到相应的解决。

要彻底解决这个问题需要漫长而不懈的努力，但通过自我组织、自我服务的方式对之进行启蒙，培育他们的参与式理念，激发他们的责任感，给予他们相应的权利，赋予他们相应的义务，逐步提高流动人口素质，使他们真正融入城市社区生活，不失为一个有益的尝试。而且这种参与式服务将流动人口中闲置的劳动力和志愿精神组织起来，一方面改善了流动人口的生存状况和精神面貌，有利于社区稳定；另一方面也为未来流动人口社会服务的持续发展培育了人才。

**（二）在合作治理的视野下，发挥流动人口自组织在民生工程中的作用**

流动人口自组织并不意味着孤军奋战，社会建设离不开各种社会力量和社会资源的整合。合作治理理念是流动人口自组织持续健康发展的重要依据，流动人口民生状况的改善需要社会各界的帮助。以同心希望家园文化发展中心为例，街道、居委会的支持，政府政策的配合，社会的捐赠，志愿者的介入和帮助都是非常重要的助力，政府、社会与流动人口自组织之间应该搭建起一个多主体沟通互助的平台。

对政府而言，民生问题是关系到人民根本利益的问题，流动人口的民生问题又是这个重要问题中的一个难点。政府服务目前发展尚不完善，在流动人口服务上尚存在诸多缺口，这就要突破单一服务主体，促进多方合作，形成合力。流动人口自组织作为传统社区服务的有效补充，其优势在于天然地贴近流动人口，切实了解流动人口需求；其劣势在于资源缺乏，服务能力有待提高。因此，合作治理显得尤为重要，政府应该积极引导，发挥流动人口自组织的优势，调动社会力量，共同为流动人口服务好，将流动人口治理好。

◉主报告三

# "枢纽型"社会组织的
# 职责与作用

高　勇[*]

　　近年来，北京市委、市政府高度重视社会建设工作，并于
2008 年 9 月召开了全市社会建设大会，出台了《北京市加强社会
建设实施纲要》，其中明确提出，要充分发挥人民团体等"枢纽
型"社会组织在社会组织管理、发展、服务中的重要作用，努力
探索中国特色社会组织管理模式。

　　在 2009 年 3 月北京市社会建设工作领导小组印发的《关于构
建市级"枢纽型"社会组织工作体系的暂行办法》（以下简称
《暂行办法》）中，对于"枢纽型"社会组织进行了如下界定：
"是指由市社会建设工作领导小组认定，在对同类别、同性质、同
领域社会组织的发展、服务、管理工作中，在政治上发挥桥梁纽
带作用、在业务上处于龙头地位、在管理上经市政府授权承担业
务主管职能的市级联合性社会组织"。2009 年 3 月北京市社会建设
工作领导小组印发的《暂行办法》还进一步明确了"枢纽型"社
会组织的三项主要职责：按照市委要求，承担有关社会组织的政

---

* 　高勇，北京市社会科学院社会学所副所长、北京社会管理研究中心秘书长，副
　　研究员。"北京社会建设新格局中'枢纽型'组织的职责与作用"课题组负责
　　人。

治领导责任；按照市政府授权，承担国家有关法规规定的业务主
管单位职责；按照市社会建设工作领导小组及其办公室要求，积
极为相关社会组织发展、管理提供服务。

　　"北京社会建设新格局中'枢纽型'组织的职责与作用"课题
组历经半年的调研工作，深入分析目前北京社会组织发展中存在
的诸多问题和内在矛盾，参考国内外社会组织管理体制的先进经
验，认真总结"枢纽型"社会组织工作体系运行以来取得的成效
与局限，结合新形势下经济社会发展趋势对北京市社会组织发展
提出的要求，就"枢纽型"社会组织进一步发挥职责作用，提出
了有针对性的政策建议。

## 一　北京市社会组织的概况

### （一）数量

　　按照社会组织的登记方式与登记类型，我们将社会组织粗略
分为以下几类组织：①在民政登记的社会团体；②在民政登记的
民办非企业单位；③在民政登记的基金会；④在社区采取备案制
的社区社会组织；⑤在工商局登记，但业务带有明显社会色彩的
所谓"草根组织"。①

　　截至 2008 年底，北京市共有社会团体 3106 家，其中市级社团
1143 家，区县级社团 1963 家（见表 1）。按行业进行分类如下：
农业及农村发展 684 家，科技与研究类 429 家，工商业服务类 421
家，社会服务类 275 家，文化类 219 家，体育类 179 家，职业及从

---

　　①　王名认为，中国民间组织的主体部分应包括八个类别：社会团体、基金会、民
办非企业单位、商会、社区基层组织、农村专业协会、工商注册非营利组织和
境外在华 NGO（王名：《中国民间组织 30 年——走向公民社会》，社会科学文
献出版社，2008，第 5 页）。就此而言，本报告未涉及在工商联体系中登记注
册但未在民政注册的商会组织、未纳入民政注册的农村专业协会、在境外登记
注册开展在华活动的境外在华 NGO。

业组织类 147 家，卫生类 132 家，教育类 108 家，生态环境类 42 家，宗教类 41 家，法律类 28 家，其他类 401 家。

截至 2008 年底，北京市共有民办非企业单位 3350 家，其中市级 225 家，区县级 3125 家（见表 2）。按行业进行分类如下：教育类 2050 家，社会服务类 600 家，卫生类 227 家，体育类 204 家，科技与研究类 108 家，文化类 63 家，法律类 25 家，农业及农村发展 11 家，生态环境类 9 家，工商服务类 4 家，宗教类 3 家，职业及从业组织类 3 家，其他 43 家。

截至 2008 年底，北京市共有基金会 103 家，其中公募基金会 22 家，非公募基金会 81 家（见表 3）。在 2004 年国务院颁布《基金会管理条例》之后，非公募基金会的发展非常迅速。从数据中可以看出，目前北京市非公募基金会的数量已经占到基金会总数的 80%。

社区社会组织指的是在社区（乡镇、街道、社区居委会）范围开展活动的民间自发组织。根据北京市社会工委 8 月份进行的全市普查，除了密云和怀柔的北京 16 个区县中，社区社会组织共有 11600 家左右；如果再加上密云和怀柔，估计北京市的社区社会组织应该是 12000 家左右。

以工商注册名义进行活动的社会组织，由于无法与真正的工商企业相区分，故而没有精确的统计数据。但根据实地访谈中得到的信息来看，其数量应当不少于在民政注册登记的社会组织数量。从社会组织的活动范围来分类，截至 2008 年底，市级社会组织为 1471 家，区县级社会组织为 5188 家，社区社会组织约为 12000 家。[1]

**（二）历史发展情况**

从表 1 到表 3 可以看出，北京市社会组织 2002～2008 年的数

---

[1] 另据《瞭望》2010 年 9 月对北京市社会团体管理办公室党委书记温庆云的采访，截至 2010 年 8 月 5 日，北京市共登记社会组织 7066 个，其中社会团体 3208 个，民办非企业单位 3724 个，基金会 134 个；从业人员达 12 万。

量变动有如下几个特点。

### 表1 2002~2008年北京市社会团体数量

单位：家

| 年 份 | 社会团体 | 按活动区域分类 | | 按性质分类 | 按行业分类 |
|---|---|---|---|---|---|
| | | 市级 | 区县级 | 学术类 | 科技与研究类 |
| 2002 | 2208 | 1158 | 1050 | 540 | |
| 2003 | 2403 | 1199 | 1204 | 472 | |
| 2004 | 2491 | 1157 | 1334 | 502 | — |
| 2005 | 2589 | 1065 | 1524 | 495 | — |
| 2006 | 2846 | 1109 | 1737 | 533 | — |
| 2007 | 2992 | 1102 | 1890 | — | 304 |
| 2008 | 3106 | 1143 | 1963 | — | 429 |

资料来源："中国社会组织网"，国家民间组织管理局主办。数据应为截止到当年年末数量。2006年及以前，社会团体是按性质分为四类：专业性、行业性、学术性、联合性社会团体。2007年之后，社会团体分类进行了调整，按行业分为十四类：科技研究、生态环境、教育、卫生、社会服务、文化、体育、法律、工商业服务、宗教、农业及农村发展、职业及从业者组织、国际及涉外组织和其他。

### 表2 2002~2008年北京市民办非企业单位数量

单位：家

| 年 份 | 民办非企业单位 | 按隶属行业分类 | 按行业分类 |
|---|---|---|---|
| | | 科技类 | 科技与研究类 |
| 2002 | 1306 | | |
| 2003 | 1682 | 89 | |
| 2004 | — | — | |
| 2005 | 2541 | 110 | — |
| 2006 | 2898 | 128 | — |
| 2007 | 3080 | | 127 |
| 2008 | 3350 | — | 108 |

资料来源："中国社会组织网"，国家民间组织管理局主办。数据应为截止到当年年末数量。2006年及以前，非企业单位按隶属行业分为十类：教育、卫生、文化、科技、体育、劳动、民政、社会中介服务业、法律服务业和其他。2007年之后，非企业单位分类进行了调整，按行业分为十四类：科技研究、生态环境、教育、卫生、社会服务、文化、体育、法律、工商业服务、宗教、农业及农村发展、职业及从业者组织、国际及涉外组织和其他。

表 3　2002～2008 年北京市基金会数量

单位：家

| 年　份 | 基金会 | 按性质分类 | |
| --- | --- | --- | --- |
| | | 公募 | 非公募 |
| 2002 | 48 | — | — |
| 2003 | — | — | — |
| 2004 | 45 | — | — |
| 2005 | 61 | 26 | 35 |
| 2006 | 76 | 25 | 51 |
| 2007 | 82 | 19 | 63 |
| 2008 | 103 | 22 | 81 |

资料来源："中国社会组织网"，国家民间组织管理局主办。数据应为截止到当年年末数量。2004 年，国务院颁布《基金会管理条例》，规定了基金会有"公募"与"非公募"之分，可以面向公众募捐的基金会为公募基金会，不得面向公众募捐的基金会为非公募基金会。

（1）市级社会团体的数量基本上没有太大变化。

（2）区县级社会团体的数量几乎增加了一倍，从 2002 年的 1050 家发展到 2008 年的 1963 家。

（3）市级非企业单位的数量一直比较少，90% 以上的非企业单位都是在区县一级注册登记的。

（4）在区县一级注册登记的非企业单位的数量几乎增加了两倍。

（5）公募基金会的数量几乎没有增长。

（6）2004 年后非公募基金会的数量增加迅速，增加了一倍多。

**（三）社会组织的管理条例和管理体系**

目前，对于社会组织的法律文件主要包括《社会团体登记管理条例》、《民办非企业单位登记管理暂行条例》、《基金会管理条例》，其中最核心的部分就是业务主管单位和登记管理机关双重负责的管理体制。① 成立社会组织，首先要根据其业务活动范围确定业务主管单位，经业务主管单位前置性审批之后，再到民政部门办理法人登记。对社会组织的业务活动，民政部门与业务主管单位都有监督管理的职责。

1985年，北京市制定了《北京市社会团体管理的若干规定》和《北京市社会团体登记办法》，确定北京市民政局为社会团体的行政审批机关。1989年，国务院颁布《社会团体登记管理暂行条例》，具体规定了由登记管理机关和业务主管部门共同负责核准登记的社会团体"双重管理体制"。1996年，中办、国办发出《关于加强社会团体和民办非企业单位管理工作的通知》，将业务主管单位与所辖社团之间的关系进一步细化为对社团在申请登记、思想政治工作、党的建设、财务管理、人事管理、研讨活动、对外交往、接受境外捐赠资助、按章程开展活动九方面负责的工作领导关系。1998年国务院发布《社会团体登记管理条例》（1998年10月25日国务院第250号令），明确了社会团体的概念，"是指中国公民自愿组成，为实现会员共同意愿，按照其章程开展活动的非营利性社会组织。"该《条例》中重申了关于双重管理体制的相关规定，"国务院民政部门和县级以上地方各级人民政府民政部门是本级人民政府的社会团体登记管理机关。国务院有关部门和县级以上地方各级人民政府有关部门、国务院或者县级以上地方各级人民政府授权的组织，是有关行业、学科或者业务范围内社会团体的业务主管单位。"

在1996年以前，民办学校、民办医疗机构、民办科研机构、民办文化团体等机构被称为"民办事业单位"，一般纳入事业单位登记管理，即经业务主管单位同意或下发执业许可证后，由区县

---

① 社会组织的实际管理中，有时还会涉及"挂靠单位"。"挂靠单位"的名称并不见于相关法律条例，目前某些社会组织有挂靠单位，有的则没有。挂靠单位一般会为所挂靠社会组织提供一些办公用房、人员编制、工作业务、人脉往来上的资源，有时对于社会组织的实际影响力甚至超过业务主管单位。在有挂靠单位的情况下，社会组织的实际运作是一种"三元管理体制"。

机构编制管理部门核准事业法人登记。1996 年，中办、国办发出《关于加强社会团体和民办非企业单位管理工作的通知》，明确了民办事业单位改称民办非企业单位，实行统一归口登记、双重负责、分级管理的管理体制。1998 年 10 月，国务院颁布了《民办非企业单位登记管理暂行条例》（1998 年 10 月 25 日国务院第 251 号令），对于民办非企业单位的管理，完全参照对于社会团体的管理形式，同样实行双重管理制度："成立民办非企业单位，应当经其业务主管单位审查同意，并依照本条例的规定登记。"民办非企业单位的经营所得不能用于个人分红；组织的产权不归出资者个人所有；国家在税收等方面则给予它们一定的优惠政策。

1988 年，国务院颁布《基金会管理办法》，它对于促进中国基金会的成立发展发挥了重要作用。该《办法》中，将基金会界定为"社会团体法人"，按社会团体来进行管理。2004 年，国务院颁布《基金会管理条例》（2004 年 2 月 11 日国务院第 400 号令），其中指出"本条例所称基金会，是指利用自然人、法人或者其他组织捐赠的财产，以从事公益事业为目的，按照本条例的规定成立的非营利性法人。"该《条例》中，基金会有了"公募"与"非公募"之分。"基金会分为面向公众募捐的基金会（以下简称"公募基金会"）和不得面向公众募捐的基金会（以下简称"非公募基金会"）。公募基金会按照募捐的地域分为全国性公募基金会和地方性公募基金会。"北京市随之在社会团体管理办公室增设基金会管理处。根据该《条例》，北京市民政局负责的是北京行政区域内的地方性公募基金会和原始基金在 2000 万元以下的非公募基金会。

## 二 社会组织发展中存在的主要问题

### （一）某些业务主管单位管理负担太重

如前所述，1996 年中办、国办发出《关于加强社会团体和民办非企业单位管理工作的通知》，将业务主管单位与所辖社团之间的关系细化为对社团在申请登记、思想政治工作、党的建设、财务管理、人事管理、研讨活动、对外交往、接受境外捐赠资助、按章程开展活动等九个方面负责的工作领导关系。目前，用以考察业务主管单位职责发挥的标准仍然套用这九项职能。

许多社会组织的业务主管单位都认为上述职责太过具体，造成管理负担太重。如果对社会组织在上述九方面都能建立起工作领导关系，那么就无异于业务主管单位下面又新增加了一个处室。以对外交往为例，随着经济社会发展，社会组织的对外交往需求日益强烈，如果每一项对外交往活动都要纳入到业务主管部门的审批过程中，要求业务主管部门为其对外活动负起全责来，这必然让业务主管部门不堪重负。

业务主管单位与社会组织之间的这种近乎"无限责任"的关系，其结果就是为了安全和保险起见，某些业务主管单位不太会支持社会组织进行开拓性的活动。只要其中稍微有一些未知因素的活动，业务主管单位都会抱着"多一事不如少一事"的态度，不会批准。调研过程中，许多业务主管单位都在呼吁：

> "不要把社会组织的管理责任过多地压在业务主管单位身上。把过多的责任压在业务主管单位身上，业务主管单位自然会对社会组织某些方面的管理特别严格或者是根本不允许。"

## （二）某些业务主管单位管理不到位

在调研中，我们听到一些业务主管部门认为管理负担太重的同时，也听到另一种声音，就是认为某些业务主管单位对社会组织的管理流于形式，根本不到位。这种声音主要来自于一些管理部门。业务主管部门都有自己的主要业务，社会组织管理只是其边缘性的一项职能。事实上，它根本不可能按条文要求投入充足的人力和精力去掌握所辖社会组织方方面面的情况。在一份政府管理机构的调研报告中，有如下表述：

"由于业务主管单位承担着许多行政管理职责，管理力量有限，导致在实际工作中，有些业务主管单位职责不落实、部门不落实、人员不落实，对社会团体的管理往往流于形式；同时，对一些涉外的社会团体由于缺乏明确的管理机构和职能，实际管理中存在真空。"

有些时候，社会组织与业务主管单位之间还存在着一定的人情网络关系，这使管理关系有一定的"软化"。这种情况下，社会组织的活动就可能会出现背离其宗旨，但只要业务主管单位默认，它就得不到有效的管理。

"现在社会组织的管理差异很大，有管得很严的，可能管得不严的也不少。有的就是成立的时候管一管，或者年检的时候管一管。你只要找个主管单位，就可以成立一个社会组织。这里很复杂，有时候是有个人情在里边。比如某某研究会，像这种性质，该去社科联比较好吧，但是创办人和某某局的某个领导人关系不错，那就挂你这儿了。去了以后，人家也不太懂这事儿，也不好管。"

业务主管单位分散于上百家委、办、局、人民团体、事业单位、企业集团中，这也使得管理力量相当分散，管理力度难以监控。据统计，北京市市级社会组织的业务主管单位多达121家，①

---

① 数据来源：北京市委社会工作委员会内部调研报告。

如果加上区县级社会组织的业务主管单位，估计就会有数百家之多。业务主管单位分布如此分散，使得管理中协调难度较大，资源缺乏整合。

### （三）某些社会组织政社不分

现存的多数社会组织都是在体制转型的大背景下诞生的，许多都是从体制内演化和衍生出来的，与其母体有着千丝万缕的组织关联。加之前述业务主管单位与社会组织近于"无限责任的"监管关系，为了确保所辖社会团体在政治上不犯错误、不出问题，为了利用这些社会团体的名号获取一些按政府规则行事无法获取的特殊资源，业务主管单位和所辖社会组织之间的关系往往类似于一种庇护—依赖关系，加上社会组织治理结构并不完善，社会组织的独立性欠缺，"政社不分"成为一种较为普遍的现象。

在"政社不分"的情况下，社会组织的自身利益、业务主管部门的利益往往超越了社会组织成立的既定宗旨。业务主管部门往往通过授权等方式，使得主管的社会组织一方面背靠政府部门，另一方面通过获得授权或者举办实体等方式深入市场，事实上这类社会组织不仅具有"政府性"，更具"营利性"，有学者称之为"非政府组织的政府性"与"非营利组织的营利性"。[①]

社会组织的独立性不足，短期来看可能会因为这种依附关系为社会组织获取一些生存资源；但是长期来看，却会导致社会组织发展空间的日益萎缩，从根本上制约社会组织的发展。调研中，一些社会组织从业者数次向我们表达了他们的忧虑：

"社会组织我觉得应该有它的独立性。有它自己的独立

---

① 王名、陶传进《中国民间组织的现状与相关政策建议》，《中国行政管理》2004年第1期。

性，它才能够提高它的社会影响力和社会公信力。否则的话，它永远是在你的指导下，不管你给它多少钱，它实际上是没有生命力的，永远是扶不起来的阿斗。只有它自己有独立性，才能有社会公信力，才能有社会影响力。现在我们社会组织这一块儿仍然很弱，基本上是温室里的那种感觉。我们现在所属的社会组织基本上是依附型的，要不然就是政府主管的，要不就是部委办局根据它的工作需要衍生出来的，或者是一块儿翻牌的。"

### （四）某些社会组织缺乏必要生存发展资源

另一些社会组织的忧患更为现实而迫切，那就是欠缺发展资源，甚至欠缺必要的生存资源。例如，社科联的一些直属学会根本没有专职人员，也没有固定办公场所，一些直属学会的档案保管都没有空间，活动资金也相当拮据。他们提出的问题就是，经费怎么支持、专职人员怎么配备、场所怎么给它提供、档案怎么管理。在社会工委的一份调研报告中，提到：

"政府对社会组织缺乏资金等支持，还没有建立通过设立专项扶持资金、购买服务等支持社会组织开展工作的有效途径。相关政策也不配套，涉及社会团体工作人员的人事管理和社会保障等方面的有关政策还不太完善，不少社会团体在吸引人才、规范管理、提高工作水平方面还存在一些困难。"

### （五）管理部门担心工商注册的社会组织处于视野之外

在现行的双重管理体制下，承担业务主管单位的职责，就意味着相应的管理责任甚至政治风险，这导致各单位不愿意做业务主管单位。另外，业务主管单位都是政府部门，是按政府科层编制安排的，与社会需求并不能够完全吻合。① 上述两种原因导致一些有社会需求的社会组织找不到业务主管单位，无法在民政局注册登记，最终选择了在工商注册。② 虽然它们无法在民政局登记注册，但这并未影响到它们从事于社会事务。这些组织在许多社会领域中的活动相当活跃，甚至已经与某些政府部门形成合作与默契。例如，在长年的工作关系中，工商、税务对某些组织的工作性质也有所了解，常常会对其网开一面，免了它们的税费；某些区县和街道也积极与草根组织合作，开展项目活动，服务当地群众；一些社团把这些草根组织也作为团体会员吸纳进来。即使是对于社会组织政治风险最为敏感的社团管理办公室，也认为这类组织中90%以上是好的，有益于社会的发展。

但是这些组织在工商登记注册，终归是"名实不符"。我们固然可以用"这些组织在工商登记，就按工商组织对待"来搪塞，但是无法用社会组织管理办法管理这些组织，这就形成了一个管理上的盲点。这个问题也确实在困扰着管理部门：

"实际上我们现在感到非常困惑和无奈的，是草根组织。这一类草根组织非常活跃，在社会上有的也很有影响。它们存在的形式，或者是以工商注册的，或者是以某一个正规法人下面的二级机构挂靠，交一定的费用，或者就是没有名分，但是自己事实上在开展工作。这一类的组织恐怕是以公益性

---

① 根据课题组的调查，在工商登记的社会组织的工作性质大多数类似于"民办非企业单位"。民办非企业单位登记管理条例中规定，只有九大类（第十个是"其他"），这九大类基本上套用了体制内社会单位划分。许多从事社会公益服务的组织团体，业务类型或者是归不到这九大类中去的，或者存在跨类业务。这成为其登记注册的一个障碍。

② 也有少数组织选择根本不登记，但是出于合法性的考虑，大部分组织还是会选择工商登记的。

的为主，搞环保的、搞老年人的、搞妇女的、搞残疾人救助的、搞助学的等，那这一类到底数量有多少？应该讲，我们也通过各种渠道来了解，我们的结论是没有一个合理的渠道和方式能让它纳入到我们这样一个范围内，数量多少无从估量。"

## （六）工商注册的社会组织苦于得不到正当名分

经过这么多年的发展，北京市以工商名义注册的社会组织数量已经相当多，其活动能力也在迅速增强。在调研中发现，大多数这类组织并不排斥政府的管理，相反还积极地寻求这样的管理，它们希望能够获得政府的承认，希望能够有一个正当的名分，能够名正言顺地从事社会服务。如下一段话或许可以代表它们的心声：

"我们这些民间组织特别希望能有一个对我们进行管理和服务职能的这么一个婆婆，我们希望有这么一个关系，使我们的工作更规范，工作更合法，运作起来更规范。现在，我们是在以非法身份来做这个合法的事情，我们在做这些项目服务的时候，我们根本没有这么一个管理政策，我们也很难制定自律的这种条款。像我们这种工商注册这种性质的，我们应该依据什么条款自律？NGO 注册难其实有两方面原因，一方面就是政府部门这方面的管理能力，包括政策条件；另外一方面，组织自身也会有很多自身的问题，包括财务的情况、管理的情况。但是，我们希望有人来管我们，你们来评估我们。如果我们达到了，我们达到一个什么条件，拿到什么资格，我们就可以注册身份了。但现在就没有这个评估。"

# 三 社会组织管理中的根本矛盾

## （一）三对悖论

上述社会组织发展中存在的主要问题，看起来似乎是三对悖论：

（1）既然业务主管单位对社会组织的管理负担已经如此之重，怎么还会出现管理不到位、流于形式、管理软化的情况？

（2）既然社会组织与业务主管单位（挂靠单位）之间的关系如此密切，以至于其独立性不强、政社不分，它应当能够从单位中得到一定资源，怎么还会出现欠缺发展资源的问题？

（3）既然管理部门担心工商注册的社会组织处于视野之外，并且认为绝大多数这类组织宗旨是好的，那么为什么在这些组织苦于得不到正当名分，积极寻求政府认同的时候，仍然不能接纳进入管理体制之中？

破解这三对悖论，就需要寻找社会组织管理中的根本矛盾。三对悖论中看似矛盾对立的现象其实只是根本矛盾在不同条件下的不同表现和各个侧面而已。要真正促进社会组织的发展，就不能只看到其表象，而是要深入内部，抓住其根本矛盾。这一根本矛盾就是社会组织治理技术的匮乏和治理风险的忧虑。

## （二）根本矛盾：治理技术的匮乏和治理风险的忧虑

中国改革开放 30 多年，经历了巨大的经济社会变迁，有论者称之为双重转型，即以工业化为目标的经济结构转型和以市场机制为导向的经济体制转型。现存的社会组织管理体制正是在这一转型过程中逐渐成型的，因此它也必然带有转型期许多政策的特点。要理解它，就需要理解它产生时的社会背景和社会条件。

虽然一部分社会组织的成立可以追溯至 20 世纪五六十年代，

甚至可以推溯到 1949 年以前，[①] 但是社会组织在数量上的空前增长却发生在 80 年代。改革开放释放出了巨大能量，各类社会组织伴随着改革开放的进程应运而生，空前活跃。一方面，之前就成立却因"文革"中断活动的一系列学会、协会开始重新恢复活动、焕发生机；另一方面，新的协会、学会、研究会不断成立。有学者如是评价当时的情形："学术类民间组织的恢复发展形成了改革开放后中国民间组织发展的第一道亮丽的风景线，体现了中国知识分子在经历了漫长的'文化大革命'中的政治迫害和思想、行动压抑后表现的海阔凭鱼跃、天高任鸟飞的结社理想和制度空间。"[②]

如何治理新出现的大量社会组织，对于当时的政府来说却是完全陌生的。一方面，单位制仍然是当时最主要的治理制度，而这些社会组织虽然不同程度地依赖于政府各部门、企事业单位，但是他们毕竟是单位体制之外的部分。在单位制之外，能够借鉴用来治理社会组织的制度资源相当匮乏。我们还没有成熟的通过理事会、监事会内部治理结构来保证社会组织自主运转的成熟经验；我们还没有社会组织应当向社会财务公开透明的社会监督体系；我们还没有社会组织从业人才的正常生产机制；我们还没有社会组织与政府建立互信和协作的制度性渠道。在当时，上述治理手段无论在价值理念层面还是具体操作技术层面都是付之阙如的。[③]

但是另一方面，当时特定的经济背景和政治背景却使得治理

---

① 从北京科协网站上可以查到，北京数学会成立于 1933 年，北京地质学会成立于 1936 年，北京物理学会成立于 1947 年，北京药学会成立于 1947 年。

② 王名：《中国民间组织 30 年——走向公民社会》，社会科学文献出版社，2008，第 12 页。

③ 换而言之，当时政府通过科层手段来把住人口的能力很强，但是化解社会组织发展过程中种种具体问题的治理技术能力很弱。借用社会学家 Mann 的说法就是，国家的"专制权力"很强，而"基础权力"却很弱（Mann, Michael, *The Sources of Social Power: Volume 1, A History of Power from the Beginning to AD 1760*, Cambridge University Press, 1986）。

者对于治理风险的判断是偏向放大的。在当时"双轨制"的背景下，不能否认有一些社团以社团之名行经济交易之实，扰乱了当时的经济秩序。在当时，"反对精神污染"和"反对资产阶级自由化"的运动中，政府对于社会组织发展过程中存在的政治风险同样是充分认知的。

这样，治理技术的匮乏和治理风险的忧虑就构成了中国社会组织从发展初始期就开始存在的一对根本矛盾。既然没有有效的现代治理技术，但是又出于治理风险的考虑必然将社会组织管住，那么最便捷的手段就是仿效现成的"单位制"，在社会组织治理中建立一种"仿单位制"的结构，这就是社会组织"双重管理体制"的起源。

### （三）传统式治理：庇护—依赖式关系的建立

"双重管理体制"的实质是一种"仿单位制"。美国社会学家威廉指出，中国的发展过程中不断地在用"结构科层化"来解决问题，即用正规的科层性质组织来取代或废弃非科层的组织；另外，用"功能科层化"解决问题的手段却没有得到发展，即不能用各种理性化的规则、规范化的程序来进行管理。[1] 这样发展的结果，就是资源和社会生活几乎全部被规模化的科层组织所垄断，但同时在这种科层组织内部和彼此之间通行的却并非理性化的形式规则或规范化的程序，而是种种传统庇护关系、人情网络关系以及魅力权威关系。单位制的特点就在于，上下级之间不仅仅是一种管理—被管理的关系，同时还是一种庇护—依赖关系。[2] 作为一种"仿单位制"，社会组织的"双重管理体制"建立起来的同样

---

[1] Whyte, "Who Hates Bureaucracy? A Chinese Puzzle," in Victor Nee ed. *Remaking the Economic Institutions of Socialism: China and East Europe*, Stanford University Press, 1989.

[2] 华尔德《共产党社会的新传统主义——中国工业中的工作环境和权力结构》，龚晓夏译，牛津大学出版社，1996。

是一种庇护—依赖关系。[①]

在社会组织迅速发展的 20 世纪 80 年代，相当一部分社会组织是从各种体制内单位组织的母体中脱胎而来，因此在行政及人事上也与这些政府部门、企事业单位具有程度不同的依附关系：这些体制内单位不仅能为社会组织提供许多行政性的资源、权利、职能以及种种便利，而且在干部任免上拥有一定的权限，能够实现两个不同部门之间的"人事交流"。最初这种庇护—依赖关系还是非正式的和非制度化的，但是出于对于治理风险的考虑，政府决定将散布于各个政府部门和企事业单位的一部分管理权力统一上来，收归民政系统，成立民间组织管理局，同时承认各个单位对于所属社会组织的事实管辖权。这事实上是将这种庇护—依赖关系以制度化的方式加以确定下来。[②] 这就是 1989 年《社会团体登记管理暂行条例》的基本思路。而到了 90 年代之后，政府认为社会组织与业务主管单位之间建立更为紧密的依赖关系，是防范治理风险、特别是政治风险的最有效和最现实的途径，从而进一步通过相关文件法规强化了两者的全面性的庇护—依赖关系。这就是 1996 年《关于加强社会团体和民办非企业单位管理工作的通知》以及 1998 年《社会团体登记管理条例》等文件的主旨。

但是，这种庇护—依赖性关系的传统治理方式，只是在缺乏合适的治理手段之时，通过采用强化科层制关系、强化业务主管部门与社会组织之间的无限责任关系来进行管理的无奈之举，它

---

① 这种庇护—依赖关系不仅仅是学术界发明的描述用语，而且也直接体现于管理者和社会组织从业者的语言中。例如，许多管理者形象地将"双重管理体制"的实质称为"谁家的孩子谁抱"；在谈到许多社会组织因找不到业务主管单位无法在民政登记注册时，他们说："××协会是它的亲儿子，亲儿子都没有解决的话，我们更不可能解决了。"然而社会组织不总是处于幼儿期的孩子，它有着旺盛的内在发展动力，一旦长大成人，家长把他们抱起来迟早会感到吃力，孩子也会倍感束缚。

② 另外一种非常规性的治理手段是"清理整顿"，这是从经济领域中移植过来的。

不应当成为一种长期的治理战略，它也注定会在实践中产生出种种悖论式的症状来。

（1）作为一种庇护—依赖关系，两者之间的名义责任关系必然是无限责任的，但同时实践操作过程又必然是充满弹性的，这就产生了一种"名实相离"的局面。在条文规定上，业务主管部门必须负起几乎等同于无限责任的"九项职责"，但是事实上对这九项职责如何管、管到什么程度，并没有明确的界定，往往因单位而定，甚至因人而定，或者管理关系往往嵌套于社会组织与业务主管单位之间存在的人情关系之中。在调研中，某业务主管单位负责人讲述了这种职责关系的模糊带给他的困惑：

> "业务主管单位的连带监管责任到底是应该到什么程度，对社会组织的人、财、物、外事、捐赠应该管到什么程度，其实不是很具体的。初审审什么，怎么审，审到什么程度？对人、财、物的那种管理，是管它的日常支出，还是定期查一下账，还是一年让它送个报表？现在这些问题都是各自按自己的理解和认识来操作。"

在这种意义上讲，部分业务主管单位的管理确实可以说是"管理不到位"。但是如果所属社会组织出了事，上级部门完全可以根据这"九项职责"来判定业务主管单位"管理失职"。因此在这个意义上来说，业务主管单位又的确是"管理负担太重"了。

（2）面对这种无限责任关系，一部分资源较多、能力较强的部门，将社会组织完全纳入行政科层体制当中，将其视为一个科室部门，从人员管理到事项管理完全和其下属的科室部门没有任何区别。这样的社会组织当然是生存无忧，但这种生存无忧完全是依赖于其挂靠单位的完全庇护之下的，这就是所谓"政企不分"

或"独立性不强"的问题。然而，这种庇护—依赖关系并不是非常稳定的，而是取决于业务主管单位的资源总量、对社会组织的重视程度、社会组织领导的活动意愿和个人人脉等。当业务主管单位的资源总量不足、不太重视社会组织、社会组织领导人脉不甚广泛时，社会组织就会出现"生存资源欠缺"的困境。

（3）虽然管理部门非常了解许多社会组织因找不到业务主管单位而选择了工商注册，从而落于其管理视野之外，而且也认为绝大多数这类组织的宗旨是好的，但是在目前的管理手段下，如果把它们纳入管理之中，哪个业务主管单位愿意而且有能力庇护如此众多的社会组织？而如果没有业务主管单位，其中的治理风险谁来承担？因此，即使这些工商注册的社会组织在积极地寻求政府认同，它们仍然不能被纳入到管理体制之中。

## （四）延续原因：制度的路径依赖和经验的错误总结

"双重管理体制"的弊病早已体现出来，工商注册的社会组织大量出现使得相当一部分管理对象处在管理范围之外；"政社分开"的话语兴起使得这种管理体制的合法性受到质疑；部分有官办色彩的社会组织代表性不强、活力不足已成痼疾；等等。[1] 尽管有上述诸多问题，但是对"双重管理体制"的改革却步履艰难。2006年，国家民间组织管理局就会同国务院法制办多次协调相关部门，修订了《社会团体登记管理条例》，制定了《基金会管理条例实施办法》，并报国务院常务会议待议。[2] 但由于种种原因，修订后的管理条例一直未能出台。既然"双重管理体制"有如此多的问题，那么为什么还能延续多年呢？这就涉及另一个方面，即

---

[1] 几乎所有的管理部门都认为现在的管理体制存在问题，都认为现行法律、法规滞后于社会组织发展状况。例如社团办的负责人在访谈中也认为："社会组织的法律、法规一直是滞后于它的发展，现在施行的法规也是滞后于咱们的管理工作的，好些工作想开展它不好开展。"

[2] http：//www.chinanpo.gov.cn/web/showBulltetin.do? id=25790&dictionid=3500&catid=350012，"中国社会组织网"，国家民间组织管理局主办。

制度的路径依赖和经验的错误总结。[1]

所谓制度的路径依赖，指的是一旦选择了某种制度，即使并非是最优选择，它也必然会有一种自我强化机制，从而对后来的选择构成约束条件，甚至造成制度锁闭。[2] "双重管理体制"本身也具有一种自我强化机制，它本身就挤压了另外一些治理技术的生长空间，从而使得更为丰富的一些社会组织现代治理技术没有机会得到培育和发展，甚至一些形式被移植过来的治理方式（如理事会制度和监事会制度）因为缺乏相应理念价值支撑和现实根基而徒有其表。这又进一步加剧了社会组织治理技术方面的匮乏，反过来增强了"双重管理体制"自身的存在合理性。这就是其中存在的自我强化机制和路径依赖效应。

而经验的错误总结，指的是人们在情况复杂和不确定的状况下，进行判断时往往会出现误导性的归纳和总结。在多年的"双重管理体制"下，尽管存在一些弊病，但同时也一直没有发生因社会组织管理引发的政治风险。尽管社会组织管理方式与其政治风险控制之间存在着复杂的因果链条，没有发生政治风险可能与更宏观的政治经济背景有关，但是在"稳定压倒一切"的环境下，管理者会更倾向于认定"双重管理体制"是控制社会组织政治风险的最重要因素，进而固守这一体制而不敢轻易变动。

但是，上述情况实际上并未能够解决社会组织发展中的主要矛盾，即治理技术的匮乏和对治理风险的过分忧虑。相反，还在使得上述矛盾更为激烈和尖锐。"双重管理体制"的自我增强机制使得新的更为丰富的治理技术没有生长空间，而经验的错误总结使得管理者对于治理风险的态度表现为过分谨慎。

---

① "经验的错误总结"这一提法来源于美国行为经济学家丹尼尔·卡尼曼的著作《不确定状态下的判断启发式和偏差》（卡尼曼等：《不确定状态下的判断启发式和偏差》，人民大学出版社，2008）。国内社会学界，沈原最早将这一概念应用于中国社会领域改革进程的制度分析。

② 诺斯：《制度、制度变迁与经济绩效》，上海三联书店，1994。

### （五）新的出路：治理方式的创新与对治理风险的合理认知

走出上述困局的出路在于，从局部出发实现治理方式的逐渐创新和成长，同时合理认知社会组织中存在的治理风险。

应当建立起成熟而运转有效的理事会、监事会内部治理结构；应当建立社会组织向社会公开财务状况的社会监督体系；应该有社会组织从业人才的正常生产机制；应当有社会组织与政府建立互信和协作的制度性渠道；应该有对社会组织开展活动过程进行评估和控制的成熟运作体系。总之，必须要使得社会组织的发展成为一个有内部制衡得以发展和整合的过程，以新的法制治理方式代替原有的"仿单位制"的庇护—依赖式治理方式。

同时，要合理认知社会组织中存在的治理风险问题。之所以多年来社会组织发展中没有出现大的社会风险，更重要的因素是经济社会背景的整体协调发展，是社会组织自身治理结构日益规范的结果，而不仅仅是强化业务主管单位与社会组织关联纽带的效果。相反，如果过于强化这种关联纽带，反而会使得本可以处于管理视线内的某些组织处于地下运行状况，增大治理风险。

## 四 "枢纽型"社会组织工作体系及效果

社会组织"双重管理体制"的产生，是在 20 世纪 80 年代的特定社会背景下形成，在 90 年代得到巩固的。它在特定的社会条件有其合理性和必然性，但是随着改革开放的深入，随着中国经济社会格局的不断演变，这种管理体制所依赖的实施条件与社会组织发展的实际情况之间的差距越来越大，各方面要求改革这种管理体制的呼声日益强烈。同时，由于社会组织管理体制涉及方方面面，并且具有一定的政治敏锐性，新的改革方案一直难以出台。2005 年之后，在"社会建设"被提到"有中国特色社会主义格局的重要组成部分"的条件下，在不对"双重管理体制"进行根本变革的前提下，各地纷纷对于社会组织工作体制进行了一些局部性的修订和变通政策。北京市的"枢纽型"社会组织工作体系正是在这种背景下推出的改革措施。

## （一）核心思路：通过改变治理主体来改进治理方式

北京市"枢纽型"社会组织工作体系的核心思路，一言以蔽之，就是通过改变治理主体来改进治理方式；先将治理主体从各个业务主管单位或挂靠单位转移为人民团体为主的"枢纽型"社会组织，然后借此改变治理方式。

2000 年以来，北京市政府先后授权了 11 家市级人民团体承担社会组织业务主管单位职责，包括市总工会、团市委、市妇联、市科协、市侨联、市文联、市社科联、市思想政治工作研究会、市残联、市法学会和市红十字会。另外，市贸促会没有经过正式授权，但实际管理着 2 家社会组织。据统计，在"枢纽型"社会组织工作体系推出的前一年，以上 12 家人民团体所属的社会组织占到了市级社会组织总数的 24%。

以科协、社科联为代表的人民团体与所属社会组织之间的关系，的确与其他一般性的业务主管单位与所属社会组织之间的关系有所不同。

（1）科协、社科联的服务宗旨就是党和学术界的桥梁和纽带，它没有要求所属学会、研究会为自身利益服务的动力和需求，相反它们的职责就在于为所属的这些社会组织服务。

（2）科协、社科联所属的社会组织仍然在人员、财务、工作上与挂靠单位具有密切的联系，因此其庇护—依赖关系更多地建立于挂靠单位与社会组织之间。而科协、社科联的管理工作除了日常年检登记之外，重心更多地放在了调动社会组织活力、资助社会组织开展活动、建立社会组织互动平台、规划社会组织发展格局等方面。

（3）人民团体拥有长期从事各类群众工作而积累的工作经验，

这在调动社会组织积极性方面是一笔宝贵的资源。它们从事的就是社会领域的工作，对于社会需求也更为关切和敏感。

基于以上考虑，北京市决定要把社会组织的业务主管单位归拢到10到20家左右的、以人民团体为主体的"枢纽型"社会组织当中，以期解决社会组织发展中长期存在的"政社不分"、"社会组织注册难"、"社会组织管理不到位"等问题。2008年9月，《北京市加强社会建设实施纲要》明确提出，要充分发挥人民团体等"枢纽型"社会组织在社会组织管理、发展、服务中的重要作用，努力探索中国特色社会组织管理模式。2009年3月，北京市社会建设工作领导小组认定了十家人民团体为市级"枢纽型"社会组织，包括市总工会、团市委、市妇联、市科协、市侨联、市文联、市社科联、市残联、市法学会和市红十字会。在《关于构建市级"枢纽型"社会组织工作体系的暂行办法》中，北京市社会建设工作领导小组进一步对于"枢纽型"社会组织进行了界定，并进一步明确了"枢纽型"社会组织的主要职责。"枢纽型"社会组织执行"分级管理"的原则，基本上分为两个层级，一个层级是市级层面，一个层级是区县级，分别承担市级社会组织和区县级社会组织的业务主管单位。

## （二）存量脱钩

"枢纽型"社会组织工作体系的目标之一在于，原先散落在若干个委办局里的组织要变更业务主管单位关系，由相应的"枢纽型"社会组织来做它的业务主管单位。在《北京市加强社会建设实施纲要》中明确提出：

> "推进政社分开步伐。按照社会化、专业化的要求，加快推进全市各类社会组织与主管行政部门在机构、人员、资产、财务等方面彻底分开，逐步实现自我管理、自主发展。全市各级行政部门原则上不再作为社会组织业务主管单位。要按

照统筹规划、分步实施的原则,分期分批推进社会组织与行政部门脱钩。少数有特殊职能的部门,可暂时保留业务主管单位职责,但要积极创造条件,加快政社分开步伐。行政部门不再作业务主管单位以后,要进一步加强业务指导、行业管理,给予政策指导,提供良好服务。"

基于实际"脱钩"的难度,这一操作过程被分为了两步走的战略,即所谓"先挂钩、后脱钩"。"先挂钩、后脱钩"就是在思想准备、认识程度都没有达到一致的情况下,用一段时间让"枢纽型"组织跟业务对应、散落于各个委办局的社会组织进行工作上的衔接和协调,在业务上先开展联系,共同开展工作,随着这样一种联系和接触的深入,增强彼此的认同感。然后随着社会环境的变化,随着整体形式的变化,最后水到渠成地来完成与原来业务主管单位在人、财、物等方面的彻底剥离,将其归入"枢纽型"社会组织管理之下。

这一过程进行得较为艰难。原因在于,许多社会组织原本就是其业务主管单位派生出来的一部分,它们与业务主管单位有诸多利益关联,存在一定的互利交换关系。现在要将业务主管单位从原来的委办局转移到"枢纽型"社会组织,实现"政社分离"的既定目标,这必然会涉及诸多利益调整。原有的主管单位不会愿意把从社会组织中得到的利益拱手让人,社会组织也会担心失去原有主管单位的庇护难以生存。在大环境没有改变的情况下,这部分社会组织脱离了原有的庇护—依赖关系,就相当于断了生路。某"枢纽型"社会组织负责人向我们解释了困境的根源所在:

"这些部委办局所属的社会组织,人家成立之初的目的就是为部委办局服务,同时还有一个吸纳社会资源的功能。一个部委办局成立一个社会组织,就等于是打开了一个对外的窗口，就可以跨地区、跨部门，把相关资源吸收进来，整合了社会力量。归到'枢纽型'社会组织里，它们在部委办局的一些待遇可能就没了。原来在单位里还有一些帮助，起码住房是主管局提供的，到业务处跑跑，还能有点东西。单位的退休人员安插进来，也没有什么关系。再说，它这个核心业务是和主管局密切相连，离开了这样一种核心业务，对组织也是极为不利的。给部委办局服务，你连它的很多重大任务、政策方针你都不了解，你怎么为它服务？"

### （三） 增量吸纳

建立"枢纽型"社会组织工作体系的动因除了促进"政社分开"之外，还包括帮助原本在工商注册的社会组织浮出水面、获得正当名分。对于社会组织的增量，"枢纽型"社会组织工作体系采用了"'一站式'办公"的做法，即市社会建设工作领导小组办公室协调有关单位在民政服务大厅集中开展社会组织设立的政策咨询、业务审查和登记审核等工作，实行"'一站式'服务、联合审查、20个工作日回复"的新机制，帮助符合条件的社会组织协调确定业务主管单位，以便提供高效便捷的服务。

目前，在这一方面也确实取得了一些进展和成效，但是整体而言，成效不如当初预想。在现行的业务主管单位与所属社会组织存在近乎无限责任关系的条件下，在没有成型的监管机制和治理技术的前提下，谁也不敢轻率地接收社会组织。在目前的条件下，"枢纽型"社会组织不敢接，登记机关不敢登。另一方面，大部分工商注册的社会组织也采取了观望态度。它们认为，政府的这个举措是一个比较积极的回应，动机是很善意的，表明了政府愿意去解决问题，但是这一举措并没有解决根本性的问题，在实践中会被一些制约因素卡住。另外一个顾虑在于，它们担心会被业务主管单位进行各方面的控制，自身的独立性可能会受到很大限制。这种观望和迟疑的态度在以下一段话中可略见一斑：

> "把主管部门的责任从政府部门转到了人民团体以后，是不是就是一个大的体制性突破？人民团体自己有没有意愿去承担这样的责任？如果说在现行管理体制下面，政府部门权力在手，它都不愿去做主管部门，它都不敢去也不愿去担这个风险的话，人民团体又有多大的胆魄，或者有开创性的思路来解决和应对这个问题？如果这个举措只是把烫手的山芋传给了 10 家人民团体，让它们来承担民间的压力，那么根本问题并没有突破。"

## （四）协调引导

"枢纽型"社会组织工作体系的第三个重要方面，就是要求"枢纽型"社会组织发挥"协调引导"的作用。北京市社会工委的负责人谈道：

> "我们也可以设想到 5 年以后、10 年以后，可能所有的社团都不需要有业务主管单位，都可以直接注册登记。但是即便是在那种时候，民间的力量也不可能没有一个协调的部门。由谁来协调呢？还是由'枢纽型'组织相对应地去联系，这就不叫管理了，就是由你去联系服务。从现在开始，就要有意识地去培养一种意识和自觉性，去联系同领域的这样一些群体和组织，为将来作为一种铺垫，打下一种基础。我觉得'枢纽型'组织应该承担起来这样的责任和义务。"

北京社会工委的这种意识是超前的，也是符合社会组织未来发展方向的。但是进行协调联系与社会组织的独立性之间的边界何在？这种协调联系的职责如何法定化、制度化？与存量脱钩、增量吸纳相比，发挥"枢纽型"社会组织协调引导作用方面，北京市社会工委的思路并不明确。

### （五）完善思路：着力加强治理方式的改变

北京市"枢纽型"社会组织工作体系的建立，试图以改变治理主体为手段来达到改变治理方式的目的，在实践中取得了一定效果，但是其局限性也是客观存在的，特别是在社会组织的治理方式改革上并没有跟上来，没有相应的配套措施。如果没有治理方式的根本改变，治理主体的改变并不能解决实际问题，甚至改变治理主体的进程也将步履维艰。治理主体的变化，必须以治理方式的变化作为配套。

如果治理方式仍然是原有的"仿单位制"，那么社会组织如何能与原有的业务主管单位"脱钩"，又如何与并不在同一单位系列中的"枢纽型"社会组织"挂钩"？工商注册的社会组织就算是希望戴上合理的"红帽子"，它又如何能接受这种"仿单位制"管理？协调引导的作用又如何得到制度性保障？

回顾经济体制改革的过程，最初也是试图通过"承包制"、"放权让利"、"厂长负责制"等方式来改变企业的治理主体，但是实践证明如果没有价格体制和公司体制等治理方式的转变，单纯改变治理主体只是扬汤止沸而不能釜底抽薪。上述经验教训，对于社会建设的过程应当具有重要的启示作用。

"枢纽型"社会组织工作体系推出已经快一年半了，目前已经到了进一步明确未来发展方向的时刻。在实践中，"枢纽型"社会组织工作体系的进一步完善可以有两种思路。一种是在进一步沿着现有的治理方式，将其精细化、极致化，例如进一步细化业务主管单位与社会组织的职责关系；大力充实"枢纽型"社会组织的管理人力、物力、财力，对于社会组织进行更精细化的监督管理等等，对具体的某些社会组织进行重点培育或管理。另一种思路是试图改变现有的治理方式，通过试点等手段来建立健全社会组织的行动规则，明晰社会组织独立行动的边界，逐步使得社会组织领域能够自主而又良性地发展起来，同时政府通过法律手段、财政手段调控社会组织整体发展布局的能力也会得到实质性增强。

我们不否认前一种思路会有短期内效果较好，但是如果从社会建设新格局的高度来看，从未来发展的长远趋势来看，第二种思路才是真正的出路。在现在治理方式的约束下精耕细作，在治理效果上的收获是有限的；只有实现治理方式的根本转变，才能从根本上理顺体制中的诸多难点，使社会组织有真正的发展。

## （六）对比：与深圳社会组织登记管理体制改革的比较

与深圳社会组织管理体制的改革进行比较，北京"枢纽型"社会组织工作体系的优势和局限将会体现得更为明显。

深圳市从 2004 年开始选择敏感度较低、风险较小领域的行业协会作为突破口，用三个"半步走"，建立起社会组织直接由民政部门登记的管理体制。第一个"半步"是 2004 年成立行业协会服务署，统一行使行业协会业务主管单位的职责，行业协会的人、财、物与政府部门全面脱钩。第二个"半步"是 2006 年底组建深圳市民间组织管理局，民间组织管理局与行业协会服务署合并，行业协会直接由民间组织管理局登记的管理体制。这是中国最早也最彻底地实现行业协会民间化。第三个"半步"在 2008 年 9 月，深圳将工商经济类、社会福利类、公益慈善类社会组织直接由民政部门登记，为推进社会组织民间化作出制度性安排。从"双重管理"变"一元管理"后，深圳社会组织数量显著增加。2002 年，深圳市社会组织有 1486 家，截至 2010 年 6 月，已增长到 3862 家，涵盖工商经济、科学研究、社会事业、慈善等各个领域。深圳每万人拥有社会组织数量达 4.2 个，大大高于全国每万人拥有 2.7 个社会组织的整体水平。

应当讲，在根本思路上，深圳市改革与北京市改革有着共通之处，即在现行双重管理体制的约束下进行一些变通和机动，改变社会组织的治理主体，使其活动空间更大，可获取资源更多。但是，在具体步骤和策略上，两者又有所差异。与深圳市的改革相比，北京市的改革并不局限于工商经济类、社会福利类、公益慈善类组织，而是针对所有种类的社会组织，覆盖面更广、力度更大。但是，这种方式和策略也同时加大了北京市改革的难度，也更容易显现出其内在矛盾之处。在深圳的改革策略中，由于只局限于经济和福利类组织，即使在治理方式尚未根本转变的前提下，治理主体的改变也因为目标明确而相对容易，即是由原有的各委办局先移到行业协会服务署，然后再通过行业协会服务署与民间组织管理局合并的方式转移到民间组织管理局。但是，在北京市的改革策略中，对象并不止于经济和福利类组织，第一批"枢纽型"社会组织也有10个，需要处理的关系极其复杂，包括社会组织、社会组织原先的业务主管单位、各个"枢纽型"社会组织、民政登记管理机关等。在治理方式的改革又没有配套的情况下，这很容易出现彼此之间互相推诿、互相协调不力的情况，因此治理主体的改变也会阻力重重。此外，北京与深圳社会组织的类型和结构也不太相同，深圳的社会组织中工商经济类、社会福利类、公益慈善类组织的比例和分量较大，而北京市的社会组织成分更为多样，这也无疑会增加北京社会组织体制改革的难度。

## 五 "枢纽型"社会组织的职责：
## 创新社会组织治理方式

"枢纽型"社会组织的角色不同于一般性的"业务主管单位"，也不仅仅是把过去分散于数个部门间的"业务主管单位"归口收编于"枢纽型"社会组织手中，这只是一种量的变化。而"枢纽型"社会组织要完成的是质的转变。审时度势，社会组织管理体制改革势在必行，当下"枢纽型"社会组织最重要的职责和作用应当是探索创新社会组织的治理方式。

探索新的管理手段的任务，"枢纽型"社会组织责无旁贷，理应敢闯敢为。另外，从策略层面考虑，应当考虑分期分批，试点先行。社会组织工作体系的改革，涉及许多敏感问题，特别是社会科学类社会组织，因为涉及意识形态领域中的工作，更是充满了复杂性。为了解放思想，大胆创新，应当通过给予某些有代表性的试点社团实质性的支持，坚持先行先试、由点及面的原则，为进一步的社会组织管理体制改革奠定坚实基础。

具体而言，就是要从"分级吸纳、强化问责、资源引导、价值构建、人才培养"入手，创新社会组织的治理手段和方式。上述工作与"枢纽型"社会组织工作体系的前期工作既是紧密衔接的，又是有所发展的。第一，上述措施使得"存量"社会组织在"脱钩"之前，先在治理结构、资源项目、价值理念、人才队伍上逐渐独立于原业务主管单位，之后自然可以"脱钩"。第二，上述措施使"增量"社会组织在"吸纳"进入之前，先规范治理结构，参与项目实施的试验，让其在价值理念实现认同，对于人才队伍进行重塑，之后就可以有机地实现"吸纳"。第三，除此之外，上述治理结构、资源项目、价值理念、人才队伍的建设过程，本身就是社会组织内部交流网络的建设过程，在这一过程中可以挖掘出中国社会组织的本土经验和理念，从而增强中国社会组织的自主性。

## （一）分级吸纳

社会组织"进入难"的问题，在现行"双重管理体制"的法条约束下，确实很难破解。但是仍然可以考虑如下一些措施，来改善社会组织的准入程序。

### 1. 成立"专业委员会"来对社会组织准入进行咨询和建议

社会组织登记的审查过程有形式审查和实质审查之分。形式审查即只要申请人提交的申请材料齐全，符合法定形式，就可以许可登记；而实质审查则要求登记必须对于申请材料的实质内容进行审查和把关，并必须为此承担严格责任。[①] 我国社会组织登记实行的是实质审查，现实来看未来很长一段时间内实质审查也仍将延续下去。但是即使是实质审查，其流程也可以更加规范化。例如2009年1月，北京市社科联根据需要成立了"社会组织工作委员会"，委员会采取社科联党组提名和社科联常委自愿报名相结合的办法，经社科联常委会协商讨论确定。社会组织工作委员会的职能是：负责社科联及所属社会组织的业务管理工作，审议社科联管理工作规划和各项管理制度，审议各项表彰工作办法和评审表彰名单，研究并提出解决管理工作中重大问题的意见和建议等各项社科类社会组织管理方面的工作。[②] "社会组织工作委员会"这一组织形式完全可以进入到社会组织登记审查过程中来，拥有咨询权和建议权，提高社会组织登记审查的规范化程序。

对于工商注册的社会组织进行民政登记的流程应当有一些规定，使其有别于完全新注册登记的社会组织。应当要求此类组织提交之前3年的详尽工作报告及其财务报告，认真鉴别其工作性质，如果经过"社会组织工作委员会"的评估确定属于社会公益性质的，应进入绿色通道，帮助其尽快在民政注册。对其中确实有问题的，应明确提出意见及建议。

**2. 对工商注册的社会组织采取分级认定的形式加以吸纳**

工商注册的社会组织，因种种原因一时无法找到业务主管

---

① 一位被访者更生动地表述了形式审查和实质审查的区分："我们现在不是盲目的，谁来申请你就接收，这里面是需要有一个规制的。这里面有两种做法，一种是程序性地做，递交申请，只要符合程序条件你就同意；另一种是你要从宏观上的发展方向上去看它的实质性内容，经过大家论证，你认为它不利于整体的发展，你就可以不同意它。我们现在其实是侧重于第二种做法，我们要对宏观的发展负责。"

② 《关于设立北京市社科联第五届常委会专业委员会的决定》，北京社会科学界联合会文件。

单位的，仍然可以采取种种备案、列席、团体会员等分级认定的手段来加以吸纳。希望获取到相关社会组织的发展信息的，可以到"枢纽型"社会组织来进行备案；愿意提供前几年工作报告及财务报告者，可以给予其列席资格，以同等身份参与"枢纽型"社会组织提供项目的申请；愿意接受"枢纽型"社会组织的业务指导的，可以以团体会员的身份加入，两者间是更为灵活的业务指导关系，而非严格负责的业务主管单位关系。这样，就有效地规避了"双重管理体制"的约束，而达到有效吸纳的事实效果。

## （二）强化问责

社会组织应向谁负责？在"双重管理体制"下，社会组织事实上只对其业务主管单位负责，甚至成为部门利益的工具和手段，"社会组织能力不强，透明化程度、公益化程度、公信力都不够"的现象必然出现。构建"枢纽型"社会组织工作体系，就要求社会组织从只向业务主管单位负责的庇护关系转为向社会利益相关者（Stakeholder）负责的问责关系（Accountability），逐步走向治理规范化、运行透明化之路，这是未来非营利组织发展的必然要求。如果没有一定的问责机制保证，如同"市场失灵"、"政府失灵"一样，也会出现"社会组织失灵"，会出现社会组织领域的资源滥用。

### 1. 通过内部治理结构确保社会组织履行既定宗旨

社会组织最重要的内部治理机制就是"理事会"制度，理事会要代表社会公众利益保证社会组织对社会负责，保证社会组织履行其既定宗旨。但是现在许多社会组织的理事会臃肿、虚化，人数过多，荣誉性大大超过责任性，根本不能代表相关的公众利益，亟须改善内部治理结构、强化内部问责机制。理事会要规模适度、认同感强，其成员应该具有一定的专业化水准和实践经验、真正代表组织涉及的主要利益相关者。同时应加大和明确理

事的管理责任，制定具体的行事标准和职责内容，激励理事积极
关心机构的日常工作、参与机构的重大活动，确保社会组织不偏
离其既定宗旨，增强社会组织工作的使命感。[①] "枢纽型"社会组
织应当选择某些条件较好的社会组织，进行理事会治理结构的创
新试点，并对成功的经验给予表彰和宣传；还可以利用年检的时
机对于所属社会组织的内部治理结构进行评估，并对其提出改进
意见。

### 2. 通过外部监督体系强化问责机制

社会组织不是企业，它服务的是社会，自然要求它要接受社
会公众对其运行的监督，要求它的运行要有比企业更高的透明度。
国外将社会组织的问责分为四个维度：透明、参与、评估和对投
诉的回应机制。我们可以借鉴这四个维度，先从一些条件好的社
会组织，"由点到面"逐步建立起对社会组织的社会问责机制。例
如，在透明方面，社会组织可以通过网络等手段向社会公众提供
其工作报告、财务报告、组织结构等信息；在参与方面，社会组
织可以邀请外部利益相关者参与到其工作流程当中；在评估方面，
社会组织应对于自己工作中的经验、不足、失误作出诚实的评价；
在回应方面，社会组织应及时对外部利益相关者的批评和投诉作
出反馈和解释。"枢纽型"社会组织可以对所属的一些重要社会组
织进行"问责能力"方面的评估，表现较好的应当在项目申请等
方面获得优先资格。

### （三）资源引导

社会组织的生存和发展都需要一定资源，政府应当根据社会
建设工作的要求，通过资源投入和项目引导来规划社会组织的发

---

① "在加大和强化了理事的管理责任之后，当理事全是义务责任，也没有什么实
　 质好处，会不会没有人愿意来当理事了？"这是我们在调研中遇到的一个问题。
　 但是我们认为，一方面这样才能筛选出真正具有社会使命感和责任感的社会公
　 益从业者，另一方面也应当通过社会荣誉以及适当的报酬来对理事进行激励。

展布局,① 即所谓"通过资源供给手段,将政府支持谁、选择谁、排除谁的意向明确体现出来,通过资源的提供、激励和监管达到有效约束"。② 在业务上发挥龙头和平台作用,并不是要直接干涉介入所属社会组织的具体业务工作,而是要从战略角度去规划社会组织的发展布局,寻找挖掘社会组织工作的发展创新空间,引导所属社会组织的资源投入方向。例如,北京市科协从战略性上考虑,根据不同类型的社团提出不同的奋斗目标,即按照"推动一批学会在首都产业进步中发挥重要作用,一批学会为首都城市发展提供强大智力支持,一批学会形成特有公共服务品牌,一批学会成为公众素质提高的主要力量"的"四个一批"目标③,不断加大对学会工作的支持力度,促进它们围绕首都经济社会发展,开展具有战略性、基础性、前瞻性和关键性作用的重大科技课题,提升学会组织的社会形象和知名度。达到"四个一批"目标的主

---

① 据王绍光教授介绍,"发达国家中的澳大利亚、芬兰、日本和美国等,特点是私人捐款比较多,美国是此类模式的典型。但即使私人捐款在美国比在其他任何国家都更重要,它也绝不是非营利部门收入的主要来源。1995 年,美国非营利部门所获得的收入中私人慈善捐款仅占 12.9%;最重要的收入来源是会费、服务费和商业收入等;政府补贴则是第二大收入来源,占了其余的 30.5%。从里根时代开始,早已高度商业化的美国非营利部门变得更加商业化了。另一类型是,其社团经费主要依靠政府,这在西欧和北欧非常普遍。例如,在德国和法国等欧洲大国,政府补贴分别占非营利部门收入总额的 64.3% 和 57.8%。在比利时,非营利部门支出的近 80% 是由政府资助的。在瑞典,非营利组织的收入有 2/3 以上来源于政府。瑞士是地方分权的典型例子,但就非营利组织的财务而言,它却几乎完全依靠政府拨款。综合以上,在许多国家,政府资金是如此重要,以至于非营利组织只有在那些可以获得这类资金的领域才能繁荣昌盛。"(王绍光:《公民社会"祛魅"》,见《祛魅与超越》,中信出版社,2010)

② 王名:《改革民间组织双重管理体制的分析和建议》,《中国行政管理》2007 年第 4 期。

③ 具体来讲,就是以工科学会为主的与首都产业进步密切相关的学会,要与产业进步挂钩;以理学学会为主的一批基础学科学会,要在学术交流和提升学术水平方面提高自己能力;以交叉性学会为主的与首都城市发展相关的学会,要成为城市发展依靠的力量;以科普为主要目标的一些学会,要为提高首都公民素质贡献力量。

要手段，是通过课题资金、相应政策、活动承办等手段来引导，通过相应的项目指南来实现规划。再如，市社科联对于重点学术活动工作的资助每年开展一次，资助项目每年度设立20项左右，每项资助金额1万元左右，资助重点学术活动的范围包括学术交流活动、决策咨询课题研究、社会科学普及活动和优秀学术论文集的出版。① 2009年，通过项目申报、专家评议，共计对25家社科类社会组织的申报项目给予了资助。通过对学术活动的资助，社科联就达到了引导所属社会组织工作方向的作用。

**1. 尽快制定社会组织服务项目的规划**

资助社会组织从事各种服务项目，并不是为了资助而资助，也不是就项目论项目，其根本目标：第一，要提升项目目标人群的福利水平。第二，是要提升社会组织的工作能力。目前购买社会组织服务已经进行了许多尝试，但是缺陷第一在于项目受益人不明确，许多项目停留在搞活动或搞研究的形式上；第二在于项目的提出不是基于社会需求什么项目，而是现有的社会组织能干什么就提什么项目。第三，在于项目的提出形不成长期的序列，形不成纵贯性的积累。第四，项目往往由某个社会组织承担，资源得不到整合，发挥不出横向联合优势。这样的购买服务，其成效是极其有限的。因此，"枢纽型"社会组织必须要尽快制定社会组织服务项目的规划，在这种规划中要使受益人群聚焦到某些重点群体上，要基于实际的社会需求和发展趋势而定，要形成一种长期的序列和积累。社会组织就可以根据这一规划来调节工作方式和目标，进行自身的战略规划，这样项目才能真正起到引导作用，而不是项目反过来被现有社会组织的工作方式所限制。以科技社团为例，目前尤其应该着重扶持如下几种服务项目：①智库型民间社会组织服务于政府的研究项目；②新型科技公益项目，如科技工作者借助网络等手段自发从事环保、科普等工作项目；

---

① 《北京市社会科学界联合会资助社科类社会组织重点学术活动实施办法（试行）》。

③增进学术共同体活力的新型学术活动。

**2. 尽快制定社会组织服务项目的绩效评估程序**

社会组织承接服务项目，不能是严进宽出，而必须辅之以相应的绩效评估程序。社会组织的工作之所以不同于市场企业中的工作，也不同于行政科层制中的工作，就在于它的目标不仅仅是要满足股东利益，也不仅仅要满足上级要求，而是要满足社会中的利益相关方要求。因此，服务项目的绩效评估，应当要考虑到多方利益相关群体的要求。绩效评估的另一个方面是组织的能力建设，即在项目运作的过程中社会组织自身的能力有没有得到长足的进步。在做项目的过程中组织自身能力也得到提高，这样的项目运作才是有积累性的，组织的发展才是可持续的。因此，"枢纽型"社会组织应当基于目标群体的需要满足程度和组织自身能力的增强程度，尽快制定出服务项目的绩效评估程序。

### （四）价值构建

长期以来，北京市的社会组织没有自己的宣传文化载体，而价值理念和组织文化在社会组织发展领域里是至关重要的问题。建设社会组织的宣传文化载体，可以对社会组织领域的价值文化起到引领的作用，有效地形成社会组织内部的信息沟通网络，可以从精神层面有机地将众多社会组织团结在"枢纽型"社会组织周围，作用不可小觑。这种宣传文化载体不仅可以有效地覆盖北京市在民政正式登记的社会组织，而且可以辐射到工商注册的各种社会组织当中，从而加强对这些社会组织的凝聚力和向心力，起到了解这类组织、促使其浮出水面的效果。这些文化载体既是信息沟通的渠道，同时也是增进社会组织与政府之间互信的制度性渠道。

**1. 尽快建立北京市社会组织的刊物**

市社会工委、市社团办、市"枢纽型"社会组织应当尽快建立北京市社会组织领域的刊物，以此加强社会组织的价值文化建设。刊物的内容一定要防止搞成社会工委、社团办、"枢纽型"社会组织的领导讲话与工作简报，而要确保重心下沉，让社会组织的基层经验得到宣传，让社会组织的基层声音得到倾听，就社会组织领域内的问题让社会组织的相关人员进行广泛讨论，形成一个北京社会组织发展领域的信息交流平台和诉求反映平台。刊物的形式在条件还不成熟、办刊有难度时，可以考虑通讯、内刊的形式；月刊、双月刊有难度时，可以考虑季刊，甚至半年刊的形式；要同时出版纸版和电子版、网络版，扩大其辐射力和影响力；发行方式以赠送为主，要涵盖民政注册的社会组织和已知的工商注册的社会组织。

**2. 以刊物为载体大力宣传社会组织的本土基层经验**

社会组织的发展经验，目前宣传较多的是两种：一种是从国外自外而内引入的思路理念；一种是从政府自上而下导入的政策取向。然而，目前最欠缺的是对基于本土生长出来的、立足于基层的工作经验和理念的宣传倡导。社会组织要健康发展，在思路理念上光喝洋奶不行，只被动听从政府也不行，要强调理解中国本土的社会问题，提出自己独特的工作理念。经过这么些年的发展，北京社会组织的本土基层经验不是没有，而是没有得到有效总结和宣传。因此，"枢纽型"社会组织要以刊物为主要载体，多种手段大力宣传社会组织的本土基层经验。

**3. 党建工作要与社会组织的价值文化建设有效对接**

社会组织的党建工作是我国政治体制之下的一种特殊的制度选择，这对于扩大党的社会影响、宣传党的路线方针政策都有积极的作用。社会组织的党建工作一定要与社会组织领域的特点结合在一起，实现党建工作和社会组织发展的双赢。目前在一些成立了党组织的社会组织当中，党的活动也仍然主要围绕其挂靠单位的中心工作展开，而不是围绕社会组织自身业务开展。党的工作形式如果没有创新，不能和社会组织的价值文化建设契合，其意义就不能得到完全彰显。因此，社会组织的党建工作必须把党的意识形态教育与社会组织的价值观念有效对接。"枢纽型"社会组织应当利用种种交流渠道，将政治教育与社会组织宗旨发挥结合起来，这对于党建和社会发展都是有意义的。通过这种方式，党的工作不仅仅延伸到了社会组织当中，更重要的是延伸到了社会组织所代表的群体当中，调动了这些群体在社会参与方面的积极性。

### （五）人才培养

搞好社会组织，除了一系列的制度建设和文化建设外，人的因素是关键。没有一支德才兼备、适应社会组织发展趋势的人才队伍，社会组织发展是没有依托的。长期以来，社会组织的领导者和从业人员多为业务主管单位中的退休人员来"发挥余热"，尽管他们有相当的人脉基础和社会活动能力，但是其工作方式和工作能力是与社会组织的发展趋势不相适应的。因此，必须建立起有效的社会组织从业人才的正常生产机制。

**1. 举办"北京社会组织优秀领军人物"评选活动**

现在北京市针对青年企业家有"北京市优秀青年企业家评选活动"，针对外来务工人员有"创业青年首都贡献奖"，却一直没有针对北京社会组织从业者的评选活动。社工委及各"枢纽型"社会组织应当去筹办"北京社会组织优秀领军人物"评选活动，并以这一评选活动为契机，提升社会组织从业者的声望和社会地位，促进社会组织从业者的职业操守自律和能力建设。评选活动应当适当侧重于中青年，侧重于社会建设中的重点和新兴领域。可以考虑采取某些变通途径，将某些工商注册的社会组织吸纳到其中，表明政府愿意吸纳的积极姿态。

**2. 举办社会组织专职人员的能力建设培训班**

除了领军人物，社会组织专职人员的能力建设也需要摆上议事日程。目前一些社会组织甚至还没有专职人员，还是以兼职人员和志愿者为主，从兼职人员和志愿者为主到专职人员为主，这是社会组织发展中质的飞跃。这种质的飞跃需要借助于一定的培训平台来完成。社工委及"枢纽型"社会组织应当举办社会组织专职人员的能力建设培训班，一方面是在于提升社会组织从业者的业务素质和工作能力，另一方面甚至更重要的方面在于构建社会组织从业者之间的人际互动网络，提升他们通过沟通交流解决中国本土社会问题的能力，以"滚雪球"的方式来发展符合中国本土社会组织发展要求的从业人才。

## 六 "枢纽型"社会组织发挥作用的保障

"枢纽型"社会组织要发挥以上创新管理方式的职责和作用，必须得到上级及相关部门的充分保障，尤其要加强上下联动、部门协调的工作机制。否则，很难避免"枢纽型"社会组织因为没有相应政策保障和资源保障而不敢大胆进行尝试的情况。

### （一）继续加强对"枢纽型"社会组织的政策指导

北京市委社会工委、市社会建设办具有"宏观指导本市社会组织建设与发展，拟订并组织实施社会组织建设的规划和政策措施，协调推进社会组织改革和发展工作"的职能。在社会组织发展中，社会工委的定位应是发挥宏观指导和统筹协调的作用，不必也不应插手具体事务，例如为某一家拟成立的社会组织确定其业务主管单位就属于具体业务，社工委的工作重点当不在此，如果过分埋头于具体事务，反而使得"枢纽型"社会组织和登记机关有掣肘之感。

社会工委应当考虑在各"枢纽型"社会组织大胆探索的基础上，尽快促成社会组织法规体系的建设。社会组织管理必然走向法制化道路，深圳市2004年就曾经以地方立法形式出台《深圳市行业协会暂行办法》，从而迈出了社会组织管理法改革的第一步。

社会工委应当就社会组织内部治理结构、外部监督体系等问题认真探讨，争取将社会组织管理中的新成果列入市人大地方立法计划当中。

当然，立法要考虑到多方面因素和利益，必须是谨慎的过程。因此，在立法一时不能实现之时，可以就前述的"分级吸纳"和"强化问责"等问题形成较为具体的指导意见，以便"枢纽型"社会组织在进行上述工作时有章可循。

### （二）保障对"枢纽型"社会组织的资金和人力支持

要实现"资源引导"，前提是必须建立稳定增长的资金投入机制。2010年，北京市出资上亿元购买社会组织的公益服务项目，既促进社会组织的健康发展，也为改善民生作出了贡献。在这一"政府购买社会组织服务"的过程中，"枢纽型"社会组织的角色和地位却是不太明确的。构建"枢纽型"社会组织工作体系，首先就要确保"枢纽型"社会组织在"资源引导"方面的桥梁作用。"枢纽型"社会组织的人员保障，同样是值得考虑的问题。社工委将采取购买岗位的方式来充实"枢纽型"社会组织的工作队伍，下一步需要进一步明确"枢纽型"社会组织需要人才的专业素质内容，需要进一步确立合理分配和使用这些人力资源的具体办法。

### （三）协助"枢纽型"社会组织完成组织文化构建

"枢纽型"社会组织要对所属社会组织发挥"价值构建、人才培养"的职责，前提是进一步完善和构建自身的组织文化体系。多年以来，各人民团体将"坚持党对人民团体的领导"与"独立自主开展工作"的原则有机结合，形成了自身独特的工作运行机制和活动开展方式。这些人民团体拥有坚实的组织网络、完善的工作队伍、广泛的群众基础，拥有在社会领域中长期积累的工作经验，是未来社会建设中一笔宝贵的财富。但是也不可否认，在

某些方面这些人民团体仍然有着较浓的行政化、机关化风格，与
"枢纽型"社会组织工作体系的要求还有差距。"枢纽型"社会组
织联系、引领、支持和服务所属社会组织的过程，也是形成"枢
纽型"社会组织组织文化和价值理念的过程，社工委在这些方面
应当起到一定的引导作用。

# 北京市民间组织国际交往现状、问题及对策研究

戴建中*

　　三十年来，我国政治、经济、社会、文化生活等各方面，都发生了深刻变化。在国际、国内两大历史潮流的影响和推动下，其一是世界多极化不可逆转、经济全球化深入发展、科技革命加速推进。当今世界正在演化成一个"地球村"，全球和区域合作广泛深入，任何一个国家都不可能闭关自守、在世界潮流之外独立发展。其二是中国的改革开放，实现了我国经济全面参与经济全球化进程，社会从封闭半封闭到全方位开放的历史性转折。中国与世界的关系已经发生根本性变化，中国同世界的前途命运日益紧密地联系在一起。

　　改革开放后的中国，社会活力显著增强，社会结构、社会组织形式发生了深刻变化，民间组织大量涌现。以私营企业为代表的新经济组织首先积极参与到经济领域的国际交往中，随后民间国际交往不可避免地渗透、发展到社会、文化等各个领域，这是经济全球化必然结果之一。我国的民间组织，正是在国内改革开放和国际经济全球化的双重背景下，开始走上国际交往的舞台。

---

* 戴建中，北京市社会科学院社会学所研究员，北京社会管理研究中心首席专家，"北京市民间组织国际交往研究"课题组负责人。

虽然我国民间组织国际交往的规模、数量还处在发展的初级阶段，但是已经显现出良好、有力的成长势头。

"北京是中华人民共和国的首都，是全国的政治中心、文化中心，是世界著名古都和现代国际城市。"① 首都的城市定位决定了北京必然是我国改革开放的窗口，这也促使北京市的民间组织发展较快、数量较多、领域较广、层次较高，国际交往较为频繁，对于配合我国总体外交、服务北京市中心工作等方面，都取得了明显的成果。

最近，刘淇书记多次指示："我们要顺应国际格局的新变化，结合国务院对于北京城市功能的定位，从首都实际出发谋划新一轮的建设和发展。要按照中央对北京做好'四个服务'的工作要求，强化首都职能；以建设世界城市为努力目标，不断提高北京在世界城市体系中的地位和作用"，"建设世界城市，要坚持高端，以更宽的视野，在经济、文化、科技等领域，进一步加强与国际最高水平的企业、经济组织、文化创意组织、科研机构等的交流与合作，不断提高对外开放水平和国际化程度。"

民间组织积极参与国际交流，是北京市建设世界城市的一个重要方面。对于这一新生事物，需要及时总结经验，使政府进一步协调管理机制，更加适应新形势的要求，同时使民间组织增强国际交往的活力和动力，更好地发挥自己的独特作用，为我国总体外交的开展、为北京世界城市的建设作出更大贡献。

为此，北京市民间组织国际交流协会（以下简称"市民交协"）于2008年8月成立专项课题调研工作小组和课题组，对北京市民间组织国际交往现状、存在问题及对策建议展开研究。北京市社会科学院（以下简称"北京社科院"）社会学所承担课题调查和撰写主报告的任务。

此项调研的指导思想是：第一，研究视角要兼顾民间组织发

---

① 北京市人民政府《北京城市总体规划（2004～2020年）》。

展需要和政府培育、管理民间组织的政策需要，但以政府政策视角为重点，站在中国外交政策总方针、北京市社会经济发展总体思路的高度上，考虑如何协调管理民间组织国际交往活动；第二，以市民交协会员单位作为调研重点，同时兼顾其他各类民间组织；第三，调研紧紧围绕民间组织国际交往活动开展；第四，重在实证研究，兼顾有关民间组织发展、作用的理论阐述；第五，调研分析注重定性方法与定量方法相结合，采用社会学的个案访谈、电话访谈、焦点座谈等实证调查方法和文献研究法。

课题组共走访了 61 个部门、单位和民间组织，其中党和政府管理部门 17 个（其中，中央单位 1 个，北京 7 个，上海和广东、云南等省市 9 个），各类国内民间组织 41 个（其中，市民交协会员单位 24 个、其他北京民间组织 15 个、云南 2 个），海外组织和基金会 3 个。

通过调查获得了北京市民间组织国际交往状况的大量第一手资料，摸清了北京市民间组织在国际交往的基本情况和发挥的作用，也整理、归纳了北京市民间组织国际交往过程中存在的主要问题，并针对这些问题提出了政策建议，为北京市民间组织国际交往的管理和决策提供了基础性资料和思考，有助于建立适合民间组织参与国际交往的社会协调机制，最大限度地发挥民间组织在促进国际交往方面的积极作用，为把北京建设成社会主义和谐社会首善之区以及世界城市作出贡献。

# 一　北京市民间组织国际交往的总体情况

## （一）北京市民间组织基本状况

### 1. 民间组织的基本概念

1998 年，国务院批准民政部撤销原社会团体管理局，成立民间组织管理局，并陆续在全国各级民政部门建立了相应的民间组织管理机构。从此开始，"民间组织"一词正式在中国使用。根据民政部民间组织管理局文件的规定，民间组织专指社会团体、民办非企业单位和基金会。

社会团体是由中国公民自愿组成，为实现会员的共同意愿，按照其章程开展活动的非营利民间社会组织，包括协会、学会、联合会、研究会、基金会、联谊会、促进会、商会等。

民办非企业单位是由企业事业单位、社会团体和其他社会力量以及公民个人利用非国有资产举办的，从事非营利社会服务活动的民间社会组织，主要包括各种民办的学校、医院、福利院、社区服务中心、职业培训介绍中心、研究所、文化馆等。

基金会是利用自然人、法人或者其他组织捐赠的财产，以从事公益事业为目的而设立的非营利性法人，包括公募基金会和非公募基金会。

国际上与民间组织类似的概念有"非政府组织"（Non-governmental Organization）、"非营利组织"（Non-profitable Organization）、"志愿组织"（Voluntary Organization）、"慈善组织"（Philanthropic Organization）、"独立部门"（Independent Sector）等①。非政府性和非营利性是这类组织共有的核心本质属性。

目前，在党和政府文件中广泛使用了"社会组织"这一概念。社会组织是指为了实现特定的目标而有意识地组合起来的社会群体，如学校、医院、社会中介组织、社会团体、人民团体等，其内涵比较丰富。而民间组织强调的是非政府性和非营利性，它是"社会组织"中的一部分，一般包括社会团体、民办非企业单位、

---

① 非政府组织（NGO）：强调这类组织与政府的区别，强调其非政府的特征。联合国的正式文件中通常习惯使用该术语；非营利组织（NPO）：强调这类组织和企业的区别，强调其非营利性的特征。这一术语在美国等国家较为流行；志愿组织（VO）：强调这类组织的志愿性特征，这一术语在英国、印度等国家较为流行；慈善组织：强调这类组织的公益慈善性质，其中不包括互益性的组织；独立部门：强调团体虽然由政府和企业所支持，但是其特征与贡献是独立的。

基金会三类组织。

本课题是研究北京市民间组织的国际交往,严格来讲是指与外国政府、国际组织、外国非政府组织之间的交往,主要包括出国访问、接待来访、组织或参与各级各类双边或多边国际会议及活动等。但这种国际交往常常与对我国香港、澳门、台湾地区的组织交往夹杂在一起(相当一部分国外组织在香港、澳门地区设立分支机构,并通过这些分支机构与国内民间组织进行交往,这更使得情况复杂多样),因此在本课题研究中也包括了这种境外交往。

### 2. 北京市民间组织分类和数量

截至 2009 年 5 月底,北京市已在民政部门登记的民间组织共有 6173 家。其中,社会团体 3003 家、民办非企业单位 3064 家、基金会 106 家(见表1)。①

由于民政部门对民间组织实行分级登记管理,基金会全部在市民政局社会团体管理办公室登记,社会团体和民办非企业单位少部分在市社团办登记,大部分在各区县民政部门登记。

表1　北京市在民政部门登记的民间组织数

单位:个

| 类　　别 | 数　　量 | 市　　级 | 区　　级 |
|---|---|---|---|
| 社会团体 | 3003 | 1155 | 1848 |
| 民办非企业单位 | 3064 | 225 | 2839 |
| 基　金　会 | 106 | 106 | |
| 合　　计 | 6173 | 1486 | 4687 |

课题组走访了上海、广东和云南3个省市。北京每万人拥有的民间组织总数远高于广东和云南,高于全国平均数,略低于上海(见图1),其中北京每万人拥有社团数量和基金会数量均居首位,

---

① 数据来源:北京市社会工委。

但民办非企业数量与上海相比差距较大（见图 2）。

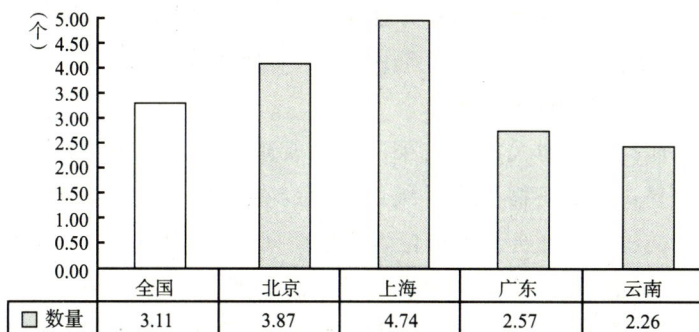

| | 全国 | 北京 | 上海 | 广东 | 云南 |
|---|---|---|---|---|---|
| □ 数量 | 3.11 | 3.87 | 4.74 | 2.57 | 2.26 |

**图 1　全国及四省市每万人拥有民间组织数**

资料来源：结合中国社会组织网和《中国统计年鉴》中的相关数据计算得到。

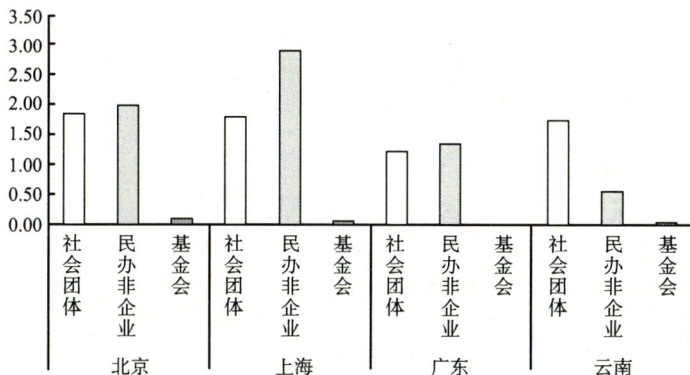

**图 2　四省市每万人拥有各种民间组织数**

资料来源：结合中国社会组织网和《中国统计年鉴》中的相关数据计算得到。

北京民间组织成员整体素质较高，从业人数约 95000 人，其中具有大专及以上文化水平的占 65%，在全国各省市名列前茅。①

---

① 中国社会组织网，《2009 年民政事业发展统计报告》（社会组织部分）。

北京市民间组织除了在市、区两级民政部门正式登记的以外，还有一些民间组织在社区、学校内部活动，需要向社区、学校备案。其中在社区居委会或者街道备案的民间组织约有12000家，分布在18区县的2500多个社区中；据共青团市委摸底，在大中学校中的社团组织约有3万个。

目前，我国对民间组织采取双重管理体制。民间组织除在民政部门登记外，还需要有县级以上政府有关部门或者县级以上政府授权的组织做业务主管单位。如果民间组织要到民政部门登记，必须先要找到业务主管单位。由于大量民间组织难以找到业务主管单位（一般情况下，部门、组织也没有积极性来担当民间组织的业务主管），因此无法到民政部门登记。部分民间组织在工商局注册为企业，现在北京市仅名称中带"科、教、文、卫"字头的企业就有8000多家。此外，还有大批正在活动的民间组织根本没有注册登记（见图3）。

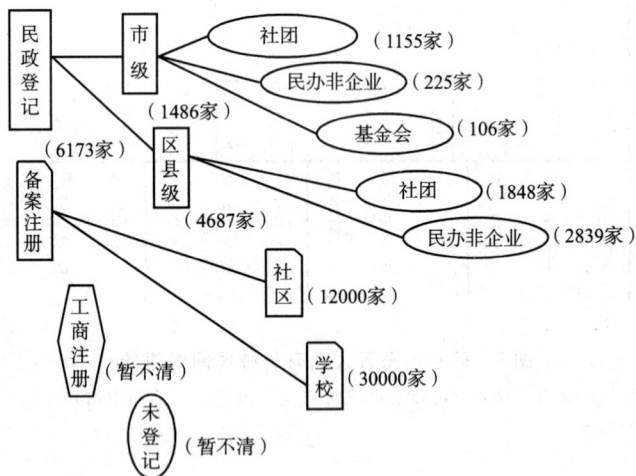

图3　北京民间组织登记注册情况

### 3. 北京市民间组织国际交往的四种基本类型

在社区备案的民间组织中，文娱性、兴趣性组织占绝大多数，这些民间组织基本上没有国际交往活动。

而在其他民间组织里，国际交往状况差别很大。可以有两条分析主线：一是国际交往的能力强或弱；二是国际交往的资源来自政府或市场与社会。如果用这两条主线组成一个十字坐标系，以国际交往资源的来源为横坐标、以国际交往能力为纵坐标，可以把民间组织按国际交往状况分为四种类型：右上方第一象限为管理型民间组织、左上方第二象限为拓展型民间组织、左下方第三象限为内生型民间组织、右下方第四象限为协助型民间组织（见图4）。

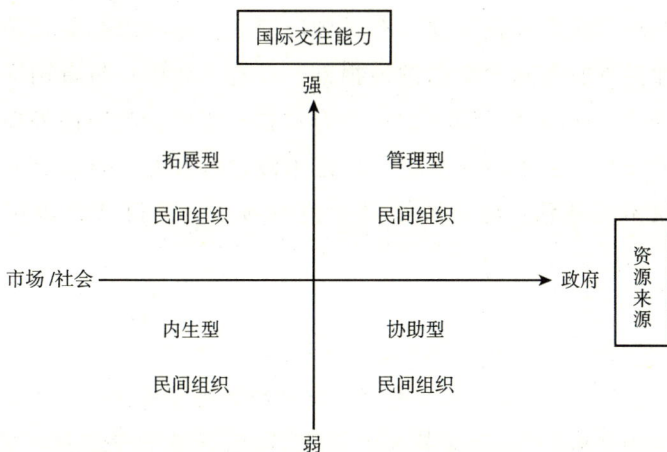

图4　按国际交往情况对民间组织的分类

管理型民间组织：具有较强行政管理职能的组织，对部分其他民间组织负有"业务主管"的指导责任。这类民间组织由两部分组成：一部分是"枢纽型"社会组织，其中有些是从北京市的人民团体转型而来的，如总工会、团市委、妇联、科协、侨联等；另一部分是接受局级行政管理部门指导的专业性较强的民间组织，如律协、慈善协会等。这一类民间组织的国际交往较为频繁，或参加上级领导部门组织的外事活动，或独立组织外事活动。它们国际交往的经费来源、信息渠道、人员管理等都与政府部门密切关联。

拓展型民间组织：具有较强的经济取向和专业取向的组织。这类组织开展各种专业服务，市场运作能力和吸纳社会捐助的能力都比较强。它们的国际交往一般比较活跃，经常开展项目合作，得到项目经费。虽然它们有时也感经费紧张，但基本上已经站稳脚跟，事业也在发展中。在调查中遇到的"地球村环境教育中心"、"北京青少年法律援助与研究中心"都属于这种类型的组织。

内生型民间组织：这类组织主要是在工商管理机构注册或根本没有登记注册。它们之中大多数组织活动范围基本上限于北京市或国内，没有或仅仅偶尔有过国际交往。这些组织的资源主要来自服务性收益和少量的国内捐助。只有少数组织具有国际交往活动能力，希望通过国际交往与合作扩大影响，吸引国外项目获得经费支持。由于国际金融危机还未渡过以及北京奥运会后国际慈善资本的转移，境外资金投入急剧减少，使得这些组织生存艰难。

> 例如在课题调研中就了解到：
> "×××信息咨询中心"接受境外资金以保障国内助残项目的实施；"×××教育研究所"对孤独症儿童的服务项目费用75%来自海外捐款；"北京×××文化发展中心打工妹之家"与"××妇女热线"大部分项目资金也是来自于国外的基金会。

协助型民间组织：以"业务主管"单位离退休干部为主，有的在协助"业务主管"单位从事部分管理工作，有的也经营一两项从"主管单位"手里接过来的业务，这些业务带有一定"垄断"性质。这类组织的自主国际交往不活跃，有的是"主管单位"不便出面时使用的一块民间组织"招牌"。

通过对调查资料的分析,北京市民间组织国际交往一般有"三步曲"。

第一步:接触试探。民间组织与国际组织、境外非政府组织代表在国内见面,互相探询对方有无合作的愿望。协助型组织和内生型组织囿于自身条件浅尝辄止。

第二步:加深交流。国际组织、境外非政府组织以参加国际会议、考察、培训等名义邀请民间组织负责人出国访问或以交流名义来访,双方有意合作就进一步开展国际交流。多数管理型组织自己有经费、有渠道组团出访或接待来访。

第三步:项目合作。在接触和交流的基础上,双方就具体项目开展合作。部分管理型组织往往由于经费不足,使得深层次的国际交往受到影响。而多数拓展型组织视对外合作为生存、发展的重要经济来源,由外方提供经费。

(访谈35)北京×××环境教育中心:

在一些项目里,我觉得草根机构的协商空间都很小,往往到最后就妥协于大型国际机构的做事理念。

国外的资金真的是不好拿。它有它的理念,它要把它的理念叠加在每张钞票后面,然后给你送过来。

初次合作双方满意,可能继续新的合作,由此形成比较固定的伙伴关系。但也有些内生型组织不能顺利完成项目,或双方合作破裂,或在激烈竞争中被其他组织"戗行"。

从我们了解到的情况看,在各类民间组织中,管理型组织和拓展型组织参与国际交往活动较多,而协助型组织和内生型组织则相对较少。

(访谈8)北京市东城区民政局:

东城区现在登记在册的社会组织有352个,主要还是以民办非企业为主，像民办学校、医疗机构，包括一些民政的福利机构等。据我们了解，这些组织，真正有涉外活动是非常少的……352 家社会组织里真正能做一些国际交往的微乎其微。

（访谈 12）北京市文学艺术界联合会：

我们下面主管的社团有 24 家，基金会有 4 家……在这 28 家里，真正开展国际民间交往的，不管是"请进来的"还是"走出去的"，只有三四家。

上述民间组织的类型划分，是从调查资料中整理、归纳得出的，在后面分析民间组织国际交往存在的问题和提出对策建议时，还会涉及。

### （二）北京市民间组织国际交往的主要特点

与国内其他省市相比，北京具有政治、经济、文化功能更加集中，科技、智力资源更加聚集的独特优势，这就使北京的民间组织在国际交往中拥有较宽的眼界、较高的层次，逐渐显现出自己的特色，并开始发挥示范表率作用。

**1. 首都功能使北京市民间组织国际交往具有独特优势**

北京是我国的首都，这是北京的民间组织在国际交往中的首要资源。

（1）北京是中央党政领导机关、国家各部委所在地，同时也是全国性社会组织所在地。北京市的民间组织能够更直接、更迅速地听取国家整体外交工作的精神和部署，有更多的机会随同、配合国家机关开展各类外事活动。

市民交协先后邀请中国民间组织国际交流促进会副会长兼秘书长崔建军、外交部国际司副司长沈永祥来会作报告，增强对国际 NGO 领域形势和中央对 NGO 工作的各项方针政策的了解；中联部、中促会还推荐北京市民间组织参加国际非政府组织的会议和活动，为北京市民间组织开展国际交往提供信息资源和帮助打开交流渠道。

（2）北京是外国驻华使馆所在地、国际组织和区域性组织驻华机构主要所在地。调查中发现，在公共健康、环保、发展等领域中，都出现了很多国际组织、国外非政府组织和基金会驻京办事机构的代表，主动寻找北京市民间组织进行经验交流和项目合作。

（3）北京是国家高层次国际交往活动的主要举办地。北京曾举办了 1990 年第 11 届亚运会、1995 年第 4 届世界妇女大会、2001 年第 21 届世界大学生运动会等大型国际会议和活动，尤其是 2008 年北京奥运会的成功举办，大大加强了北京与世界各国、各地区在社会领域的交流，为北京市民间组织国际交往带来了发展契机。

（4）北京市委、市政府高度重视民间对外交往工作，于 2006 年 10 月在市外办增设了非政府组织处，具体负责境外非政府组织在京活动和北京民间组织参加国际非政府组织活动的协调管理工作；北京市又于 2007 年 8 月在全国率先成立了民间组织国际交流协会，推动北京市民间组织的国际交流与合作。这些举措使北京市民间组织的国际交往得到了健康、有序的发展，民间组织在国际交往中发挥了重要的作用。

## 2. 民间组织国际交往领域逐渐扩大

从调查中可以看到，北京民间组织的国际交往内容丰富、联络广泛、活动地域广阔。

北京市民间组织国际交往的发展大致呈现了几个变化阶段：改革开放之初，一些人民团体，如工会、共青团、妇联以及侨联等走出国门，交往对象基本是对口的特定群体，交往内容多为宣传国内变化、增进人民友谊。1995 年世界妇女大会在北京召开，草根式民间组织开始大量出现，受当时国外组织的影响，关注点主要有：妇女权益、扶贫、助残、环保等。进入 21 世纪，随着社会事业的发展，尤其是社会领域变革的深入，越来越多的民间组织将目光聚焦点转向了社会弱势群体，例如农民工群体、老年人群体、少年儿童群体以及艾滋病患者群体。随着四川抗震救灾和奥运会召开，慈善事业和志愿者活动又成为国际交流的重要内容。目前交流内容涉及服务、倡导、研究多种形式，涉及社会、经济、文化、环境多个领域。

交流领域的变化，一是受到国外关注热点的迅速影响，例如中国并不是艾滋病高发区，但世界卫生组织等一大批国际组织与中国政府、各种民间组织开展大量艾滋病项目合作，援助了大量资金，部分管理型民间组织、大批拓展型民间组织都参与进来；二是伴随着中国经济社会发展水平的提高，形成诸多新的关注点，例如"绿色"环保运动的内涵不断丰富，从关注三峡造坝、云南雨林，直至 2009 年北京的环保组织走出国门，到哥本哈根世界气候变化大会上去宣传"低碳减排"。

> 2006 年 8 月，国家人口计生委主任张维庆代表中国政府出席第十六届世界艾滋病大会，他对记者说："中国政府和非政府组织是车之两轮、鸟之两翼，对防治艾滋病，我想非政府组织的作用可能更大。"①
>
> 2008 年 6 月，国内 8 家民间组织作为中国民间组织的代表参加了联合国艾滋病高级会议，其中 6 家民间组织都来自北京地区。他们在会议上宣读了亚洲艾滋病问题的报告，宣传我国在艾滋病防治领域取得的成绩和为全球抗击艾滋病所作出的贡献。2009 年，北京市 5 家民间组织又联合起来开展调查，收集来自社区的数据、意见和建议，为我国提交 2008 ~

---

① 中新社 2006 年 8 月 13 日："非政府组织"是中国防治艾滋病的重要力量——专访国家计生委主任张维庆（中新社记者曾利明）。

2009 年执行《艾滋病承诺宣言》情况评估报告做准备。

　　北京市的民间组织和外省市的同行联系广泛，有时甚至成为外省市民间组织国际交往活动的桥梁，一些外省市民间组织的培训、会议也移师北京。而北京市民间组织的一些国际交流项目也在外地开展，例如许多国际资助的艾滋病防治项目在河南、云南开展实施。还有一些民间组织在各地都有分支、"连锁"机构。由此可以看出，北京市的一些拓展型民间组织活动能力很强，但也存在异地管理方面的问题。

### 3. 民间组织国际交往层次较高

　　北京市民间组织的国际交往对象不仅仅是基金会、国外非政府组织，甚至不限于一般国际组织，而是在联合国高级别会议中出现；交往内容也不仅是项目合作，交往领域和交往范围十分广阔。

　　　2008 年市民交协派员随中促会代表团参加在纽约召开的联合国经社理事会高级别会议，这是我市民间组织第一次参加联合国系统高级别会议。通过参会，加强了与联合国有关机构及部分国家非政府组织的联系，宣传了我国民间组织在国际事务和国家经济社会发展中发挥的积极作用。

### （三）北京市民间组织开展国际交往的成效

　　刘淇书记曾经指出："民间组织在提升国家形象，提高国家'软实力'方面可以发挥积极作用；在中国崛起过程中，依靠民间组织做工作很有必要。"近年来北京市民间组织在国际交往中的表现可谓"不辱使命"。

### 1. 配合我国总体外交，发挥民间外交优势

　　从下面几个事例，可以看出北京市民间组织在外交工作中起

到了不可替代的积极作用。

在国际多边活动中，处理好涉台问题。北京市国际税收研究会办税人员分会，2004 年派员参加世界纳税人协会的会议时，积极加入世界纳税人协会，阻止了台湾代表抢先入会的企图。

（访谈 16）北京市国际税收研究会办税人员分会：

我们加入世界纳税人协会还有一个小插曲，澳大利亚办税人协会会长皮特先生私下说，你们中国应该参加（世界纳税人协会），在两年前，台湾就提出了入会要求，但我们考虑到它们和中国争论的问题，所以我们就迟迟没答应它们。我想中国更应该加入世界纳税人协会，占住这个位置，这样台湾再要求加入的话，没有大陆的同意，世界纳税人协会是不会批准的。按它的章程规定，一个国家只能有一个人作为国家代表成为专家组成员，我加入世界纳税人协会自然成为专家组的成员，以后台湾申请加入，我不同意，它就不能参加。

北京市归国华侨联合会通过自己的工作，使国外华侨在关键时刻投入了保卫奥运火炬传递的运动中来。

（访谈 34）北京市归国华侨联合会：

火炬传递的时候，中央看到了海外华侨、华人的力量，这种作用是我们替代不了的。那时候，咱们老百姓也着急呀，你看那个（火炬）都传不下去了，别夭折了。法国、英国在点火的时候受到了很大的冲击。一到了洛杉矶就不一样了，华侨、华人都集中在这个城市，五星红旗铺天盖地。它那儿是"法轮功"的总部，闹得厉害，我们一下把他们就盖住了。后来又到澳大利亚，到其他的一些国家和地区，所到之处，华侨、华人老早就准备，开车十几个小时到那儿，人家社团自己组织的大巴车，都不用人动员，大批大批往那儿涌，就为了护那圣火。国内能派多少人去那儿干这事？干不了，这是替代不了的。所以，侨界的工作是日积月累的工作，是慢功，什么时候能看到成效了呢？这时候就能看出来了。在现代社会，你不和他们交往，和他们失去了联系，时间长了，人家就觉得自己不是中国人了，跟中国没关系了。

在联合国的会议上，西方国家经常利用人权问题攻击中国政府，北京市民间组织配合中国政府做了大量工作。

（访谈37）北京市×××法律援助工作站：

根据联合国人权理事会的规则，联合国每四年要国家政府交人权方面的报告，2008年是中国改革以后联合国第一次审议中国的报告。当时中央非常重视，胡锦涛和各委办都有批示，一定要打好这一仗。实际上现在中央看清楚了，在审议的过程中，这些人权理事会的专家会挑一些民间组织的报告来看，看里面有些什么问题，拿这些问题再问你政府的代表。也就是说民间的报告有特别大的影响。中央看出来了，民间的报告很重要，所以就要求中联部来组织中国的民间组织写这个报告。当时一共找了10家，真正意义上的民间组织就是我们。后来写报告的过程当中，中联部对我们的报告最满意。2009年初，联合国人权理事会对中国报告审议期间，我们也派人去一块儿参加。在联合国里，中国的非政府组织坐的位置还是很高的。

## 2. 服务北京中心工作，展现改革开放成果

自2001年北京申奥成功以后，举办一届有特色、高水平的奥运会就成了北京的中心工作，北京的民间组织通过积极开展国际交往，为此作出了重大贡献。

2008 年 4 月，市民交协与中促会合作，成功举办了"可持续发展与绿色奥运"第三届联合国非政府组织亚太地区研讨会。会议期间，组织代表们参观了水立方、"鸟巢"等奥运主馆场，宣传了改革开放的北京，声援了奥运。

2008 年奥运会和残奥会召开期间，市志愿者联合会积极参与志愿者工作的动员、组织工作，170 万志愿者用真诚的微笑、周到的服务向各国来宾展示了北京改革开放的城市形象。

（访谈 17）北京团市委事业部、北京志愿者协会：

我无论在联合国志愿人员组织总部，在国际奥委会总部、残奥总部、在国际红十字会总部，所有的国际人士都说，北京奥运会志愿者感动了全世界，无与伦比。

在经济建设中，北京市的民间组织如侨联、中国贸促会北京市分会、外商投资企业协会等，开展了大量卓有成效的活动，展现了北京良好的投资环境，搭起了外商与政府沟通的桥梁，为首都的招商引资作出了贡献。

在北京的社会建设中，北京市民间组织通过国际交往与合作，帮助开拓国际市场，有效扩大就业，切实改善民生。如北京市妇联创建"巧娘工作室"270 个，直接安置妇女就业 4.5 万人，带动妇女弹性就业 25 万余人，为城乡妇女创业、就业提供服务，她们制作的手工艺品不仅远销到 204 个国家和地区，也作为珍贵的礼品赠送给国际贵宾。联合国经社理事会非政府组织处处长安德烈先生高度评价了"巧娘工作室"项目。

2009 年 5 月，市民交协、市妇联、市工商联派员随程红副市长率领的中国代表团出席了在智利召开的全球妇女峰会，展示了中国和北京妇女工作取得的成就，并欢迎 2010 年全球妇女峰会在北京举行，为把北京市建设成世界城市，吸引大型国际会议作出了贡献。

### 3. 展示中华文化魅力，增强国家"软实力"

当今世界，文化交流在国际关系中具有突出的地位和作用，文化是国家"软实力"的核心因素。中国是历史悠久的文化大国，北京又是中国文化底蕴丰厚的名城，从历史上看，北京"曾是世界上最繁荣、最发达、最辉煌的城市，具有世界影响"。

北京的民间组织正在把弘扬中华传统文化和展示北京璀璨的地方文化作为国际交往的重要内容，在充分展示东方文化无穷魅力的同时，向各国人民表达北京人民的友好情谊。

（访谈14）北京市京剧昆曲振兴协会组织出访巴黎，请法国观众来到后台，向他们演示京剧如何化妆，介绍花脸、"行头"等文化符号的含义，用最浅显的方式让法国的青年、孩子了解中华文化的博大精深。

（访谈12）北京市文联组织民间艺术家出访，备受欢迎。他们不是名人，也没有很高的学历，起点又比较低，但对接他们的人很高，有的是总统接见。到了夏威夷，张学良和赵四小姐邀请他们住在家里，张学良非常喜欢，他认为民间艺术意识形态少，受现代文明的污染少，真正代表一个民族的本质。

由于中华文化的厚重积淀，我们在国际交往的思想碰撞中，能够对许多国际问题的认识更为深刻。

（访谈35）北京×××环境教育中心：

对于环境保护，在20世纪90年代初，×××老师（该组织发起人、负责人）就出国转，看到那些国外的经验，什么美国的、日本的、德国的，都拍成片子，回来在中央电视台播，都是宣扬国外的先进环保经验。但是在 2000 年到 2002 年那段时间，发生了一些变化，她觉得这解决不了根本问题，国外的解决方法始终没有碰触人性，现在的这个环境问题，我们判断是在人性上出了问题，是人不能控制自己的欲望。在这种基础上，环保问题无从展开，做的所有事情都是末端治理。你开发了再多的可供利用的能源，因为你的欲望总是膨胀，一膨胀资源又不够，又出现新的环境问题，然后我们就总是跟在屁股后面一个一个地解决环境问题。与其这样的话，还不如在传统文化中寻找一些怎么去应对这个根源问题的思想。这些年一直为这个方向努力，所以我们现在并不吹捧西方式的环境保护思路。

## 4. 提高国际交往能力，促进民间组织自身发展

北京民间组织开展国际交往活动，本身也是一个学习的过程。一方面，他们逐步开阔了眼界、了解了外部世界、熟悉了国外非政府组织的运作模式，引入了先进的管理理念，逐渐学会不同文化之间的相互理解；另一方面，在技术和经验层面也能够学习到新东西，为民间组织自身的发展注入了活力。

（访谈 19）北京市残疾人联合会：

康复在咱们国家起步非常晚，跟国外差距很大，迫切需要与国外交流。我们觉得残疾人国际交流，起到了不可替代的作用。大部分的东西都是从国外学来的，如果咱们不照猫画虎，绝对到不了现在的水平。人家从第二次世界大战后就发展起来了，咱们始终处于停滞的状况，比人家晚了几十年。我的想法就是，没必要重新摸索一套，把人家现成的东西拿来，把好的、适用于中国的用上，不适合的就不用。包括咱们机构的建设，体系的建设，从国外学习来的特别多。不能因为少数人出去以后做出不当的事，而把我们交流的成果都

抹杀了，都被怀疑了，这就太不合适了。国外从理念上、从体系上、从各个方面对咱们都有启示。这几年，业务交流是非常重要的。

## 二 北京市民间组织国际交往中存在的问题

尽管北京市民间组织在国际交往中取得了很大成绩，但毕竟起步晚、国际交往程度仍然较低，存在资金缺乏和专门人才、政策支持力度不够等问题，同实现民间组织国际交往"有影"（在重要场合有我方人员现场参与）、"有声"（能明确阐述我方观点）、"有呼"（能积极表达利益诉求）、"有应"（能争取到多方支持相应）、"有为"（为国际民间组织交往作出积极贡献）、"有位"（在重要国际组织核心层占有一席之地）的目标还有相当大差距。

### （一）民间组织国际交往的协调管理机制有待完善

#### 1. 民间组织国际交往的总体规划需要明确

目前，北京市尚无民间组织从事国际交往活动的总体规划，或者说民间组织国际交往工作还没有具体地纳入北京市外事工作整体部署中。在新制定的《北京市外事工作规划（2009～2013）》中，虽然提出"要充分发挥民间组织的作用，稳步推进民间国际交往，鼓励和引导民间组织参与国际交流和合作"，但对于民间组织配合我国总体外交和北京市外事工作的定位还不够明确，民间组织从事国际交往活动的目标、阶段、预期任务和具体措施仍比较模糊。规划定位地存在问题，民间组织对于什么应该做、什么可以做、具体怎样做，就缺乏统一的理解，尤其是国际交往比较活跃的管理型组织，缺乏统一部署、配合不够。

（访谈34）北京市归国华侨联合会：

同是涉侨工作，侨联是民间组织，侨办是政府组织，统战部海外联谊会是党的组织，如何发挥各自不同的工作侧重点需要一个总体规划以及宏观的战略性的指导，否则对于现存的海外交往渠道、资源，既会存在重复利用，又会存在利用不足的现象。

现在的主要问题是各个部门各自为战，争抢资源。这工作性质差不太多，平时认识的人也都在一个圈子里。大家都在做这一人的工作，其实这是资源的浪费。有的人是着急找不着组织，有的人是无数个组织做他一个人的工作，其实真的大可不必。应该有一个总的指导思想，要合理利用有限的资源来广交朋友。全世界华人社团可能上万个，不能全集中在少数上面。应该分层次来做。现在出现什么情况呢？大老板后面是追着一堆人，然后中层的、低层的没人理。

## 2. 民间组织国际交往的管理机制需要改进

为保证民间组织国际交往能够有序健康发展，必要的管理协调是十分重要的。

但是在民间组织管理中实际存在的多头管理现象，往往使管理服务不到位、不落实。

（1）人员出境底数不清。

管理型组织和协助型组织由于有"主管单位"，或者自己就是"主管"单位，出国通过外办审批使用公务护照，批次、人数、日期、地点都是清楚的。但是相当多的拓展型组织和内生型组织，没有在民政部门登记、没有"主管单位"，这些组织成员使用私人护照出国，从公安局的出入境管理登记上也很难判断是因私出境还是因民间组织国际交往出境。

（2）资金入境底数不清。

如果外汇通过银行汇入民间组织账户是有底案可查的，但现在至少存在三个漏洞：一是相当多的民间组织既未民政登记，也未工商登记，因此并未在银行开户；二是小额外汇不经银行而采用现金交付的方法；三是通过在中国境内的外资企业用人民币支付。

在调查中，安全保卫部门认为，资金流入的失控存在国家安全方面的隐患。

（3）实际工作中存在着多头管理现象。

民政部门和业务主管单位对民间组织实施双重管理，在体制转轨和社会转型阶段发挥了重要作用，加强了政府对民间组织的管理和引导。但随着社会经济的发展，尤其是政（政府）社（社会组织）要逐步脱钩，这种体制越来越不适应民间组织发展的要求。

（访谈 2）北京×××信息咨询中心：

我们希望有人来管我们，你们来评估我们，如果我们达到了，我们达到一个什么条件，拿到什么资格，我们就可以登记身份了。但现在就没有这个评估。

我们这些民间组织特别希望能有一个对我们进行管理和服务职能的这么一个婆婆，我们希望有这么一个关系，使我们的工作更规范，工作更合法，运作起来更规范。现在，我们是在以非法身份来做这个合法的事情。

社会工委在 2009 年 3 月推出"枢纽型"社会组织，对于改进双重管理制度是一个创举，一定会有助于解决民间组织登记难和不登记问题，但是由行政部门主管过渡到枢纽型组织分类管理，需要一个过程，同时枢纽型组织如何履行"业务主管"职责、如何对相关社会组织进行日常管理还需要摸索和总结经验，更需要逐步取得民间组织的信任。

（访谈7）《××发展简报》：

把主管部门的责任从政府部门转到了这个"八大家"（"枢纽型"组织）以后，是不是就是一个大的体制性突破？这"八大家"它自己有没有意愿去承担这样的责任？如果说政府部门权力在手，它都不愿去做主管部门，它都不敢去也不愿去担这个风险的话，这"八大家"又有多大的胆魄，或者有开创性的思路来解决和应对这个问题？如果政府把一些烫手的山芋给了这个"八大家"，让它们来承担民间的压力，那么根本问题并没有突破。在主管这个责任的划分上可能需要有一些细化的东西。

政府的这个举措是一个比较积极的回应，它的动机是很善意的，它愿意去解决这个问题。但实际上可能如果一些根本性的问题没有解决，在现实中就会被卡住。

这种实际存在的多重管理状况，使得没有一家管理部门知道北京市民间组织的确切数字，政府统计无法得到准确的民间组织数量。一些学者的研究表明，经过正式登记的民间组织数量只占民间组织实际数量的8%～13%。[①]尽管本研究没有对民间组织数量进行专门的普查，但通过走访和深度访谈方式，可以得出一个基本的判断，即注册登记的民间组织远远少于有实际活动但没有注册登记的民间组织。政府掌握的民间组织国际交往情况也只是实际存在的一小部分，底数不清是管理民间组织国际交往活动遇到的首要难题。

**3. 民间组织管理的部分法规需要修订**

目前对于民间组织登记管理依据的法规，主要有1988年公布的《基金会管理办法》、1998年公布的《社会团体登记管理条例》和《民办非企业单位登记管理暂行条例》以及《关于进一步加强

---

① 谢海定：《中国民间组织的合法性困境》，《法学研究》2004年第2期。

民间组织管理工作的通知》等。这些法规大多是 20 世纪八九十年代制定的，而当前民间组织发展的宏观经济社会环境已经发生了巨大的变化。因此，修订相关政策、法规，已成为促进民间组织发展的迫切需要。

对于民间组织开展国际交往的管理办法散见于其他文件中，缺乏系统的管理法规，因此，目前亟须出台有针对性、实效性强的相关法规或办法。

### （二）民间组织国际交往能力有待提高

民间组织开展国际交流活动，存在着缺乏人才、资金、信息渠道等共同的困难，而不同类型的民间组织还存在各自特殊的问题。

#### 1. 缺乏国际交往需要的各类资源

（1）民间组织缺乏开展国际交往需要的专业人员。

专业人才的多寡决定民间组织能否在国际交往的大舞台上展现身手。他们不仅要熟悉本领域业务，还要具备较高的外语能力，更重要的是要了解中国外交的方针政策、掌握国际交往的规则、礼仪和法律通则等。但是目前多数民间组织专业人才的缺乏和不足制约了其国际交往的能力和活力。

管理型组织以前习惯于随政府部门出团，具备独立外事能力的人才储备不足。部分拓展型组织虽然已有成功的尝试，但仍处在经验积累时期。内生型组织的经济实力和福利状况难以长期留住相关的专业人才。在调查中我们接触到一些民间组织，由于工作人员专业水平不高，已经在合作中遭受损失，甚至造成一些不良影响。

（2）民间组织普遍承受资金缺乏的压力。

资金缺乏是民间组织走向国际舞台的另一个大问题。

一是缺乏开展国际交往的经费，无论是"走出去"，还是"请进来"，都受到很大限制。

二是缺乏项目经费。为了解决经费困难，一些民间组织把自己等同于企业，把利润当成了组织目标，逐渐偏离了"非营利性"和公益性的宗旨。还有一些组织把"喝洋奶"看成"致富"的捷径，这就容易在国际交往中失去自主权，以致接受有附加条件的项目，受境外组织操纵和利用。

（访谈1）×××教育文化交流中心：

英国BBC的一个下属机构，与我们合作中也出现了很强势的态度。拿着我们的项目去申请，等钱下来以后，所有的信息都不告诉你，就这点钱，我让你做什么，你就做什么，不做我就找别人做，完全是一种强势。它不管你自己想做什么。

因为你中国的NGO，不懂得国际上的规则，包括最简单的规则。我们当时就是很年轻嘛，没有经验，很多信息被封闭，所以我们什么都不知道。

它把资金砍掉以后呢，钱只给我们20%，我肯定完不成。它说完不成就由它们向基金会解释，原因是中国政府的政策不稳定造成的。我当时一听，就觉得，还没做呢，坑都给我挖好了，我当时后背寒毛就竖起来了。这是一个很黑的、很大的洞，我们一只脚已经进来了，必须刹车，停掉了。

为了民间组织能够健康发展，政府给予一定的资金支持是非常必要的。

（3）民间组织开展国际交往缺乏信息沟通和交流渠道。

在信息占有和使用方面，我国民间组织和国际社会之间处于非常不对等的状态，造成民间组织在国际交往过程中常常陷入被动状况。

（访谈2）北京×××信息咨询中心：

在向国际基金会申请项目过程中，它们对我们的机构背

374

景、项目背景都有很深刻的了解，但是我们对它们的背景就很难有一个深入的了解。这种信息的不对称就是强势文化的态度，使我们 NGO 在运作的过程中确实感觉到有些压力。NGO 组织在成长，不是说有奶便是娘，可能还有一个鉴别的过程，包括一种信息的透明化。

民间组织涉外活动普遍缺乏有效的信息采集、加工、共享的平台，这表现在：民间组织对境外非政府组织信息了解有限，在交往中信息严重不对称；行政体制内和体制外的组织之间缺乏沟通，非常不利于总体的协调和指导；由于缺乏制度化的信息合作，个人掌握的信息就成为私人资本，甚至在组织内部很难转化为组织资本，更不要说成为社会资本了。

除了信息沟通不畅之外，民间组织在国际交往中还缺乏一定的交流渠道。在调研中发现，民间组织在国际交往中，大部分依靠负责人或创始人的已有的社会关系与其他组织开展交流和合作，这种关系一旦弱化或消失，其组织交流和合作的渠道也跟着变小，因此，如何建立民间组织国际交往的渠道机制，如何为民间组织国际交往提供更多的交流渠道也是当前民间组织国际交往中遇到的主要难题。

### 2. 不同类型民间组织的特殊问题

管理型组织的特殊问题包括：人员、资金依赖行政体制，缺少独立性和自主性，仅局限于完成目前的具体工作，缺少本领域的国际视野和战略发展眼光，缺乏长远的规划和设想，外出访问和交流的成果也很难具有持续性。在国际交往中"官方"色彩过浓，缺乏民间外交的代表性。

协助型组织的特殊问题包括：国际交往成为福利待遇，无实质性内容，缺乏动力，很难把国际交往与组织的主要工作结合起来。

拓展型组织的特殊问题包括：国际交往渠道重个人关系而非

组织力量，具有不确定性；合作不规范、缺乏制度化，项目多为一次性、临时性；宗旨、项目内容相类似的组织之间各行其是，缺乏配合，涉外资源不能有效整合。

内生型组织的特殊问题包括：对国外相关领域了解不足，实质性接触少，信息交流传递贫乏，缺乏经验，自身能力相对薄弱，对外发展空间目前还很有限。

## 三 促进北京市民间组织国际交往活动的对策建议

最近，刘淇书记就北京的新一轮建设和发展作出一系列指示："我们要顺应国际格局的新变化，结合国务院对于北京城市功能的定位"，"瞄准今后几十年中国在世界的地位，明确北京定位，建设世界城市"。"世界城市是指具有世界影响力、聚集世界高端企业总部和人才的城市，是国际活动召集地、国际会议之城、国际旅游目的地"。"为实现建设世界城市的目标，我们首先要深化改革，建立新的体制机制，提升城市发展的内在活力和动力。通过建设服务型政府简政放权、下放职能，通过改革行政管理体制、确立新的政策导向，消除一切不适应科学发展的障碍。其次要扩大开放，提高城市规划、建设、管理的水平"。"要充分发挥北京在实践奥运'三大理念'中形成的优势，进一步加强国际交流与合作，努力把'人文北京、科技北京、绿色北京'理念打造成为北京区别于其他城市的独特品牌"。

建设世界城市，对北京市民间组织的国际交往提出了更高的要求，同时也带来了历史性的机遇。我们要从建设世界城市的宏大目标出发，重新审视民间组织参与国际交往的意义，摸索不断完善促进民间组织发展的体制、机制，着力提升民间组织内在活力和动力，使民间组织健康、有序地参与国际交往，充分地发挥自身的独特优势和积极作用，成为北京建设世界城市的一支生力军。

## （一）充分认识民间组织参与国际交往的重大意义

### 1. 民间组织参与国际交往具有不可替代的重要作用

近三十年来，在国际大舞台上，随着各国间交流合作迅速增多，国际交往的主体越来越多样化，继各国政府、国际组织之后，民间组织成为国际交往中的第三种主要力量，在国际事务中的作用日益加大，以联合国为代表的国际组织纷纷向各国非政府组织程度不等地敞开了大门。它经常打破国别、地域、党派、意识形态等方面的界限，更直接地表达人民群众的各种要求和希望，并且创造出一些不同于传统外交的新交往方式，成为国际交流合作中不容忽视、不可替代的力量。

一些西方国家政府早已注意怎样适应、利用这一趋势。例如美国官方认为，在外交方面单纯依赖政府资源是远远不够的，它们越来越重视非政府组织在维护国家利益方面的作用。早在20世纪60年代美国就向拉美、非洲、东南亚国家派出大量民间组织出面政府支持的"和平队"，扩大美国的政治、社会、文化影响力；2001年"9·11"事件后，美国政府把以民间组织为主的公共外交提高到了空前的高度。美国人相信，非政府组织比政府组织更容易赢得国际民众的信任。美国主流舆论要求工商、慈善、宗教、传媒、教育、文化各部门以及NGO乃至普通公民都肩负起外交使命。

中国政府需要民间组织更加积极参与国际交往，成为我国总体外交的有机组成部分。民间组织的活动有助于各国人民了解中国，更全面地展示中国改革开放的形象，特别有利于正面影响西方舆论、西方"公民社会"以及西方政府，从而有利于维护中国的国家利益。

（访谈1）×××教育文化交流中心：

有些时候民间组织说一句话，比政府说一大堆话效果好。

培植民间组织，让它们参与国外的民间外交，这是不可逆转的潮流。这一点从国家外事方面来说，要有非常清醒的判断。

## 2. 民间组织是北京建设世界城市必不可少的活跃力量

北京市建设世界城市的重大措施是："要对区域开放、对民营经济开放、对国际市场开放，积极创造条件吸引各种国际会议来京，吸引各类国际组织在北京落户，吸引各国高端人才在北京开创事业，加快北京发展的国际化步伐。"北京最大的吸引力是什么呢？从成功举办奥运的经验中可以看到，那是北京人民所具有的真挚热情的友好情怀、周到服务的志愿精神、古老文化的熏陶影响、期盼世界和谐的宽广视野，正是这些北京人民的美好品德，使北京获得了极高的国际知名度与美誉度，开始产生世界影响力。北京市的民间组织积极参与国际交往，加强与各国人民直接、生动的交往，正是让世界继续不断认识北京、认识北京人，感受古老北京的文化韵味、感受今日北京的现代气息，架设世界人民向往北京的理解之桥、友谊之桥。

随着在北京举办的国际会议、国际活动、重大国际文化演出和体育赛事的日益频繁，随着各种类型国际组织在北京落户，随着越来越多高端人才在北京开创事业，随着更多外籍人士在北京安家落户，必然带来新的工作方式、生活方式、思想方式，其中必然包括"公民社会"的内容和形式。发展我们自己的民间组织，与外来的各种民间组织接触，产生积极的影响，变有可能发生的"文化的冲突"为文化的交融。同时，北京的民间组织在与各国人民、各国组织的相互接触、了解中，以北京数千年传统文化积淀为基础，把中华优秀传统文化与时代发展要求有机结合起来，在传承的同时积极创新，用现代手法表现传统文化，把北京建成最具文化魅力的世界城市之一。

从北京经济社会发展的长远规划出发，必须主动、积极发展民间组织，对民间组织国际交往扩大开放。鼓励民间组织"以更宽的视野，在经济、文化、科技等领域，进一步加强与国际最高水平的企业、经济组织、文化创意组织、科研机构等的交流与合作，不断提高对外开放水平和国际化程度"。

### （二）进一步完善民间组织国际交往的管理协调机制

为了鼓励、引导民间组织开展国际交往，管理协调方面需要深化改革力度，创新工作机制，全面提供保障。

#### 1. 领导管理机制

近几年来，北京市民间组织对外活动发展很快，建议北京市委、市政府领导召集市外事工作管理部门专门讨论一次北京市民间组织对外交往活动，就 5 年内这项工作的定位、目标作出指示。

市外办直接领导民间对外交往工作，要把此项工作列入工作计划，有部署、有检查、抓落实。对民间组织对外交往活动的管理审批要区别于党政机关，根据实际需要适当放宽。

#### 2. 规划引导机制

建议把"鼓励民间组织国际交往有序发展"补充进《北京市外事工作规划（2009～2013）》，或者考虑由有关管理部门就民间组织国际交往的定位、管理目标、措施等制定一个专门文件。

建议明确协调领导民间组织国际交流工作的几个要点：

指导思想。以邓小平理论和"三个代表"重要思想为指导，落实科学发展观，通过加强组织领导，改进工作方式，依法实施管理，建立健全协调机制，引导民间组织国际交往为我国总体外交服务，为北京市经济和社会协调发展服务，为构建"繁荣、文明、和谐、宜居"的社会主义首善之区营造良好稳定的发展环境。

工作目标。通过不断探索和实践，形成"管理体系健全、协调配合有力、工作资源共享、法律规章完善、监督管理有效"的民间组织涉外活动管理工作新局面。

活动定位。建立一支让中央和北京市委、市政府"信得过、用得上、离不开"的首都民间外交队伍，成为国家外交工作的有益补充和得力助手。

主要任务。①为国家总体外交和北京市重要外事活动服务；②在中央或北京市负责人出席重要国际活动和联合国系统活动时，能够作为非政府组织代表参加活动；③参加北京友好城市活动，增进两城人民的友谊；④为"人文北京、科技北京、绿色北京"引进人才、高端技术、城市管理方法；⑤促进国际经贸交流；⑥帮助驻京外籍人员，使他们了解北京、喜爱北京。

实施措施。①制定有关民间组织国际交往的地方法规；②培养一批民间外交的专家、骨干；③每个"枢纽型"社会组织都要重点培育熟悉国际交往的相关社会组织；④争取大型国际民间组织会议在京召开；⑤争取在近年内，通过努力使市民交协、市志愿者联合会等民间组织获得联合国经社理事会咨商地位。

**3. 法规保障机制**

世界上许多国家基于不同的发展路径和社会制度，对各种非政府组织设有专门的法律，用以促进这类组织的发展和规范其活动，如日本有《非营利组织法》、南非有《特定非营利活动促进法》、德国有《结社法》、匈牙利有《公益组织法》、捷克有《公益法人法》等，侧重点各不一样，但其作用都是把非政府组织管理纳入到整个法律制度体系之中。这对中国民间组织管理的制度建设具有启迪意义。

（1）关于《社会组织法》。

针对北京市民间组织国际交往的管理工作，建议北京市的立法机构在国家没有出台《社会组织法》的情况下，尽快研究制定促进民间组织规范开展活动的地方性法规，包括有关民间组织国际交往工作的法规或规范性文件。

（2）关于"年检报告制度"。

我们在调研中了解到，广东省已在 2007 年建立社会组织年检涉外活动报告制度，凡未在年检报告书有关表格上如实填写，一经发现年检即为不合格。目前民政部门社会组织年检报表由各省市制定，建议北京市民政部门在年检报告中增加民间组织外事工作情况，并设立配套的处罚条款，使涉外报告制度有法可依、有章可循。

（3）关于"外来资金和捐赠资金报告制度"。

对于外资注入问题，其他一些国家在民间组织相关法规方面的实践值得我们借鉴。如美国对于公益性组织有非常严格的立法，监督它的非营利性，政府实际上对它的资金流向是清楚的。

> （访谈61）美国×××人与人组织：
> 税务局有一个 W 990 报税单，每一个民间组织、每一个基金会，都需要报告它的收入、支出和税务情况，这种报告是很细微的，报税单设计得非常科学，例如要附上有收入的项目合同，税务局对特定目标要做严格的核实。这样政府就清楚各个组织的经济来源和支持者是谁，以及组织的运作目标。

俄罗斯2006年4月颁布实施《民间组织法》，对俄罗斯民间组织接受国外资助进行了规定，规范国外民间组织和社会团体在俄罗斯开办代表处的一整套程序。俄罗斯本国民间组织如果接受了国外资助，必须说明资金来源和用途。如果这些组织的活动目的被发现与俄罗斯宪法相抵触并威胁到俄罗斯国家利益，其注册权将被取消。但是俄罗斯也相当注意在民间组织发展和加以限制之间保持平衡，2009年4月，俄罗斯总统梅德韦杰夫又表示反对无根据地限制民间组织活动，并要求专家修订普京时代制定的《民间组织法》。

建议建立民间组织入境资金和慈善捐款申报制度和财务审核制度，并作为年检的重要内容以保障资金使用的公益性、公开性和透明性，增强民间组织的公信力，使经费收入和支出实现良性运转，营造良好的社会氛围。

> （访谈5）北京市社会团体管理办公室：
> 现在起码得有一个规范的文件。涉外的没有一个统一的管道，门太多。我们没有一个统一的备案，不好管理，它是想给谁钱给谁钱，我们不好掌握。

（访谈9）北京市东城区外事办公室：

国内的民间组织还没有一个强制的信息披露机制，哪儿来的钱都应该是很明确的，真实的资金来源，资金又花到哪儿去了，每一笔都应该有报告的。如果这个建立以后，民间组织的管理就会容易些。应该通过法律渠道把这个健全。资金来源应该是公开的、透明的。

（访谈23）北京市社会科学联合会：

对于下面的学会管理规定有这么几条，一个是举办国际性的会议你得上我这报；一个是你接受国外资助做课题研究，你资助之前也要报；你资助的课题完了，你那个成果当然要给人家那个基金会了，按道理你应该先报。咱们现在管的这块，我这里有规定，重大学术活动范围，涉外的包括海外国外，你使用外国资金，你研究的东西要提供给外国，你必须报。批准了你才能提供给海外。

### 4. 财政支持机制

（1）保证基本的财政经费。

市财政对涉外人民团体、事业单位的经费管理，要专门研究和专项管理，要保证必要的经费开支，并根据情况，逐年有所增加。

（2）购买民间组织的公共服务。

北京市社会工委正在推进公共服务体系建设工作，制定政府购买公共服务的有关政策，建议注意把民间组织的社会公共服务纳入统筹考虑范围，民间组织开展的公益服务项目列进政府购买的社会建设公共服务清单，通过规范方式购买公益性服务①。

---

① 通过购买服务的方式对非营利组织进行资助是各国政府的普遍做法。美国霍普金斯大学对42个国家非营利组织进行研究的结果表明，这些组织平均收入来源结构为：服务收费49%、政府资助40%、慈善捐助11%；在德国，政府资助占68%，法国则占60%。

（访谈 3）北京××智障社区服务机构：

××自己比较理想的模式就是，由学员或者学员家长缴费 1/3 左右，由我们这些工作人员从本土社会，从零散的社会资源，通过搞活动，通过小型募款、拍卖，去弄到另外 1/3，但是最关键的 1/3，我们是希望通过政府的拨款或者政府购买我们的服务来得到。通过这样的一个"三三制"，我们觉得既可以体现国家对残联人士的关心，也可以体现社会对残疾人的关心，还有残疾人家长对孩子的这份爱和责任，这是我们理解的一个比较合适的比例。

（访谈 35）北京×××环境教育中心：

我给政府的建议是，可以拿出一些钱来购买 NGO 的服务。与其让 NGO 们从境外获取资金，然后政府又担心，还要做不断的跟踪和调查，不如多花一些钱，让这些 NGO 替政府做事，而不是替那些国际机构做事。的确它拿哪个的钱，就会受到哪个影响。购买和提供服务之间是相辅相成的。刚开始可能不是很完备，提供的服务也是二流服务，然后慢慢地逐渐地都会促进自己的成长。你最开始去那个合作社买，服务员爱答不理的，逐渐地，我们不也到达市场经济了吗？

（3）设立"北京市民间组织国际交往基金"。

建议设立"北京市民间组织国际交往基金"，优先资助北京市公益、慈善、环保类民间组织从事国际交往活动。对于已经得到部分国外资金的项目，"北京市民间组织国际交往基金"也可部分投入，变"外资公司"为"合资公司"或"内资公司"，改变一些民间组织过分依赖境外援助的现象。

（访谈 10）××××文化传播有限责任公司：

为什么不设一个基金专门给中国的 NGO 呢？用政府的钱

来做政府希望的好事，那这样的话 NGO 就会比较偏向政府这一边，其实这钱不多。（外国）基金每年给一个机构（指中国的民间组织）3 万元人民币，每个机构可以申请两个项目，最多是 6 万，北京市这个（有关艾滋病）领域里也就 20 几个 NGO，这个算起来没有多少钱，政府完全可以用这些小钱来防止海外的渗透，对于政府来讲也不是什么大的事情，但对 NGO 来讲就很重要了。

**5. 税收优惠机制**

国家《公益事业捐赠法》已经作了规定，社会公益组织可以接受社会捐赠，捐赠单位可以享受到相应的税收优惠，但实际上这个规定迟迟没有全面落实，影响社会捐赠的积极性，使公益性、慈善性民间组织运营困难。目前需要改进税务管理工作，使法律规定得到落实。

（访谈 8）北京市东城区民政局：

对于真正的民间组织，资金是非常困难的。因为社团不做经营性的活动，民办非企业单位虽然做一些经营性活动，但不以赢利为目的。总体而言，就它那点儿注册资金根本没法维持它的运营，必然需要赞助的资金注入。公益事业捐赠法已经作了规定，社会捐赠以后可以享受到相关的税收优惠，但实际上对这个规定迟迟没有得到落实。国家税务局几年前曾经发过一个通知，只认 5 家还是 6 家国家级的民间组织，包括宋庆龄基金会、青基会，就认这几个，除此之外，一概不认。各地采取的都是变通性的办法，比如像北京市慈善协会，就跟北京市的地税局联合发了一个通知，说国家税务总局的通知适用于我们北京市的慈善协会，在北京地区之内适用。在区县里，有时候连文都没法发了，那就是区政府协调一下，这种是非常不规范的。2008 年底，民政部和财政部发了一个文件，由这几个单位，民政、财政、地税认定哪个社会组织是真正的公益性的社会组织。因为现在民办非企业大量的增加，国家的财务监管又跟不上。大多数说不赢利，做的时间长了就改成赢利了。现在已经逐渐地在开始改变，这是一个好的开端。

**6. 协调沟通机制**

积极发挥市民交协在民间组织国际交往中的协调作用。

市民交协成立两年多以来，对于健康有序开展北京市民间组织国际交流活动，做了大量工作，并逐渐成为全市民间组织开展国际交往的重要平台和媒介。

（访谈35）北京×××环境教育中心：

市民交协作为协调民间组织参与国际交往的平台，最大的价值在于它是连接民间和政府的桥梁。有这么多的草根机构，有的时候不是不想跟政府沟通，是它们根本就不知道应该找谁，如果能设立一个这么开放的渠道，就是个很大的积极作用。

通过调研，我们了解到，北京市部分民间组织希望市民交协继续大力开展五类工作。

（1）组织协调。继续依靠中联部、外交部，依靠市外办，参与出访和接待活动；组织国际交往活动，组团出访、参会；与国际组织和非政府组织驻华机构、外国政府驻华使领馆会谈；了解新的国际交往渠道。

（2）沟通信息。继续建设市民交协网站，在政府部门与民间组织之间沟通信息：传达中央和北京市外事工作精神、宣传新的相关法律与政策、预告大型涉外活动等；介绍外国组织与北京民间组织之间交流动态；在民间组织之间传递信息。

（3）咨询服务。提供有关国外组织背景查询、有关国外法律咨询等。

（4）开展培训。要特别重视民间外交队伍建设，针对北京市民间组织外事人才短缺的困难，利用北京各类人才荟萃的优势，加大投入，建立常态培训机制。在学习借鉴国际经验的同时，应重视外来经验的本土化以及与国际民间组织合作过程中的文化差异，重视提高服务项目的可操作性和实效性。尤其要举办民间组织负责人培训班，因为一个民间组织有无活力，很大程度上取决于主要负责人。

（5）加强调研。加强关于北京市民间组织国际交往的相关研究工作，制定北京市民间组织国际交往五年工作规划，摸索北京市民间组织开展和参与国际交往的规律，不断总结经验，以便使北京市的民间组织更好地发挥在建设"世界城市"中的作用。

为了使市民交协更好地发挥平台和媒介作用，更好地开展以上五类工作，建议北京市财政、人事、编办等相关部门进一步加大对市民交协在人员编制、办公条件、经费支持和放宽出国审批政策等方面的支持力度，在现有基础上，增加市民交协的人员编制和经费支持等，进而更好地发挥市民交协在国际交往中的协调作用。

### 7. 社会参与机制

加强舆论科学引导。加大报纸、影视、网络等媒体对民间组织国际交流意义的宣传，介绍交流经验，大力宣传民间组织和代表人士在国际交往中维护国家利益的优秀事迹，动员社会各界广泛参与民间组织工作，充分发挥志愿者的积极作用。

### （三）培养提高民间组织国际交往能力

刘淇书记指出："在新的形势下，政府对民间组织要多给予支持，扶一把，我们不能关起门来搞建设。"

### 1. 稳定民间组织国际交往专业人员队伍

国际交往专业人员需要具有长期从事外事活动的经验以及较

强的专业和语言能力，而这显然不能通过短期培训获得。为了解决民间组织人员老化、专业技术和外语人才缺乏的问题，需要一系列长效机制发挥作用：第一，把民间组织国际交往专业人员视为我国外交专业人员队伍的重要组成部分，着力培育业务骨干和相关外语人才，做好人才的储备工作；第二，完善民间组织人员编制管理体制，对于体制内民间组织的工作人员，在实行现有事业编制管理的基础上，根据工作需要，允许民间组织招收编外人员，其工资和福利待遇参照编制内人员标准；第三，建立一套竞争激励机制以实现工作人员的有序流动，通过提高工资福利等方式招收和稳定高素质人才，逐步改善民间组织人员结构。

### 2. 鼓励民间组织把"走出去"和"请进来"结合起来

对于民间组织国际交往来说，有"走出去"，也有"请进来"。

民间组织应积极争取参与高层次国际会议，拓宽国际活动领域，有选择地加入国际大型组织，扩大我国民间组织的国际影响，争取做到有"为"有"位"。

鉴于目前大多数民间组织国际交往经验不多、渠道不畅，可以鼓励其多参加国内的外事活动，通过"请进来"练兵，逐步积累外事经验和信息资源，这样"走出去"时更有把握、更能达到目的。

以前，我们的民间组织在国际交往中多为受援方。现在，中国实际上既是受援国又是输出国、援助国，因为中国在东南亚国家、在非洲有大量的援助项目，还有海外投资。这实际上引起了国际关注，有些较大项目对当地社区也有生态、人权方面的负面影响。现在中国在海外要有一个什么样的国家形象？中国 NGO 的参与，可以适当地消除外部对中国的批评压力。目前北京市民间组织中具备这种能力的不多，但是北京市民间组织很快就会向这个方向发展，随之就会产生许多管理上的新问题，例如安全问题等，这些需要政府相关部门未雨绸缪。

### 3. 重点培育优秀民间组织和活动品牌

要在民间组织中树立和重点培育一批与政府有关部门沟通顺

畅、国际交往活跃的组织。

在国际舞台上，广泛而深入地参与联合国活动已经成为非政府组织提高自身影响力的重要渠道和象征。根据联合国宪章，联合国经社理事会可以批准给予一些非政府组织咨商地位，又分为全面、特别、列入名册三种，① 其实际上享有的权利差别不大，都有权出席联合国经社理事会及其下属机构会议并发言，享有以联合国文件形式散发材料的权利。截至 2009 年上半年，有 3800 个非政府组织拥有咨商地位，而我国大陆只有 25 个，② 北京市尚为空白。

北京市×××法律援助工作站、×××法律援助与研究中心准备申请咨商地位，我们应该支持。如果能够成功，对于扩大北京市民间组织的影响是有利的。

（访谈 37～38）北京市×××法律援助工作站、×××法律援助与研究中心：

前段时间外交部、中联部、司法部相关负责外事的人，我们市司法局的一把手，一起过来，我们开了个会。我们这两个部门准备申报联合国的咨商地位。联合国的咨商地位，类似于小顾问，至少你可以正式地参加它的一些活动。现在（中国大陆）已经获得联合国咨商地位的全是这些国字号的大组织，我们应该会成为第一个获得联合国咨商地位的真正的民间组织。民间组织在更大的范围内发挥作用，是大势所趋，现在必须支持有条件的几个，走出去发挥作用。

同时，注重打造有影响力的国际交往活动，把它们做大、做

---

① 对参与经社理事会议程上几乎所有问题和工作的大型国际非政府组织，给予"全面咨商地位"；对仅与经社理事会少数问题领域有关的非政府组织，给予"特别咨商地位"；而对那些经社理事会认为有时可对其工作作出贡献的非政府组织，给予"列入名册地位"。

② （访谈44）中国民间组织国际交流促进会××，2009 年 7 月 8 日。

强，形成自己的品牌。

**4. 有针对性地解决不同类型民间组织的问题**

对待不同类型民间组织，管理寓于服务，"管而不死、用之有效"；对待民间组织的国际交往，不追求数量指标，重在健康、有序发展。

（1）管理型组织。其中一些已被社会工委确认为"枢纽型"组织，另有一些还将通过改造、提升等形式，成为新的"枢纽型"民间组织。这些组织整合性质相同、业务相近的民间组织，承接部分政府转移的管理职能，将为相关民间组织提供政策指导、信息服务、项目推介和专业培训等服务。由于"枢纽型"组织已成为管理协调大批民间组织涉外活动的重要平台，因此今后民间组织国际交流的管理主要是通过为数不多的"枢纽型"组织来实施，这是"以民管民"的民间组织管理模式中的关键。如何帮助"枢纽型"组织管理相关组织的涉外活动，这是外事管理部门的新课题。管理型组织的内部管理比较规范，涉外管理基础较好，在协助政府举办重大涉外活动、参加重要国际会议时，仍是重要助手。在未来树立民间组织国际交往标杆，例如申请联合国咨商地位时，至少要有一个是管理型组织。

（2）协助型组织。这类民间组织自我管理、自主发展的能力不强，与主管行政部门在机构、人员、资产、财务等方面很难彻底分开，一段时间内还会维持现状。建议对于这类组织中离退休人员出境，由业务主管单位负责前期审查，在政策允许范围内，适当放宽。

（3）拓展型组织。这是开展国际交流最有活力的组织，也是培育帮助的重点。但这类组织有个性，不能像要求管理型组织那样要求它们，要给他们留出独立空间。建议对部分涉外项目、活动适当给予资助。希望它们将来能够成为国家外交活动的得力配角。建议对于这类组织人员出境实行"底线管理"，即由市民交协等组织进行外事培训和教育，以维护国家利益为言行准则。

（4）内生型组织。这类组织基数最大，相互之间差别也最大。因势利导，区别对待，简化登记手续，鼓励合法登记，脱掉"企业"外衣，还以民间组织身份，也使政府管理部门能够有效监管和统筹规划。通过政府购买服务等办法，助其度过困难时期。这类组织一般开展国际交流的能力较差，可以先组织、鼓励它们在国内参加外事活动，逐步积累经验。

这里我们也在提倡"分类管理"，只是不是按行业或主要业务来分类，而是专门从它们的国际交往能力和资源角度进行的分类。

2009年底，刘淇书记提出了北京建设世界城市的战略构想，成为北京市民间组织发展的重要历史机遇，这将极大地推动了民间组织的成长和发展。今后，北京市民间组织一定会在国际交往中锻炼成我国总体外交队伍中的首都方阵，树立首都良好的国际形象。

# 后 记

　　2008 年 9 月，北京市委市政府召开了北京市社会建设大会，出台了加强北京市社会建设的"1＋4"系列文件，对北京市社会建设提出了明确要求。2008 年 11 月，由北京市社会科学院与北京市委社会工作委员会（北京市社会建设工作办公室）合作共建的"北京社会管理研究中心"正式成立。北京社会管理研究中心以社会学所为依托，其宗旨是，以北京市社会管理和公共服务为主要研究对象，以社会管理一般理论与北京市的具体情况相结合为研究特点，以致力于将学术研究成果转化为政府决策和社会实践为研究目标，打造一个高水平的研究平台和决策支持系统。现在呈现在读者面前的，就是北京社会管理研究中心近两年来的研究成果。

　　在本书完稿之际，我们并未感到一种轻松。一方面，北京市社会建设仍然面临着诸多体制上的难题需要破解。某些存在多年的沉疴旧疾未能去除，伴随着社会发展又不断涌现出了一批亟须研究的新问题；另一方面我们的研究仍然需要改进和完善。在纷繁复杂的现实面前，我们时时感到理论语言的匮乏和笨拙。"理论是灰色的，而生活之树常青。"我们必须以此来鞭策自己深入社会生活进行调研，掌握最生动最鲜活的第一手材料。

　　本书的完成，首先要感谢北京市委社会工作委员会、北京市哲学社会科学规划办公室、北京市流动人口与出租房屋管理委员会办公室、北京市发改委、首规委、北京市人口委、北京市民政

391

局、北京市委研究室、北京市西城区社工委、朝阳区社工委、丰台区社工委、丰台区政协、海淀区流管委、通州区社工委、怀柔区社工委以及北京市科学技术协会、北京市社会科学界联合会、北京市民间组织国际交流协会等单位，是你们的鼎力支持才使我们的研究得以深入。其次，感谢所有接受过我们调研的机构和个人，你们是在北京市社会建设一线的实践工作者，是真正用行动来推动社会进步的英雄，我们从每一位被访者身上都受益良多。再次，要特别感谢北京市流管办指导处刘玉成处长、著名社会学家陆学艺教授、人口学家翟振武教授等专家学者，你们对我们的研究所提出的富有指导性的意见，让我们受益匪浅。同时感谢朱敏老师为本书编辑把关所付出的辛勤劳动。最后，感谢在出版界富有声望的社会科学文献出版社及责任编辑丁凡老师，你们的努力，使本书增辉不少。

高　勇

2011 年 3 月

# 社会科学文献出版社网站

## www.ssap.com.cn

1. 查询最新图书　　2. 分类查询各学科图书
3. 查询新闻发布会、学术研讨会的相关消息
4. 注册会员，网上购书，分享交流

　　本社网站是一个分享、互动交流的平台，"读者服务"、"作者服务"、"经销商专区"、"图书馆服务"和"网上直播"等为广大读者、作者、经销商、馆配商和媒体提供了最充分的互动交流空间。

　　"读者俱乐部"实行会员制管理，不同级别会员享受不同的购书优惠（最低 7.5 折），会员购书同时还享受积分赠送、购书免邮费等待遇。"读者俱乐部"将不定期从注册的会员或者反馈信息的读者中抽出一部分幸运读者，免费赠送我社出版的新书或者数字出版的等产品。

　　"网上书城"拥有纸书、电子书、光盘和数据库等多种形式的产品，为受众提供最权威、最全面的产品出版信息。书城不定期推出部分特惠产品。

咨询/邮购电话：010-59367028　　　邮箱：duzhe@ssap.cn
网站支持（销售）联系电话：010-59367070　　　QQ：1265056568　　　邮箱：service@ssap.cn
邮购地址：北京市西城区北三环中路甲 29 号院 3 号楼华龙大厦　社科文献出版社　学术传播中心
邮编：100029
银行户名：社会科学文献出版社发行部　　开户银行：中国工商银行北京北太平庄支行　　账号：0200010009200367306

**图书在版编目（CIP）数据**

北京社会服务管理创新/冯晓英主编 . —北京：社会
科学文献出版社，2011.6
ISBN 978 - 7 - 5097 - 2309 - 8

Ⅰ.①北… Ⅱ.①冯… Ⅲ.①社会服务 - 研究 - 北京市
②社会管理 - 研究 - 北京市 Ⅳ.①D669.3 ②D671

中国版本图书馆 CIP 数据核字（2011）第 066988 号

## 北京社会服务管理创新

主　　编／冯晓英
副 主 编／高　勇

出 版 人／谢寿光
总 编 辑／邹东涛
出 版 者／社会科学文献出版社
地　　址／北京市西城区北三环中路甲 29 号院 3 号楼华龙大厦
邮政编码／100029

责任部门／皮书出版中心 （010）59367127　　　责任编辑／丁　凡
电子信箱／pishubu@ ssap. cn　　　　　　　　　责任校对／王　伟
项目统筹／丁　凡　　　　　　　　　　　　　　责任印制／董　然
总 经 销／社会科学文献出版社发行部　　（010）59367081　59367089
读者服务／读者服务中心 （010）59367028

印　　装／北京季蜂印刷有限公司
开　　本／787mm×1092mm　1/20　　印　张／20.2
版　　次／2011 年 6 月第 1 版　　　　　字　数／333 千字
印　　次／2011 年 6 月第 1 次印刷
书　　号／ISBN 978 - 7 - 5097 - 2309 - 8
定　　价／49.00 元